심리학자는 왜
차크라를 공부할까

심리학자는 왜
차크라를 공부할까

오래된 지혜 차크라와 현대 심리학의 만남

박미라 지음

나무를 심는 사람들

요가에서 말하는 차크라 체계가 서구 심리학이 발전시켜 온 일종의 성격유형론이면서 발달심리학이라는 사실을 알게 된 것은 고백하자면 그리 오래전 일이 아니다. 그 이전에는 초능력을 가진 사람들이나 감지할 수 있는 일곱 색깔의 신비한 에너지쯤으로 차크라를 이해했다. 그 신비하고 다소 비현실적인 차크라를 의식의 진화라는 관점으로 조망해 보자고 차크라를 공부하기 시작했다.

알고 보니 차크라는 의식의 진화를 안내하는 지도 그 자체였다. 그것은 수천 년에 걸쳐 연구되고 검증된 정신의 지도, 심지어 인간이 성취할 수 있는 가장 높은 의식 상태로 안내하는 지도였다. 깨달음이나 의식의 성장을 간절하게 꿈꿔 왔던 사람들에게는 일종의 보물섬 지도와 다를 바 없었다.

차크라에 대한 또 다른 놀라운 발견은, 서구 심리학이 이미 오래전부터 차크라에 주목해 이를 연구해 왔다는 점에 있다. 서구인들이 차크라를 연구하기 시작한 것은 1900년대 초반이며, 이때를 시작으로 정신생리학, 융의 분석심리학, 아자야의 현대요가심리학, 윌버의 통합심리학 등이 차크라 심리학을 발전시켰다. 물론 이들 이외에도 서양 심리학과의 만남을 시도한 방대한 연구가 있지만 이 책에서는 위의 네 분야 심리학에 국한해 이야기를 펼쳐 나가려고 한다.

상징과 비밀스러운 의미로 가득했던 차크라 경전의 내용은 서구 심리학과 만나자 그 설명이 훨씬 명료해졌고, 내용은 놀랍게 풍부해졌으며, 이해하기는 한층 쉬워졌다. 8년 전쯤 이 같은 내용을 박사 논문으로 쓰기 시작했고, 지난 4~5년간은 책으로 출판하기 위해 수정 작업을 거듭했다. 학문적인 논조를 대중적으로 바꾸는 일은 표현할 수 없을 만큼 고되고 힘에 부쳤지만 그러나 정신만은 늘 풍요로웠다는 사실을 인정해야겠다. 마음공부의 여정에서 내가 경험한 일들의 의미를 알게 되었고, 통합할 수 있게 되었다. 내가 하고 있는 심리 치유 작업의 이론적 기반이 되어 주었음은 말할 나위도 없다. 출판을 위해 최근까지 고쳐쓰고 다듬는 과정에서도 새로운 자각과 통찰이 계속되었다. 차크라가 가진, 고대로부터 축적된 지혜의 힘 때문이 아닐까 싶다.

이제, 이렇게 공부하면서 경험했던 앎의 기쁨을 더 많은 독자들과 나누고 싶다.

이 책의 구성에 대해

차크라에 대한 현대 심리학의 해석을 독자 여러분이 이해하려면 우선 차크라의 본래적 의미를 정확히 알아야 한다고 생각했다. 그래서 1부 1, 2장은 차크라의 전통적 이해를 돕는 내용으로 구성했다. 3장에서 비로소 현대 심리학이 이해한 차크라가 소개되며, 4장에서는 네 분야의 심리학을 통틀어 인간의 의식이 성장한다는 것이 과연 무엇인지에 대해 재해석하고 총정리했다. 또한 2부는 7개의 차크라에 대해 충실한 사전적 설명을 보탰다. 전통적인 해석과 네 분야의 심리학이 각 차크라에 대해 어떤 해석을 했는지 비교해서 볼 수 있도록 구성했다. 각각의 차크라를 상세하게 이해하고 싶은 독자는 2부를 먼저 봐도 무방하고, 1부를 보면서 2부를 참고해도 좋을 것 같다.

오래된 지혜의 올바른 활용을 위해

차크라가 대중화되면서 이에 관한 왜곡된 지식의 확산을 우려하는 목소리도 생겨났다. 특히 차크라를 지나치게 신비화하면서 맹신하거나 또는 반대로 미신처럼 치부하면서 폄하하는 경향이 모두 문제가 된다.

전자는 차크라를 통해 나를 탐색하는 작업을 불가능하게 만든다. 확인되지 않은 그 누군가의 신비로운 이야기에 쉽게 매혹당하지 않았으면 좋겠다. 철저히, 우리가 이해할 수 있는 차원에서 차크라가 받아들여지고 해석되어야 진정한 내 것, 나의 내면을 밝히는 도구가 될 수 있다.

이제 우리는 스승의 말씀을 맹목적으로 따르던 시대를 벗어났다. 위대한 스승들의 말씀과 수행자들에게 비밀스럽게 전해지던 비전이 책으로, 동영상으로 무차별하게 세상에 쏟아져 나오고 있다. 그 수많은 정보 속에서 나에게 맞는 지혜를 찾아내고 선별해야 할 책임이 각자에게 있다. 그 내용을 나의 것으로 소화시켜야 할 책임 또한 우리 자신의 몫이다.

후자의 경우 차크라에 담긴 인간의 정신에 대한 방대한 정보와 사유의 단서를 모두 놓친다는 게 가장 큰 문제일 것이다. 사실 차크라는 신비하기 때문에 긴 역사를 갖게 된 게 아니다. 오히려 오랜 역사를 거쳐 인간이 자신의 정신을 그곳에 투사했기 때문에 힘을 가지게 된 것이다. 우리가 차크라에 투사했던 내용이 구체적으로 무엇인지 아는 것이 바로 우리 자신을 이해하는 작업이다.

이 책이 차크라를 이해하기 위해 서구의 현대 심리학을 활용한 이유는 이상과 같은 문제의식에서 시작되었다. 합리성과 이성적 논리가 전제된 현대 심리학의 안내를 받는다면 보다 안전하게, 그리고 보다 선명하게 차크라를 이해할 수 있을 것이다. 이들 심리학이 차크라에 대해 이해하는 수준이 감탄할 만큼 깊이가 있다는 것은 참으로 다행한 일이다.

바라건대 독자 여러분이 이 책을 충분히 음미하면서 천천히 읽어 주셨으면 좋겠다. 쉽고 가벼운 내용이 아니기 때문에 반복해서 읽어 본다면 더 이상 바랄 나위 없을 것이다. 그 과정을 통해 인문 고전과 현대 심리학이 선사하는 인간에 대한 깊은 이해를 충분히 챙기셨으면 좋겠다. 무엇보다 이 책이 여러분 개인의 의식 성장 과정을 이해할 수 있도록 돕는 유용한 자기 공부의 도구가 되길 바란다. 생을 마감할 때까지 계속될 마음공부와 의식 성장의 길에 서 있는 여러분께 부끄러운 수준으로나마 위로와 격려의 마음을 전하고 싶어 이 책을 썼다.

쓰는 동안 행복했지만 독자와 만날 생각을 하면 두렵고 부끄러웠다. 차크라에 관한 고전적 지식뿐 아니라 네 영역의 현대 심리학이 차크라를 해석하는 과정을 오역이나 왜곡 없이 전달하고 싶어서 조바심치기도 했다. 그리고 이 흥미진진한 차크라의 세계를 여러분들과 함께 나누고 싶다는 바람으로 여기까지 왔다.

이 책을 출판하기로 마음을 내주신 나무를 심는 사람들의 이수미 대표에게 가장 먼저 감사의 인사를 전하고 싶다. 그러지 않았다면 지금과 같은 수준의 원고를 쓸 수 없었을 것이다. 이 책을 꼼꼼하게 다듬어서 한층 품격을 높여 준 김연희 선생에게도 고맙다는 말씀을 전한다.

이 책이 나오는 데 결정적인 역할을 해 주신 분은 조옥경 교수님이다. 그분은 내 박사과정의 지도 교수로 요가심리학과 켄 윌버의 심오한 세계를 열어 보여 주셨고, 차크라와 현대 심리학으로 논문

주제를 잡을 수 있도록 독려해 주셨다. 책 속에서 만난 위대한 스승들에게도 존경의 마음을 전하고 싶다. 사티아난다 사라스와티, 칼 구스타프 융, 켄 윌버, 스와미 아자야, 그 밖에 정신생리학의 많은 연구자들이 의식 성장에 대한 방대한 이해를 내게 전해 주었다. 논문의 인도철학과 산스크리트 부분을 꼼꼼히 지도해 주셨던 문을식 교수님, 마음공부의 길에 무조건적이고 변함없는 지지를 보내 주셨던 왕인순 선배, 새로운 시선으로 차크라를 접할 수 있도록 라자 요가 과정을 이끌어 주신 이숙인 선배에게도 고맙다는 인사를 전하고 싶다. 또한 분석심리학을 알려 주신 이유경 선생님께도 깊은 감사의 마음을 전한다.

누구보다 가족들에게 사랑한다고 말하고 싶다. 평생 책상 앞에 붙어사느라 가족과 함께할 시간이 부족했던 나를 변함없이 기다려 주고, 언제나 관심과 지지로 힘을 보태 준 남편 정재권 씨와 희경이, 희수 두 딸아이는 눈물겹도록 고마운 존재다.

2020년 8월
박미라

이 책은 전통과 현대의 다양한 심리학 이론 체계를 동시에 다루기 때문에, 각각의 심리학적 맥락에서 같은 용어가 다른 의미를 가지고 사용되는 경우가 많다. 혼선을 막기 위해 용어들을 정리한다.

분석심리학의 의식

분석심리학에서 '의식'은 무의식과 대별되는 고유 개념으로, 개인이 의식하거나 알고 있는 내용으로 이루어져 있다. 또한 그 중심이 자아(ego)에 있기 때문에 보통 자아의식으로 불린다. 따라서 분석심리학의 관점을 소개하는 내용 안에서 언급되는 의식은 모두 자아의식을 의미한다.

의식 발달

일반적 의미의 정신 발달을 의미한다. 여기서 '의식'이라는 용어는 감각하고 인식하는 정신 또는 정신 작용을 총칭하는 사전적 의미다.

참자아

탄트라와 요가를 비롯해 인도 사상이 말하는 참자아는 시기나 사상별로 다양한 용어로 표기된다. 푸루샤(puruṣa), 아트만(Ātman), 브라만(Brahman), 시바(Śiva), 보는 자(draṣṭṛ), 목격자(sākṣin), 순수의식이나 단일 의식, 치트(Cit) 등이 그것이며, 대체로 자기, 참자기, 참자아, 진아 등으로 번역된다. 이 책에서는 연구자들이 사용하는 다양한 표현을 모두 '참자아'로 통일했다. 또한 이 책에서 사용된 '관찰하는 자기'나 '초월적 자기', '실재'도 모두 참자아의 다른 표현이다.

자기(Self/self)

첫째, 대문자 S로 시작하는 자기(Self)는 분석심리학에서 의식과 무의식을 합한 전체 정신의 중심을 의미하며, 자기실현의 궁극적 대상이다.

둘째, 윌버가 제시한 소문자 s로 시작하는 자기(self)는 의식의 발달 과정에서 각 의식 수준과 동일시함으로써 계속 그 정체성이 변화하는 심리적 주체를 의미한다. 이 책에서는 첫 번째와 두 번째 개념을 구분하기 위해서 매번 영문 표기를 첨가할 것이다.

셋째, 일반적 의미의 개인을 일컫는 말로서 '당사자 자신'을 의미한다.

1부 1, 2장은 차크라에 관한 전통적 지식을 12개 주제로 나누어 소개했다. 차크라에 관한 현대 심리학의 해석을 충실히 이해하려면 차크라의 본래적 의미와 그 사상적 배경을 알 필요가 있다. 3장은 정신생리학, 현대요가심리학, 정신분석학, 그리고 통합심리학의 네 분야 현대 심리학이 차크라를 어떻게 해석하고 설명했는지 정리했다. 이해를 돕기 위해 각 심리학의 이론도 간략하게 소개했다.

4장은 일종의 총론이다. 1, 2, 3장을 통틀어 인도의 전통적 사상과 네 분야 심리학이 차크라를 통해 말하고 싶어 하는 것이 무엇인지, 그들이 말하는 정신의 발달은 무엇인지를 다섯 가지 주제로 정리하면서, 의식의 성장에 관해 우리가 갖고 있는 몇 가지 오해도 짚어 봤다.

차크라와 의식의 발달

1장

차크라는 무엇인가

탄트라와 요가를 언급할 때 빼놓을 수 없는 개념 중의 하나가 차크라다. 차크라는 신체 내에 위치한 정묘한 에너지 소용돌이로 알려져 있다. 신체와 영혼을 연결하는 에너지 연결점으로 인간의 의식 상승에 기여하는 결정적인 열쇠로 오랜 기간 주목받고 있다.

인체 안의 7개 에너지 센터

차크라[chakra(영어), cakra(산스크리트)]가 만들어진 역사는 짧게 잡아도 1,000년~1,500여 년에 이른다. 차크라라는 개념이 경전에 처음 나타난 시기에 대해서는 의견이 분분해서 베다 시대(BC 1,500년 ~BC 500년 경)부터 4~5세기에 이르기까지 다양하다. 하지만 체계화된 개념은 8세기에 와서야 등장했으며, 16~17세기에 이르러서야 현재 우리가 알고 있는 차크라로 완성됐을 것으로 추정된다.

전통적인 차크라 체계에서 보자면, 꼬리뼈에서부터 정수리에 이르기까지 인간의 척추를 따라 바퀴나 연꽃 모양의 에너지 센터가 다수 존재한다고 전해지는데, 이것이 바로 차크라다. 대표적으로는 7개의 차크라가 알려져 있다. 물라다라 차크라(mūlādhāra cakra), 스와디스타나 차크라(svādhiṣṭhāna cakra), 마니푸라 차크라 (maṇipūra cakra), 아나하타 차크라(anāhata cakra), 비슛디 차크라 (viśuddhi cakra), 아즈나 차크라(ājñā cakra), 그리고 마지막으로 정수리에 위치한 사하스라라 차크라(sahasrāra cakra)가 그것이다.

각 차크라는 각기 다른 의미와 상징을 가지며, 각 차크라에 담긴 정신적·생리적 능력과 잠재력도 다르다. 이런 차크라가 각성되어 그 안에 담긴 능력과 잠재력이 현실화하는 것은 쿤달리니 샥티 (kuṇḍalinī śakti)의 상승으로 가능해진다. 쿤달리니 샥티는 물라다라에 잠들어 있는 우주적인 에너지이며, 수행자의 노력이나 그 밖의 다양한 이유로 깨어나면 각각의 차크라를 통과하면서 상승한다. 그리고 궁극적으로는 사하스라라에 머무는 시바(Śiva)와 합일하게 되는데 이 상태가 바로 의식 진화의 최고 단계다. 이 단계에 이른 사람은 순수의식(참자아) 그 자체가 된다.

차크라가 서구에 소개된 것은 19세기 신지학자들에 의해서다. 먼저 유럽의 지식인들에게 알려져 뜨거운 관심을 받았으며, 1960년대 미국의 뉴에이지 물결과 함께 대중적으로 확산되었다. 바야흐로 차크라는 주류 지식에 진입했으며, 더 이상 소수만 아는 신비 전통이 아니라는 평가를 받게 되었다.[1] 실제로 서구 사회에서는 보석, 허브, 몸동작, 소리, 색채 치료나 진동 치료와 같은 외적인 도구를 이용한 차크라의 치료 기법이 다양하게 개발되고 있으며, 쉽고 간단하게 차크라에 접근할 수 있는 방법을 소개하는 대중서들이

그림 1 | 인체 내의 7개의 차크라

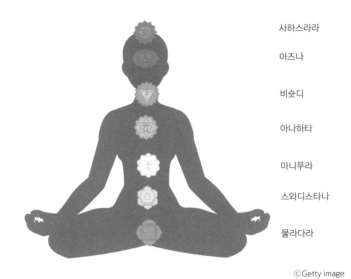

사하스라라

아즈나

비슛디

아나하타

마니푸라

스와디스타나

물라다라

©Getty image

대량으로 출판되고 있다. 또한 중국의 침술과 함께 신체 치료를 위한 의료 기법으로, 에너지 힐링을 위한 인체 에너지 체계로 연구되기도 한다.[2]

차크라와 현대 심리학의 만남

이처럼 수많은 접근법이 있지만, 이 책이 주목하는 부분은 차크라에 관한 심리학적 조망이다. 차크라는 인도 전통에서 인간의 내면을 탐구하기 위해 만들어진 개념이다. 사실 인도의 모든 철학과 사상이 인간의 정신을 탐구해서 참자아에 이르기 위한 방법론을 담고 있다고 해도 과언이 아니다. 방대한 철학을 기반으로 하는 일종의 자아초월심리학인 것이다. 따라서 그들의 철학은 형이상학적이면서 동시에 매우 실제적이고 경험적이다.

실증적이고 임상적인 연구를 좋아하는 서구의 연구자들이 이 점을 높게 평가했다. 인도의 사상은 경험을 통해 이론이 형성되기 때문에 철학적 수준이 뛰어나며, 특히 요가는 수천 년에 걸친 가장 오래된 심리 치료의 역사를 가지고 있다는 것이다. 융(Carl G. Jung)은 차크라가 정신에 관한 상징적인 이론이라고 설명하면서, 그것이 '현실적인 노력의 결과'로 만들어졌다는 점에서 엄청난 가치를 지닌다고 평가했다. 오랜 역사에 걸쳐 축적한 수행자들의 수행 결과가 방대한 임상적 정보가 되었다는 것이다.[1]

차크라를 심리학적 관점에서 볼 때 또 다른 미덕이 있는데, 서구의 발달심리학이 다루지 않은 영적 진화에 관해 우리에게 많은 이야기를 해 준다는 점이 그것이다. 서구의 발달심리학은 태어나서부터 개인의식이 완성되는 단계까지를 다룬다. 그러나 차크라 체계는 개인의식을 넘어선 초개인적(超個人的, suprapersonal) 단계, 그리고 의식 발달의 궁극적 지점인 참자아의 단계를 이야기한다. 인간의 의식으로는 설명할 수 없는 초월적 경험과 개인의 한계를 넘어선 차원을 안내하는 것이다. 인간의 의식 발달이, 신체적 성장을 멈춘 후에도 계속되는 무한한 가능성을 가졌다고 보는 게 바로 요가적 발달론이다.[2]

그래서 사람들은 현대 심리학과 전통적 차크라 이론을 통합해 의식 발달에 관한 보다 충실한 텍스트를 만들 수 있을 것이라고 기대한다. 각각의 영역이 가진 장점이 있기 때문이다. 현대 심리학은 의식의 하위 수준(자아의식)에 대한 다양한 정보와 방법론, 그리고 정신의 병리적 현상을 치료하는 데 도움을 줄 수 있으며, 차크라 체계는 의식의 보다 높은 수준, 즉 영적이고 초개인적인 수준에 대한

포괄적인 이해와 의식 성장의 방법론을 제공할 수 있다는 것이다.[3]

따라서 이 책은 차크라와 현대 심리학의 만남을 시도한 네 분야의 훌륭한 연구를 소개하려고 한다. 정신생리학, 융의 분석심리학, 윌버(Ken Wilber)의 통합심리학, 그리고 아자야(Swami Ajaya)의 현대요가심리학이 그것이다.

이들 심리학은 나름의 고유한 의식 발달 패러다임을 갖추고 있으면서 동시에 차크라와 인도 사상에 관한 이해도 흠잡을 수 없을 만큼 깊다. 이들의 장점은 의식의 진화라고 하는 인류의 본질적인 화두를 차크라를 통해 매우 풍부하게, 그리고 흥미진진하게 다루고 있다는 점이다. 무엇보다 최고의 미덕은 차크라를 심리학적인 관점에서 연구했다는 점일 것이다. 이들의 연구를 통해 비로소 차크라가 가진 가장 본래적이고 핵심적인 의미, 즉 심리적·정신적 차원에 대한 이해를 본격적으로 시작할 수 있게 되었다.

이 책의 문제 제기는 다음과 같다.

첫째, 차크라 체계에 관한 전통적인 설명은 무엇인가?

둘째, 네 분야의 현대 심리학은 각각 어떤 발달론을 가지고 있나?

셋째, 네 분야의 현대 심리학은 전통적인 차크라 체계를 자신들의 발달론과 어떻게 통합해서 설명하는가?

넷째, 이들의 차크라 논의를 종합해 볼 때 인간의 의식 발달은 어떤 특성을 가지고 있으며, 의식 성장을 꿈꾸는 우리가 알아야 할 점은 무엇인가?

1부 차크라와 의식의 발달

2장

차크라를 이해하기 위한 열두 가지 이야기

여기서는 차크라의 유래나 본래적 의미, 그리고 차크라에 대한 과거 인도인들의 전통적 해석을 소개할 것이다. 또 차크라를 이해하기 위한 사상적 배경도 소개한다. 차크라에 대한 현대 심리학적 해석을 제대로 이해하는 데 이 장에서 제공하는 이론이 도움이 될 것이다.

차크라는 시스템이다

차크라는 역사가 매우 오래된 개념이다. 차크라 연구자들은 베다 시대, 그러니까 지금으로부터 2,500년~3,500년 전에 이미 사용되었던 용어라고 주장한다. 베다 시대는 인도철학사에서 가장 초기 경전인 『베다*Veda*』와 『우파니샤드*Upanisad*』가 만들어지던 시기다. 그 시기에 '바퀴'나 '원', '태양' 등의 용어가 경전에서 언급되는데, 이것이 바로 차크라의 어원이라는 것이다. 인도인에게 베다 전통은 매우 중요하다. 오랜 역사를 가지고 있다는 점에서 그렇다. 오랜 역사성은, 그 자체로 진리를 가늠하는 중요한 요건으로 인식된다. 인간은 오래된 것, 오래전부터 전해져 내려온 것에 대해서 무한한 신뢰감을 느끼기 때문이다.

따라서 인도의 역사가나 철학자들은 자신들이 주장하는 이론의 정통성과 전통성을 인정받기 위해 『베다』와 『우파니샤드』의 전통을 이어받았음을 강조하는 경향이 있었다. 차크라의 중요성을 강조하는 연구자들도 예외는 아니다. 진리는 절대적이어서 시간과 공간을 초월한 것이며, 무엇보다 오랜 역사를 거치면서 재확인되고 검증된 것일수록 진짜, 또는 진실한 것으로 여겨졌기 때문이다.

어쨌든 하나의 개념이 수천 년의 역사를 관통해 전해지면 다양한 의미로 분화되기도 하고, 또 수많은 의미가 하나에 덧씌워지기도 한다. 인도의 종교적, 영적 전통을 통해서 전해진 차크라의 사전적 의미를 열거해 보면 다음과 같다.

차크라의 네 가지 의미

먼저 차크라는 '변화의 바퀴(wheel of becoming; bhāva-cakra)'나 '윤회(saṃsāra, 삼사라)'라는 의미를 갖는다. 이것은 우리가 살고 있는 현상적 우주, 또는 물질계의 끝없는 순환을 의미한다. 인도에서는 인간을 포함한 이 물질계를 마야(māyā)라고 불렀다. 마야의 가장 핵심적인 속성은 변화와 생멸이다. 우리가 사는 이 물질계에 영원히 존재하는 것은 없다. 영원히 존재하는 것은 시공간을 초월한 절대적 진리나 절대적 존재, 즉 참자아뿐이다. 마야는 참자아나 절대적 진리와 대별되는 유한한 개념이다.

차크라의 두 번째 의미는 '원을 이루는 사람들'이다. 흥미롭게도 이것은 좌도 탄트라의 입문식과 관련된다. 좌도 탄트라 입문식에서는 남녀 참가자가 스승을 중심으로 둥글게 앉아 수행했던 것으로 전해진다. 둥글게 둘러앉아 했던 차크라 수련을 차크라 사다나(cakra sādhana) 또는 차크라로 불렀다. 좌도 탄트라는 시바와 샥티의 합일을 위해서 술(madya), 고기(māṁsa), 물고기(matsya), 최음제 성분의 볶은 곡물(mudrā), 성관계(mithuna) 등 5M을 방편으로 삼아 수련과 예배를 시행한 것으로 잘 알려져 있다.[1]

셋째, 차크라라는 용어는 얀트라(yantra) 또는 '신비한 표(diagram)'를 의미하기도 한다. 얀트라는 기하학적인 도표로서, 대우주를 상징할 뿐 아니라 소우주인 인간의 내적인 에너지와 정신적 단계를 상징하기도 한다. 그래서 인도인들은 이 상징을 매우 신성하게 여겼다. 우리는 대부분 이 개념을 만다라로 알고 있는데 만다라는 티베트의 용어이며, 인도에서는 얀트라로 불렸다.

마지막으로 차크라는 신체 내부에 존재하는 여러 신경체, 또는 정신 에너지의 소용돌이(vortex; wirlpool)를 의미한다. 뒤에서 보다 자세하게 다루겠지만 인도인들은 이것을 정묘체라고 하면서 인간 존재의 보다 본질적인 측면이라고 생각했다. 이 정묘체는 평범한 사람들의 육안으로는 확인할 수 없는 비물질적이고도 정신적인 어떤 것이다.[2]

이 책은 바로 차크라의 세 번째와 네 번째 개념을 기반으로 한 차크라 탐구서이다. 인간의 본질을 물질적 차원을 넘어선 어떤 미묘한 상태라고 보면서 다양한 단계로 분류하고 상징적 도표로 만들었던 인도의 차크라 개념을 서구 심리학의 현미경으로 들여다보려는 것이다.

에너지가 흐르는 통로인 나디
: 수슘나, 이다, 핑갈라

차크라를 제대로 이해하려면 그것을 일종의 시스템으로 보아야 한다. 7개의 차크라와 그 차크라를 서로 연결하는 주요한 나디(nāḍī)들, 즉 수슘나(susumna)와 이다(iḍā), 핑갈라(piṅgalā)가 이 시스템에 포함된다. 뿐만 아니라 7개의 차크라를 관통해 사하스라라로 오르는 쿤달리니 샥티와 사하스라라에서 쿤달리니와 하나가 되는 시바 역시 이 체계에 포함되어야 한다. 인도 사상에서 쿤달리니와 시바는 인간과 신을 설명하는 매우 중요한 개념이며, 쿤달리니와 시바의 합일은 인도인들이 궁극적으로 추구하는 해탈을 의미한다. 어찌 보면 차크라나 수슘나는 해탈의 여정에서 쿤달리니가 거쳐 가는 일종의 단계이자 경로에 지나지 않는다. 이 장에서 여러분은 이런 모든 개념에 대한 설명을 듣게 될 것이다.

1부 차크라와 의식의 발달

그림 2 | 나디[3]

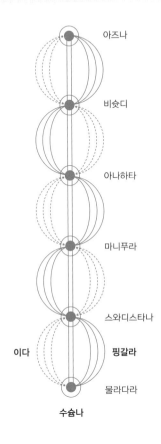

아즈나

비슛디

아나하타

마니푸라

스와디스타나

이다　　　　　**핑갈라**

물라다라

수슘나　　　　　　　ⒸBSY

먼저 나디에 대해 이야기해야겠다. 차크라와 나디는 뗄 수 없는 관계다. 수많은 나디가 교차하는 지점을 바로 차크라라고 하기 때문이다. 나디는 생명 에너지인 프라나(prāṇa)가 흐르는 통로 또는 에너지 흐름 그 자체를 이야기한다. 인간의 몸 안에는 72,000~

300,000개에 이르는 나디가 있다고 알려져 있다. 이 중 요가 문헌에서 중요하게 제시되는 3개의 나디는 척추를 따라 흐르는 수슘나와 이다, 핑갈라 나디이다.

수슘나는 척추 끝에서 시작하여 척추를 따라 일직선으로 흐르며, 두 눈썹 사이에서 끝난다. 이다와 핑갈라는 수슘나의 왼편과 오른편에 있는데, 이다는 여성성을 나타내며 차가운 달(candra)의 성질을, 핑갈라는 남성성을 상징하며 뜨거운 태양(sūrya)의 성질을 닮았다. 그리고 이 둘은 수슘나 나디를 나선형으로 감아 돌면서 서로 교차한다. 이 교차하는 지점에 프라나가 응집되어 차례로 배열되어 있는데 이것을 차크라라고 한다.

쿤달리니 샥티와 순수의식 시바

쿤달리니 샥티는 보통 인간의 몸에 잠재해 있는 신성한 힘 또는 생명체의 근원적인 생명력으로 알려져 있다. 이것은 세 번 반 감긴 뱀의 형상을 하고 있으며 대부분 물라다라에 잠들어 있는데, 이때는 차크라 역시 최소한의 움직임만 보이는 비활성화되고 부조화한 상태에 있다. 그러나 쿤달리니가 깨어나면 수슘나 나디를 통해 상승하는데 이 과정에서 맨 아래에서부터 차례로 차크라가 활성화되며, 최종적으로는 쿤달리니가 사하스라라 차크라에 있는 시바와 합일함으로써 인간은 해탈에 이르게 된다.

이처럼 쿤달리니와 시바를 합일시켜서, 인간이 유한하고 분리된 존재라는 착각 또는 망상에서 벗어나게 하는 게 탄트라 수행의 최종 목적이다. 또한 이것이 차크라 체계에서 의식 진화의 종착역이기도 하다. 이 상태에서는 육체조차 물질성의 한계에서 해방되어 인간은 더할 나위 없는 지복감을 느끼게 된다.

인간은 다차원의 존재

앞에서 설명한 차크라와 나디 같은 것들이 힌두 사상에서는 정묘체에 해당하는 것으로 분류된다. 힌두 사상은 인간존재를 여러 차원으로 분류하기를 좋아했다. 그들의 분류법을 몇 가지 소개해 보면 다음과 같다.

삼위설 : 거친체, 정묘체, 원인체

삼위설은 인간존재를 세 차원으로 분류한 개념이다. 즉 거친체(스툴라 샤리라, sthūla śarīra, gross body)와 정묘체(숙슈마 샤리라, sūkṣuma śarīra, subtle body), 그리고 원인체(카라나 샤리라, kāraṇa śarīra, causal body)가 그것이다. 거친체는 물질로 이루어져서 인간이 통상 육체라고 인식하는 몸이다. 정묘체는 정신이나 마음의 차원으로서 거친체와 원인체를 매개하는 역할을 하고 아스트랄체라고 불리기도 한다. 또한 원인체는 거친체와 정묘체의 바탕이나 원인이 되는 차원이다. 이 차원은 인간존재의 가장 높은 차원으로, 업의 씨앗을 담고 있어서 인간을 다른 몸으로 계속 태어나게 하는 원인이 된다. 존재의 가장 내면에 존재하는 이 원인적인 몸은 우주의 종말에도 파괴되지 않으며 오직 해탈할 때만 제거된다고 알려져 있다.

판차 코샤
: 5개의 덮개로 이루어진 인간의 몸

인간을 다섯 차원의 몸, 더 정확히 표현하자면 '껍질'로 이루어진 존재라고 본 개념도 있다. 판차 코샤(pañca kośa)에 의하면 우리는 물질에서부터 신성에 이르는 다섯 겹의 껍질로 구성된 복합체다. 이것은 다차원의 몸에 관한 인도의 가장 대표적이면서도 중요한 모델이다. 판차 코샤는 인간존재가 물질, 에너지, 마음, 지성, 지복의 다섯 가지(판차) 껍질 또는 덮개(코샤)로 구성되어 있다고 본다. 고대 우파니샤드인 『타잇띠리야 우파니샤드Taittirīya Upaniṣad』에

곡식(음식)·생기(생명력)·마음·식(인식)·환희(지복)의 다섯 가지로
인간을 설명하는 판차 코샤의 개념이 가장 처음 등장한다.

> 이처럼 아는 그는 이 세상을 떠나서 곡식이 주를 이루는 이 아
> (我)로 넘어간다. 생기가 주를 이루는 이 아로 넘어간다. 마음이
> 주를 이루는 이 아로 넘어간다. 식이 주를 이루는 이 아로 넘어
> 간다. 환희가 주를 이루는 이 아로 넘어간다. 이 찬송은 그에 관
> 한 것이다···.[1]

　좀 더 구체적으로 보면, 인간존재의 다섯 가지 차원 중에서 가장
바깥에 있는 안나마야 코샤(annamaya kośa)는 음식, 즉 물질로 이루
어진 층이다. 프라나마야 코샤(prāṇamaya kośa)는 생명력으로 이루
어진 층으로, 우리 몸의 에너지 또는 기를 의미한다. 마노마야 코
샤(manomaya kośa)는 마음으로 이루어진 층이며, 비즈냐마야 코샤
(vijñānamaya kośa)는 마음보다 높은 인식 기능인 지성의 층이다. 마
지막으로 아난다마야 코샤(ānandamaya kośa)는 지복의 층이다. 이
층은 존재의 가장 깊은 차원으로, 이곳에 머무는 사람은 모든 생각
과 인상이 사라져서 평화와 기쁨을 경험하게 된다.
　삼위설과 판차 코샤에서 말하는 각각의 층은 다른 성질을 가지
고 있지만, 서로 맞물리며 의존하는 계층구조로 되어 있다. 또한
이 모든 층은 우주 에너지인 샥티의 서로 다른 모습이며, 물질적인

　　　　　　　　　　　　　　　　　　　1부 차크라와 의식의 발달

차원으로 내려올수록 밀도가 높고, 원인체로 향할수록 옅어진다.

마음의 네 가지 상태

후기 우파니샤드 시대에 이르면 마음을 네 가지 상태로 나누는 시도가 이루어진다. 판차 코샤나 세 가지 몸이 존재를 물질적 차원에서 정신적 차원까지 분류한 것이라면 이 네 가지 마음 상태는 정신의 분류 체계이다. 먼저 인간의 마음은 세 가지로 나뉜다. 깨어 있는 상태와 꿈꾸는 잠의 상태, 꿈 없는 잠의 상태가 그것이다. 각 상태를 소개하면 다음과 같다.

• **깨어 있는 상태** : 일상적인 의식 상태로 개별 자아의 고향으로 불린다. 외부의 물질적 대상만 인식할 수 있으며, 무지로 인해 나와 너라고 하는 이원적 분별만 가능하다.

• **꿈꾸는 잠의 상태** : 내적인 정신 활동을 할 수 있으며 인간의 정신만으로 창조되는 세계로, 혼에 접근한 상태다. 이 상태에서 정묘한 차원에 대해 인식할 수 있게 된다.

• **꿈 없는 잠의 상태** : 정신적 활동이 정지되고 사라진 상태. 개체 의식이 없고, 주관과 객관의 구별이 없는 상태다. 깨어 있는 상태와 꿈꾸는 잠의 상태의 원인이 되는 상태다.

• **투리야(turya)** : 이 세 가지 상태를 초월한 곳에 '투리야'라고 불리

는 제4의 의식이 있다. 이것은 유한한 의식 활동이 모두 소멸된 순수의식이거나 순수의식의 상태이다.[2]

차크라는 에너지 변환기

정묘체에 해당하는 차크라는 그 자체로 7개의 차원을 갖고 있지만, 다른 한편으로는 인간의 다차원적 신체를 연결시켜 주는 역할을 한다. 그래서 차크라를 인체 내의 전봇대나 에너지 변환기라고 부른다. 다시 말해 물질적인 몸(거친체), 에너지 몸(정묘체), 그리고 정신적인 몸(원인체)으로 구성된 세 차원의 신체는 끊임없이 상호작용하는데, 이 상호작용의 교점이 바로 수레바퀴 모양의 차크라라는 것이다. 바퀴의 바깥쪽이 인간의 거친체로 물질적 환경과 접촉하는 부위이고, 바큇살이 모이는 안쪽으로 들어갈수록 보다 높은 층, 즉 정묘체나 원인체와 연결된다. 그리고 이 센터들의 가장 중심에 푸루샤(puruṣa), 즉 참자아가 존재한다. 따라서 바퀴의 움직임은 안으로 들어갈수록 적어지고 고요해진다.[3]

물질보다 더 진짜인 정묘체

정묘체는 대체로 '마음이나 정신'을 가리킨다. 그런데 학자에 따라서는 프라나마야 코샤(에너지체)를 정묘체에 포함시키기도 한다. 이럴 때 정묘체는 에너지와 마음의 차원을 포괄한다. 그래서 연구자들은 차크라를 '신체에 있는 정신 에너지 센터', '심령적 에너지의 소용돌이' 또는 '심령적 중추' 등으로 부른다.

여기서 중요한 것은 과거 인도인들에게 정묘체는 눈에 보이지 않지만, 눈에 보이는 것보다 더 의미 있는 것으로 여겨졌다는 데 있다. 현대는 유물론의 시대다. 우리는 우리의 신체적 감각기관을 통해 보고 만지고 들을 수 있는 것이라야 진짜라고 믿는다. 그 외의 것은 환상이거나 가짜이고, 아무리 긍정적으로 평가한다 해도 가정이나 신비한 것에 지나지 않는다.

그러나 과거 인도인들은 달랐다. 그들은 눈에 보이는 것, 우리의 감각기관으로 확인할 수 있는 물질적인 것들을 믿지 않았다. 절대 진리나 참자아는 육안으로 확인할 수 없으며, 우리가 보거나 만질 수 있는 것들은 환영(幻影)에 지나지 않는다고 생각했다. 물질적인 것들은 늘 변화하고, 결국은 소멸되는 유한한 것이기 때문이다. 따라서 인도의 전통 사상에서 정묘체는 매우 중요하다. 정묘체에 대한 이해 없이는 인도 사상을, 그리고 요가를 이해할 수 없다고 할 정도이다. 그들은 인간이 물질적 몸을 가지고 있지만, 정묘체로서의 인간이야말로 탐구할 가치가 있는 존재라고 여겼다. 인간의 진정한 몸은 살과 뼈로 이루어진 물질적 육체가 아니고, 수슘나와 이다, 핑갈라, 그리고 7개의 차크라로 이루어진 에너지 시스템이라고 본 것이다.

체험적이고 실제적이지만
육체적이지는 않다

이 정묘체를 주요 대상으로 하는 학문이자 의술이 인도에서는 요가생리학이다. 하지만 정묘체를 다루기 때문에 인도의 요가생리학은 현대의 연구자들에게 일종의 '신비생리학'이다. 엘리아데

(Mircea Eliade)는 정묘체와 요가생리학에 대해 다음과 같이 말했다. "체험적이고 실제적이지만 육체적이지는 않다." 육체적이지 않은데 체험적이고 실제적이라니! 현대인의 상식으로는 도저히 이해할 수 없는 얘기다. 하지만 그들은 수련자나 수행자들만 체험할 수 있는 신비생리학을 진정한 의술로 보았다.

차크라는 대표적인 정묘체였기 때문에 당연히 요가생리학의 중요한 탐구 대상이 되었다. 그것은 '프라나가 응집된 생명력의 저장소' 또는 '구조화된 생명 에너지' 등으로 불렸다. 프롤리(David Frawley)는 이 같은 차크라를 이해하려면 유물론적 사고에서 벗어나야 한다고 우리에게 충고한다. 차크라가 신체에 영향을 주기는 하지만 신체 그 자체는 아니며, 차크라의 움직임이 현실의 삶에 직접적인 영향을 주는 것도 아니기 때문이다.[1] 차크라가 물리적인 기관이 아니기 때문에 물리적인 영향력을 갖고 있지 않다는 사실을 분명히 한 것이다.

하지만 차크라가 정묘체라는 인도인들의 생각에 대해 찬물을 끼얹는 주장도 있다. 즉 과거 인도인들은 차크라를 인간의 몸 안에 실제로 존재하는 해부학적인 기관으로 생각했다는 것이다. 그러나 서양의학이 인도에 들어와 인간의 육체를 해부하게 되었을 때 당연히 차크라는 발견되지 않았다. 인간의 몸 속에 실제로 차크라가 있다고 믿어 왔는데 막상 해부가 이루어지니 차크라를 발견할 수 없었다는 말이다.[2] 그래서 결국 신체기관이 아닌 정묘체 개념으로 바뀌게 되었다는 것이다. 이 같은 주장에 미덕이 있다면, 차크라의 신비를 맹신하지 않도록 도와준다는 점이다. 하지만 아주 오래된 문헌에 이미 차크라가 정묘체로 언급되고 있으니 이 주장을 심각하게 받아들일 필요는 없을 것이다.

의식 진화의 사다리

차크라를 연구하는 데 있어 가장 중요한 주제는 의식의 상승이나 진화에 관한 것이다. 의식의 진화와 관련해 가장 일반적으로 알려진 것은, 잠에서 깨어난 쿤달리니가 수슘나를 따라 위로 오르면서 물라다라에서 아즈나 차크라에 이르는 6개의 차크라를 차례로 관통하게 되는데, 이 상승적 이동 과정이 의식의 상승 또는 발달을 의미한다고 보는 관점이다.

아래에서 위로, 부정에서 긍정으로, 물질에서 정신으로

이렇게 진화 과정으로서의 차크라 체계는 일정한 방향성을 가지고 있다. 상징적으로 보자면 낮은 수준에서 높은 수준으로, 즉 몸의 아래에서 위로의 방향성을 가지고 있으며, 이것은 거친 물질에서 정묘한 정신적 특성에 이르기까지의 스펙트럼을 보여 준다. 가장 하위의 차크라인 물라다라의 구성 요소는 흙이며, 위로 올라갈수록 정신적 특성과 가까워진다.

또한 상위 차크라로 올라갈수록 보다 긍정적인 마음의 특성을 갖게 된다. 하위 차크라의 마음 작용을 보면 맹신, 의심, 경멸, 허위 지식, 수치심, 배신, 질투, 욕망, 나태, 슬픔, 혐오, 공포 등 모두 부정적이다. 이에 반해 상위 차크라는 자비, 상냥함, 인내 혹은 평정심, 공정함, 지조, (영적) 번영, 환희, 관용 등 모두 긍정적인 특성으로 이루어져 있다. 하위 차크라와 상위 차크라 사이에 있는 아나하타 차크라에는 부정적인 특성과 긍정적인 특성이 공존한다. 즉 희망, 주의 혹은 걱정, 노력, (집착에서 비롯된) 자아감, 거만, 위선, 나른한 느낌, 이기주의, 자만심, 탐욕, 이중성, 우유부단, 후회 등이 그것이다.[1]

하위 차크라의 이 같은 부정적 마음 작용은 쿤달리니가 그 차크라를 지나갈 때마다 사라지게 된다. 이에 대해 포이에르슈타인

1부 차크라와 의식의 발달

(Georg Feuerstein)의 설명을 들어 보자. 쿤달리니가 상승하면 각 차크라에 있는 원소와 의식 기능들이 활성화된 뒤에 다시 용해되는 정화의 과정을 거친다.

쿤달리니가 하나의 차크라에 도착하면, 그 차크라는 강하게 진동하면서 그 차크라의 기능을 완전히 발휘한다. 그러나 쿤달리니가 다음 차크라로 이동하면, 그 이전의 차크라는 진공처럼 된다. 왜냐하면 쿤달리니가 도착한 차크라는 차크라가 갖는 모든 요소들을 완전히 정화하고 흡수하여 다음 차크라로 떠나기 때문이다.[2]

각 차크라의 속성을 소멸시킨 쿤달리니는 사하스라라에서 스스로 소멸된다. 차크라의 속성들이 사라지면서 차크라는 다시 억제되지만, 이것은 더 이상 각성 이전의 불활성화 상태와는 다르다. 오염이 제거된 변형된 에너지이기 때문이다. 이렇게 차크라의 모든 요소가 용해되어서 현상계를 구성하는 가장 순수한 근본 원질, 즉 프라크리티(prakṛti)로 흡수되면 수행자는 결국 몸을 초월하게 된다고 알려져 있다.

5

시바와 샥티의 합일

쿤달리니 샥티의 상승 과정을 거쳐 탄트라 수행이 궁극적으로 추구하는 것은, 쿤달리니와 시바를 합일시킴으로써 인간이 유한하고 분리된 존재라는 망상에서 벗어나는 것이다. 이것이 바로 차크라 체계에서 말하는 의식 진화의 종착역이다. 합일 이후의 지복의 상태는 다음과 같이 묘사된다.

> 이것이 성취되면, 이보다 더한 환희가 없다. 이때는 물질덩어리로 경험되었던 육체조차도 의식적으로 되며, 육체는 환희의 감로로 가득 차게 되며, 모든 다른 존재나 우주와 하나가 된다.[1]

다시 말해 차크라 체계의 진화에 있어 최종 목적은 쿤달리니와 순수의식 시바의 결합이다. 탄트라 사상은 순수의식이 현상이나 물질로 드러날 때, 즉 세계가 창조될 때(요가에서는 이것을 '세계의 전개'라고 부른다.) 필연적으로 이중성과 양극성을 띠며, 스스로가 참자아라는 자각을 잃어버린다는 사실에 주목했다. 자신이 본래는 절대적 존재라는 사실을 망각한 현상계의 인간들은 양극성에 빠져들어 자신이 유한하고 소외된 존재라고 생각하면서 고통스러워하기 때문에 탄트라 수행은 현상계의 양극적 원리를 재통합하는 것에 그 목적을 둔다.[2] 차크라 체계는 바로 이런 양극성을 통합해 나가는 과정이다.

그렇다면 쿤달리니와 샥티는 어떤 관계이며, 어떤 차이점을 가지고 있을까? 샥티는 앞서도 이야기했지만, 물질계의 근원적 힘이다. 그런데 샥티가 개별 인간의 신체에서 작용하는 힘으로 묘사될 때에는 쿤달리니로 불린다. 샥티의 개별화된 힘이 쿤달리니인 것이다. 쿤달리니와 샥티가 결국 하나의 의미를 갖기 때문에 이 책에서는 종종 쿤달리니 샥티라는 용어를 사용하게 될 것이다.

6

진정한 완성은 하강이다

그런데 쿤달리니 샥티의 상승과 합일 드라마에는 반전이 있다. 많은 사람들이 의식 진화의 종착역을 샥티와 시바의 합일이라고 생각하지만, 사실 진정한 완성은 하강에 있다. 즉 상승한 쿤달리니가 사하스라라에서 시바와 합일한 뒤에 다시 물라다라로 돌아오는 것이다. 아래의 노래가 바로 그것이다. 시바와 합일한 샥티는 불로불사주인 암리타(amṛta)를 마시고 상승했던 경로를 따라 다시 자신의 거처인 물라다라 차크라로 돌아간다.

아름다운 쿤달리(kuṇḍalī)는 파라 시바(Para Śiva)로부터 나온 최고의 붉은 넥타를 마시고 모든 영광 속에 있는 궁극의 초월적인

지복으로 빛나는 그곳에서부터 돌아나와 쿨라(kula)의 경로를
따라 다시 물라다라로 들어간다.[1]

좀 더 부연 설명을 하자면 다음과 같다. 시바와 샥티의 결합으
로 요가 수행자가 브라만(Brahman), 즉 참자아를 자각하고 세계의
단일성을 이해하게 되면, 시바와의 결합을 축복하는 최고의 음료
가 쿤달리니에게 제공된다. 자신의 거처인 물라다라에 돌아간 쿤
달리니가 이 음료를 만물에 뿌리면 만물은 생기를 얻고 다시 현현
한다.[2] 즉 쿤달리니가 상승하는 과정에서 소멸시키고 흡수했던 만
물의 에너지를 물라다라로 돌아와서 되살려 내고 재탄생시킨다는
것이다.

사티아난다(Swami Satyananda Saraswati)[3]는 쿤달리니의 이 같은
하강을 다음과 같이 설명한다. 쿤달리니 요가의 목표는 인간의 힘
을 신처럼 각성시키는 데 있지 않고, 그 힘을 현실로 가지고 와서
현실의 삶을 지혜롭게 살기 위해 사용하는 것에 있다. 사실 사하스
라라 차크라에서 샥티와 시바의 완전한 합일이 이루어진 사람은
현실적인 삶을 살아가기가 어렵다. 아기처럼 순진무구한 상태가
되기 때문이다. 주관과 객관, 주체와 대상의 구별이 어려운 상태에
있기 때문에 이 이원성의 현실에서 살아가기가 어려운 것이다.

따라서 쿤달리니가 상승한 것과 같은 경로로, 샥티와 시바가 함
께 하강할 때 진화가 완성된다. 이때 비로소 인간은 이원성의 현

실을 제대로 인식하게 되고, 삶을 지혜롭게 통제하게 된다. 이처럼 합일 이후 이 지상으로 내려온 사람은 물라다라와 사하스라라의 두 차원에서 사는 사람이 된다. 그럴 때 우리가 경험하는 현실세계의 이원성, 즉 여성과 남성, 몸과 정신, 사랑과 미움 등의 대극적인 관계는 더 이상 절대적인 진실이 아니라는 사실을 알게 된다. 그것은 그저 "시바와 샥티의 상호 관계의 표현이자 현현이라는 것을 이해"[4]하고 게임하듯 초연하게 현실을 경험하게 된다. 그래서 사티아난다는 이런 하강을 "신성한 환생"[5]이라고 불렀다.

7

우주적이고 심리적인 상키야 철학

이쯤에서 상키야(Sāmkhya) 철학을 소개해야겠다. 상키야 철학은 차크라와 직접적인 관련성은 없지만, 이 이론을 이해하지 못하면 차크라 체계를 온전히 이해하기 어렵다. 앞으로 상키야 철학의 개념들이 자주 언급되기 때문에 이에 대한 설명이 불가피하다.

상키야는 가장 오래된 철학 전통 중 하나로 힌두 사상사의 중심축이면서 인도의 철학과 사상을 말할 때 빼놓을 수 없는 부분이다. 무엇보다 그것은 우주 창조의 이야기면서 동시에 의식의 탄생과 진화에 관련한 매우 중요한 내용이기 때문에 "심리우주론(psychocosmology)"[1]으로 불리기도 한다. 물론 의식의 진화에 관한 철학적 탐구는 사실 인도의 전 역사를 통해 이루어졌다. 하지만 동서양을 막론하고 의식 진화의 모델 중 첫 번째로 손꼽히는 게 바로 상키야 철학이다.

우주의 근본인 푸루샤와 프라크리티

상키야 철학은 푸루샤와 프라크리티를 우주의 궁극적이고 근원적인 두 요소로 상정하는 이원론이다. 푸루샤는 남성적, 정신적 원리로서 순수의식으로 불린다. 그것은 인간과 세계를 목격하는 단순한 목격자이며, 본성상 이미 해탈의 상태에 있다. 반면에 프라크리티는 여성적, 물질적 원리로서 모든 물질적 존재의 근본적인 원인 물질이며, 활동성을 가진 질료인(사물을 생성, 변화시키는 원료)이다. 이 2개의 원리, 푸루샤와 프라크리티가 상호작용할 때 현상계가 만들어진다. 푸루샤가 프라크리티를 쳐다볼 때 프라크리티의 균형이 깨지고 이로부터 우주의 모든 물질적 형태가 펼쳐진다. 이것을 '세계의 전개'라고 부른다. 세계의 전개는 〈표1〉에서 볼 수 있듯이 위에서부터 아래로, 즉 프라크리티라고 하는 가장 정묘하고 근본적인 원인 물질에서 시작해서 거친 물질에 이르기까지 점차적으로 진행된다.

첫 번째로 전개되는 것은 붓디(buddhi)다. 붓디는 높은 지혜를 가진 지성, 또는 지성의 빛이다. 이 붓디에서 아함카라(ahaṃkāra)가

1부 차크라와 의식의 발달

표1 | 상키야의 24원리

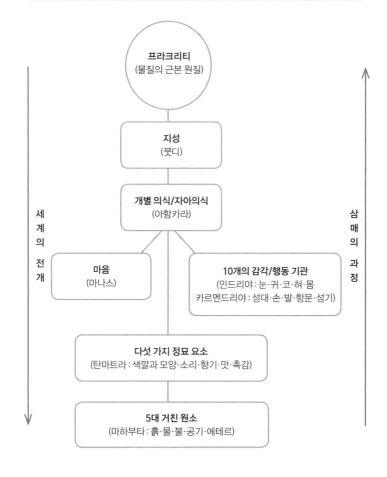

나오는데, 이것은 대상과 자신을 구분하는 개인의식이나 자아의
식을 말한다. 이후에 외부 대상에 끌리는 낮은 수준의 마음(마나스,
manas)과 지각하고 인지하는 감각기관(인드리야, indriya), 반응하는

행동 기관(카르멘드리야, karmendriya), 그리고 다섯 가지 감각인 정묘
요소(탄마트라, tanmātra)와 감각의 대상인 5대 거친 원소(마하부타,
mahā bhūtas)까지 24개의 요소가 펼쳐진다. 이것을 '상키야의 24원
리'라고 부른다.

푸루샤의 해탈을 위한 프라크리티의 활동

자, 이제 신화적인 이야기가 시작된다. 세계가 전개되면 참자아인
푸루샤는 전개된 세계를 바라보면서 고통에 빠진다. 펼쳐진 세상
과 자신을 동일시해서 이 세상의 고통을 모두 자기 것이라고 착각
하는 것이다. 그러나 우리가 고통을 느낀다는 건 그 고통에서 벗어
날 기회를 갖게 되었다는 말이기도 하다. 고통 끝에 결국 푸루샤는
자신이 프라크리티가 펼쳐 낸 물질계가 아니라는 사실을 알아차
리고 그로부터 벗어나게 된다. 이것이 푸루샤의 독존(kaivalya), 또
는 해탈(mokṣa)이다. 자신이 아닌 것을 분별해 내고 벗어나서 원래
자기 자신으로 돌아왔다는 의미다.

  따라서 프라크리티가 세상을 전개시킨 이유는 푸루샤를 고통스
럽게 하려는 게 아니다. 세계의 전개의 목적은 푸루샤의 독존에 있
다. 고통스러운 일들을 목격하게 해서 푸루샤가 그 고통에서 벗어
나도록 촉구하는 게 프라크리티의 숨은 뜻이다. 사실 가장 강력한

경험은 고통이다. 고통을 느끼지 않으면 벗어나려고 노력하지도, 의문을 품지도 않는다. 그래서 고통이 해탈의 동기가 되는 것이다.

푸루샤가 독존을 이루고 나면 전개되었던 현상세계는 다시 프라크리티로 돌아가고, 프라크리티의 활동도 정지된다. 현상계의 존재 의미가 사라졌기 때문이다.『요가수트라Yogasūtra』제2장 18절에는 보여지는 대상으로서의 프라크리티가 푸루샤의 경험과 해탈을 목적으로 한다고 기술되어 있다.

> 보여지는 대상(프라크리티)은 밝음, 활동, 활동하지 않음의 속성이 있고, 물질 원소와 감각기관들로 이루어져 있으며, (푸루샤의) 경험과 해탈을 목적으로 한다.[2]

세계가 전개되고 나면 의식의 진화가 진행된다.『요가수트라』의 주석서인 브야사(Vyāsa)의『요가수트라 주석Yogasūtra Bhāṣya』은 거친 차원에서 시작해 근원에 이르는 과정을 서술했다. 즉 진화의 과정은 다섯 가지 거친 물질에서 탄마트라 → 아함카라 → 붓디 → 프라크리티의 순서로 이루어진다. 푸루샤는 가장 거친 단계인 마하부타에서부터 차례로 자신과 대상을 분별해 내야 하며, 마지막에는 붓디와도 분리해 결국 독존을 성취하게 된다. 수행자들은 이 의식 진화의 과정을 삼매(samādhi)의 단계라고 불렀다. 푸루샤의 독존은 이처럼 일시에 일어나는 게 아니라 가장 거친 차원부터 차례로 진행된다. 이것이 바로 상키야 철학이 말하는 의식의 진화 과정이다.

이처럼 인도의 철학 사상은 기본적으로 세계의 전개와 그것의 회복이라는 일관된 흐름을 가지고 있다. 상키야 철학의 24원리는 탄트라 사상에서는 33개 원리로 더욱 세분화된다. 세계의 전개와 관련한 이 모든 도식들은 의식 진화의 지침서 또는 내면 여행의 지도로 평가받는다. 이 내적 여행의 지도 덕분에 많은 영적 수행자들이 현상계와 초월계의 다양한 영역과 단계를 지나갔기 때문이다.[3]

8

지상에서 신이 되기를 원하다
: 탄트라와 하타 요가

상키야 철학이 이원론을 주장했다면 탄트라 사상은 일원론의 철학이다. 참자아인 푸루샤가 프라크리티와 별개의 존재였다면 탄트라의 시바와 샥티는 둘로 분리된 것처럼 보이는 하나다.

탄트라 사상에서 시바는 변화하지 않는 초월적 의식이고, 샥티는 모든 물질적 존재의 뿌리에 있으면서 그것의 창조와 진화를 가능하게 만드는 핵심적 힘이다. 일원론에 근거한 탄트라와 하타 요가(Haṭha Yoga)는 이 대극적 개념이 사실은 둘이 아닌 하나임을 전제한다. 시바의 창조력인 샥티로 인해서 우주가 탄생하는데, 이 우주는 시바와 분리된 것이 아니라 시바에 의해 인식된 대상이다. 즉 보는 자도 보여지는 자도 모두 참자아에 속한다는 것이다.

이처럼 순수의식은 주관적 측면과 객관적 측면으로 분리되고, 점차 분리를 거듭하면서 이원적 현상계로 자신의 모습을 드러낸다. 현실에서 이 둘은 남성과 여성, 정적인 성질과 동적인 성질, 플러스와 마이너스처럼 분리되어 표현된다. 그러나 양극성으로 분리된 것처럼 보이는 두 요소는 자신이 존재하기 위해서는 반드시 상대를 필요로 하는 분리될 수 없는 하나다. 이 둘은 같은 원천에서 나왔기 때문에 요가의 목적은 샥티와 시바를 재결합시키는 데 있다.[1] 시바와 샥티의 결합은 이 책이 끝날 때까지 반복해서 다룰 중요한 내용이다.

일원론의 탄트라 사상과
몸과 마음을 결합하는 하타 요가

인도철학 사상사에서 볼 때 차크라는 탄트라 사상, 그중에서도 특히 하타 요가에서 중요하게 다루어지는 개념이다. 탄트라가 처음 발생한 시기는 서기 초에서 4~5세기경이며 굽타왕조시대 또는 10세기경에 완성되었다고 학자들은 추정한다. 그러나 일부 학자들은 탄트라의 뿌리가 『리그베다*Ṛg Veda*』에 있어서 베다 전통과 분리될 수 없다고 주장한다. 이들 역시 탄트라가 베다 전통임을 강조하는 것이다. 탄트라는 인도 전역으로 확산되면서 육파철학을 비롯해 요가와 불교, 힌두교, 자이나교 등 인도의 다양한 철학 사상이나 종교와 영향을 주고받았고, 주요하게는 불교 탄트라와 힌두 탄트라의 두 갈래로 발전했다. 이 중에서 힌두 탄트라가 베다 전통에 뿌리를 두고 있다.[2]

이처럼 탄트라 사상은 요가만큼이나 역사가 오래되었을 뿐 아니라 그 과정에서 여러 사상들과 영향을 주고받았기 때문에, 한마디로 정의할 수 없을 만큼 학자들 사이에 의견이 분분하다. 내용적으로도 탄트라는 철학이나 사상이라기보다는 인도인들의 생활 속 실천 운동이나 풀뿌리 운동에 해당한다는 주장이 많다. 요가 행법을 비롯해 신들을 위한 찬가, 의례, 연금술, 그리고 다양한 신비 사상을 포함하고 있기 때문이다.[3]

그렇다면 탄트라 사상은 어떤 내용을 가지고 있을까? 아주 간략하게 몇 가지로 요약해 보면 다음과 같다.

먼저 탄트라라는 단어는 '직물, 씨실, 실, 계승, 연장하다, 확장하다, 전개하다'라는 뜻을 가진 산스크리트이다. 철학자들은 탄트라를 '지혜를 확장시키다' 혹은 '앎을 확장하는 것'의 의미로 해석했으며, 더 나아가 우주정신과 물질, 무한과 유한, 우주 의식과 개인 의식 등의 이원적 개념을 연결하는 전체를 의미한다고 보았다.[4]

둘째, 양극성을 띠는 현상계(마야)와 절대적 실재(시바)는 둘이 아니라 하나이며, 마야는 시바의 드러난 모습, 즉 현상적 세계다. 이것이 탄트라 사상의 대전제다. 그리고 여기서 마야는 샥티가 만들어 낸 세상을 의미한다.

셋째, 인간은 '참실재가 드러난 소우주', '대우주를 반영한 소우주'다. 따라서 인간(소우주)과 세계(대우주)를 동일시하면서 인간 내면에서 신성을 찾는다.

넷째, 인간존재 안의 대극적 원리인 시바와 샥티를 통합한다면 인간은 윤회에서 벗어나 해탈에 이를 수 있다고 생각한다.

다섯째, 그 통합의 방법은 바로 인간의 육체를 인정하고 이용해서 깨달음의 상태를 자신의 몸 안에서 경험하는 것이다. 그래서 탄트라는 힌두와 불교 전통의 고결한 태도나 고행을 거부하고, 신체를 통해서 영적인 탐구를 시도했다. 이런 경향을 가진 것이 앞서 언급한 좌도 탄트라다. 술, 고기, 성관계 등 민중들이 현실에서 동원할 수 있는 방법을 통해 해탈에 이르려고 한 것이다.

흥미롭게도 탄트라 수련의 최종 목표는 신이 되는 것이다. 즉 탄트라 수련은 인간존재의 고통에서 해방되기 위한 게 아니라 인간이 명상의 대상으로 삼았던 신이 되려는 자기 신격화다.[5] 그리고 이런 목표를 이루기 위한 주요 수단으로 차크라를 시각화했다. 신의 얼굴, 색, 신체와 의상의 특성 등을 상세하게 시각화해서 동일시하려고 했던 것이다.

힌두 탄트라는 세 가지 종류로 전개됐는데, 먼저 위에서 얘기한 좌도 탄트라와 종교 의례에 중점을 둔 우도 탄트라가 그 둘이다. 마지막으로 인간의 신체에 내재한 샥티를 각성시키기 위해 심리적, 생리적 에너지를 계발하는 요가 수행 중심의 유파가 있었는데 그것이 바로 신체를 단련시키는 하타 요가다.[6]

좌도 탄트라가 세속적인 도구를 이용해서 신에 이르고자 했다면 하타 요가는 신체를 단련해서 신이 되려고 했다. 즉 신이 거주하는 장소인 육체를 "불멸의 실체 또는 빛으로 만들어진 육체"[7]로 만들어서 이 세상에서 신을 실현하는 것, 즉 인간의 몸을 신의 몸으로 만드는 것이다. 그러기 위해서는 먼저 신체 내의 태양의 기운(ha, 핑갈라)과 달의 기운(ṭha, 이다)을 결합(요가)시키고, 이를 통해 샥티와 시바, 몸과 마음을 결합시킨다. 호흡 조절(prāṇāyāma), 정화 수행(śodhana, prakṣālana), 요가 자세(āsana), 무드라(mudrā)와 반다(bandha), 시각화 명상 등 육체를 단련하는 수행법이 이로부터 발달했다.

9

차크라, 명상의 도구

그렇다면 처음에 차크라는 어떻게 만들어졌을까? 신이 되고자 했던 탄트라 수행자들은 신의 형상이나 신의 상징을 시각화해서 신과의 동일시를 추구했다. 차크라를 '정묘한 신체 구조에 대한 관념화된 각색'이라고 보았기 때문에 요가 수행자의 시각화와 명상을 안내하는 도구가 되었다. 이렇게 요가 수행자가 하나의 차크라에 대해 명상하게 되면 그 부위에 해당하는 다양한 감각을 경험한다. 특정한 색깔과 소리, 감각, 생각과 기억, 내면 상태 등이 그것이다. 그리고 이런 내적 경험에 몰입할 때 우주와의 조화가 시작된다.[1]

레빗(Stephan H. Levitt)도 유사한 주장을 한다. 즉 신체 위치에 상응하는 차크라를 명상함으로써 수련자는 자신의 몸에서 진행되는 우주의 원리와 자신의 전생을 발견하게 되고, 이를 통해 윤회에서 벗어날 수 있다고 본 것이다. 이렇게 하나의 대상을 철저히 궁구할 때 많은 존재의 원리가 드러난다. "가위를 이해하면 철로 만들어진 모든 것을 알게 되는 것처럼, 인간의 몸에 있는 우주적 요소들에 대해 명상하면 전생에 대해 알게 되어서 그것(전생의 문제-주)을 극복할 수 있다."[2]는 것이다.

수행자들은, 명상의 몰입 상태에서 경험한 것을 자신의 정묘체에 대한 감각이라고 보았을 것이다. 인도인들은 정묘체가 물질적 몸보다 더 진짜라고 보았기 때문에 여기에 많은 진실이 있다고 여겼다. 특히 의식의 수준이 높은 스승의 차크라는 더욱 중요하게 여겨졌을 것이다.

따라서 차크라는 명상의 결과로 볼 수 있는 것이면서 명상의 대상이거나 도구가 되었다. 차크라의 주요 역할이 명상을 유도하는 것이었다고 주장하는 연구자들이 더 있다. 차크라가 명상을 위한 '깨달음의 장치'로 만들어진 가설적 체계였을 거라고 보는 사람이 있는가 하면,[3] 수행 전통에 따라 각기 다른 차크라를 만들어 명상에 이용했을 거라고 하는 추측도 있다.[4]

10

차크라에 온 세상 있다

명상 과정에서 경험했든 명상의 대상이었든 간에 차크라에는 매우 다양한 의미와 상징, 특성을 비롯해 이 세상의 다양한 요소가 담겨 있다. 〈표2〉에서 볼 수 있듯이 경전에 전해진 차크라는 각각 고유한 이름과 의미, 생김새와 꽃잎의 수, 색깔, 물질 원소, 초자연적 힘(신통력, siddhi) 등으로 묘사된다. 또한 각 차크라마다 특정한 신을 의미하는 신성한 한 글자의 소리가 있는데 그것이 바로 비자(bīja) 또는 비자 만트라다.

차크라는 신체와 불가분의 관계에 있다. 각각의 차크라는 특정 신체에 위치한다고 알려져 있으며, 그 외에도 신체의 앞쪽에는 차크라의 대응 자극점인 셰트람(kṣetram)이 존재한다. 또 차크라마다 인체 성분과 감각·지각기관, 행동 기관 등을 가지고 있다.

주요한 자연물도 담겨 있다. 가장 대표적인 것은 연꽃이다. 차크라의 상징이 연꽃이라는 것은 잘 알려진 사실이다. 차크라의 중심 기둥이 되는 척추나 수슘나 나디의 상징은 메루(Meru)산이다. 메루산은 힌두교 신화에 등장하는 황금산으로, 우주의 중심에 서 있다고 전해지며, 지구의 배꼽, 즉 창조가 시작되는 지점을 의미하기도 한다.[1] 뿐만 아니라 차크라 상징에는 해와 달, 뱀과 코끼리, 영양, 여신(devi)과 남신(deva), 신들이 입은 옷과 장신구까지 구체적으로 그려져 있다. 여기서 동물 상징은 진화가 되기 이전의 본능적 측면을, 남신과 여신은 보다 상위의 의식을 나타낸다고 알려져 있다.[2]

이렇게 차크라를 외부 세계와 연결시켜 세계를 신체 내로 내면화하는 시도는 '인간을 대우주의 축소판인 소우주'로 보는 탄트라의 기본 전제에서 시작되었을 것이다. 대우주인 이 세상에 존재하는 것은 소우주인 육체 속에도 존재한다고 보았기 때문이다.

애초에 차크라는 신체생리학의 연구를 목적으로 하는 인간해부학의 개념으로 상상되었지만 이후에 인간의 몸이 소우주라는 탄트라 사상에 의해 이 세상의 해, 달, 산, 강 등의 다양한 자연물과 상상적 존재들을 차크라에 담게 되었을 것이다.[3]

표2 | 차크라의 다양한 요소⁴

차크라	물라다라	스와디스타나	마니푸라	아나하타	비슛디	아즈나	사하스라라
의미	뿌리 연꽃	자신의 거주처	보석의 도시	끊임없는 소리의 원천	순수성 정화	명령 중추 목격 중추	1000 시바의 거처
위치	항문과 생식기 사이	꼬리뼈	배꼽의 뿌리	심장 뒤	목	뇌의 중심	정수리
대응점 (셰트람)	항문과 생식기 사이	치골	배꼽	가슴 중심	목의 움푹 들어간 곳	양 눈썹 사이	정수리
물질 원소	흙	물	불	바유 (vāyu, 공기)	아카샤 (ākāśa, 에테르)	마음	
형태/ 색	사각형/ 노란색	원·초승달/ 흰색	역삼각형/ 붉은색	육각별/ 연기 같은 색	역삼각형/ 흰색	원/	
꽃잎 색/수	짙은 빨간색 / 4	진홍색/ 6	노란색/ 10	파란색/ 12	자주색/ 16	투명하거나 회색/ 2	빨간색 또는 다양한 색/ 무한
비자	람 (laṃ)	밤 (vaṃ)	람 (raṃ)	얌 (yaṃ)	함 (haṃ)	옴 (om)	
상징 동물	코끼리	마카라 (mākara, 악어)	숫양	영양	흰 코끼리		
여신	다키니 (Dākinī)	라키니 (Rākiṇī)	라키니 (Lākinī)	카키니 (Kākini)	사키니 (Sākinī)	하키니 (Hākinī)	니르바나 샥티 (Nirvāna Śakti)
남신	브라마 (Brahma)	하리(Hari) 즉 비슈누 (Viṣṇu)	루드라 (Rudra)	피나키 (Pināki)⁵	사다 시바 (Sadā Śiva)	이타라 시바 (Itara Śiva)	파라마 시바 (Parama Śiva)
인체 성분	뼈	지방	살	피	피부	골수	정액
감각/ 지각기관	코	혀	눈	피부	귀	마음	모든 것 너머
행동 기관	항문	성기, 배설기관	발	손	성대	마음	모든 것 너머

11

몸과 마음을 잇는 차크라

차크라는 물질성에 반대되는 정묘체이면서도 물질적 신체와 뗄
수 없는 관계에 있다. 그것은 차크라의 특성일 뿐 아니라 정묘체의
특성이기도 하다. 정묘체는 물질성과 대비되는 비물질성을 띠면
서도 '물질'에 상응하는 특성을 가진다. 〈표2〉에서 볼 수 있듯이 각
각의 차크라는 신체의 다양한 측면과 연관된다. 각 차크라는 인체
성분과 인간의 감각·지각기관, 그리고 행동 기관 등과 연관되어
있다. 무엇보다 차크라는 신체 내에 구체적인 위치를 가진다.

신체와 연관되는 정묘체에 대한 내용이 BC 6세기경의 『찬도갸
우파니샤드 *Chāndogya Upaniṣad*』(8.6.6)에 나타난다. 샹카라(Śaṅkara)
의 주석에 의하면 인간의 몸에 있는 수많은 나디 중에서 1개의 나

디만이 정수리를 통해 빠져나가는데 바로 이 나디에 의해서 불사의 상태에 이르게 되며, 다른 방향으로 가는 나머지 나디들은 윤회로 가는 문이다.[1] 이 게송은 마치 정수리에 위치한 사하스라라를 의미하는 듯하다.

"백한 개가 심장의 나디들이며,
그것들 중 하나가 정수리로 가게 된다.
그것을 통해 올라가면 인간은 불멸하게 된다.
나머지들은 여러 다른 다양한 방향으로 가도록 되어 있다.
여러 다른 방향으로 가도록 되어 있다.[2]

신체 내의 정묘 에너지를 등급별로 위계화해서 다수의 원이나 바퀴, 연꽃, 무덤의 모양으로 보는 가장 초기의 차크라에 대한 인식은 8세기 불교 탄트라 경전에 나타난다. 예를 들어 『차르야기티 탄트라*Caryāgīti Tantra*』와 『헤바즈라 탄트라*Hevajra Tantra*』는 4개의 신체 센터 즉 배꼽, 가슴, 목, 머리를 소개했다.[3]

이후에 만들어진 수많은 차크라 문헌에서 차크라의 수와 신체 위치에 대한 설명은 매우 분분했다. 앞으로 자주 언급될 「사트차크라니루파나*Satcakranirūpaṇa*」와 14~18세기에 만들어진 요가의 3대 경전 즉 『하타프라디피카*Haṭhapradīpikā*』, 『게란다 상히타*Gheraṇḍa Saṃhitā*』, 『시바 상히타*Śiva Saṃhitā*』가 6~7개의 차크라를

1부 차크라와 의식의 발달

일관되게 이야기하기 전까지는, 수행 전통과 학파에 따라 6~12 개, 또는 그 이상의 차크라가 등장한다.

예를 들어 어떤 탄트라 전통에서는 머리 위에 드바다샨타 (dvādaśānta)를 더하기도 한다. 시바파의 차크라 개념에는 무수한 에너지의 바퀴가 있지만, 그중에서 12개가 중요하다고 강조된다. 9개 체계를 가진 시바파도 있으며, 쿨라파에서는 핀다(piṇḍa), 파 다(pada), 루파(rūpa), 루파티타(rūpātīta)의 4개 체계를 가지고 있다.[4]

사티아난다 역시 7개의 차크라 외에 빈두(bindu)를 비롯해 4 개의 가슴 부위 차크라와 물라다라 아래의 동물적 차크라를 이 야기한다. 명칭이 복잡하긴 하지만 몇 개 소개해 보자면 이렇다. 가슴 부위는 랄라나(lalana), 치드아카샤(cidākāśa), 흐리다야카샤 (hṛdayākāśa) 등이고 동물적 차크라는 아탈라(atala), 비탈라(vitala), 탈라탈라(talatala) 등으로 각각 엉덩이, 허벅지, 무릎, 종아리, 복숭 아뼈, 발에 위치해 있다. 따라서 물라다라는 동물 진화의 최고 단 계면서 인간 진화의 처음이다. 마찬가지로 사하스라라는 인간 진 화의 최고점이자 신성한 진화의 첫 단계다. 초월의식의 최종 지점 이 아니고, 그 시작 지점이라는 것이다. 사하스라라 이상의 초월적 차크라들은 힌두 사상과 티베트 불교, 그리고 뉴에이지 그룹에서 각각 다른 이름과 특성을 가지고 있다.[5] 이처럼 차크라는 애초부터 정해진 7개를 갖고 있었던 게 아니다.

다양한 경전에서 다양한 차크라의 수가 제시되었지만, 오늘날 우리에게 전해진 차크라의 수는 힌두 전통의 7개이다. 혹자는 이 것을 6+1의 차크라 체계로 본다. 사하스라라 차크라는 초월적 존재기 때문에 하위 차크라와 분리해 표기한 것이다.[6] 이 7개의 차크라는 인간의 내부에 존재하는 무수한 차크라 중에서 탄트라와 요기(yogi, 요가 수행자)들의 수련에 활용되는 유용한 것들로 인식되어 왔다.

이처럼 차크라의 수가 얼마가 되든 모두 특정한 신체 위치를 기반으로 하고 있다. 정묘체인 차크라가 거친체인 육체에 존재한다는 것은 중요한 의미를 내포한다. 인간의 정신, 더 나아가 신성이 육체와 분리된 어떤 것이 아니라는 사실을 보여 주기 때문이다. 육체와 고도의 정신성이라는 완전히 대립된(더 정확히는 대립되어 보이는) 두 개념이 사실은 서로 관련되어 상호작용하는 관계라는 사실을 암시하는 것이다. 무엇보다 인간존재를 몸과 마음, 그리고 영성이 중첩된 존재로 보았다는 점은 힌두 사상이 가진 가장 주목할 만한 특성이라 할 수 있다.

1부 차크라와 의식의 발달

12

차크라로 들어간 여성

또 한 가지, 차크라와 불가분의 관계에 있는 것이 바로 여성이다. 10~11세기에 만들어졌을 것으로 추정되는 『쿱지카마타 *Kubjikāmata*』에 등장하는 쿱지카는 여신의 이름이다. 그녀는 탄트리즘의 쿱지카 전통에서 전해진 여신으로, 배우자 시바와 함께 히말라야의 카일라스산 꼭대기에 산다고 알려져 있다. 그녀의 몸이 바로 쿤달리니다. 쿱지카라는 이름 중에서 쿠(ku)가 흙의 원소를 나타내기 때문에 그녀의 거주처가 흙을 상징하는 물라다라 차크라라는 것을 알 수 있다. 또 산스크리트 단어 '쿱자'는 '구부러진 자'를 뜻하는데, 이것은 쿤달리니가 세 번 반 감겨 있는 것을 의미한다.[1] 이 같은 내용을 종합해 보면 쿱지카는 쿤달리니를 상징하는 여신이라고 볼 수 있다.

앞서 말했듯이 차크라 체계는 인간의 몸과 관련되어 있고 동시에 다양한 여신을 포함한다. 그렇다면 여신이 차크라와 밀접한 관계를 가진 배경은 무엇일까?

차크라를 체계화해서 수행의 도구로 삼았던 탄트라 사상은 여신 숭배 문화로 잘 알려져 있다. 탄트라 사상에서 샥티는 시바라고 하는 남성 신의 다른 측면인 역동적인 생명력이다. 샥티는 이 생명력으로 우주를 탄생시켰으며 동시에 우주를 파괴하는 힘이기도 하다. 이 물질계를 창조하고 지배하고 파괴하는 여신인 것이다. 앞에서 언급했듯이 탄트라 사상은 형이상학적 철학이 아니라 민중의 철학이었다. 그것은 물질계에서 진화의 방법론을 찾아냈으며, 그중에서 인간의 육체는 매우 중요한 진화의 도구로 여겨졌다. 이런 시대문화적인 배경에서는 육체와 물질계의 주재자인 샥티가 숭배의 대상이 되는 것이 당연한 일이었다.

요기니를 신성시한 탄트라 전통

따라서 탄트라 전통은 그 어떤 전통보다 요기니(yogini, 여성 수행자)를 신성시했다. 실제로 여성 수행자가 탄트라 의례에서 가르침의 전수자였고, 요기니, 다키니, 두티(duti) 등으로 다양하게 불리면서

구루로 존경받거나 여신으로 여겨졌다. 신화 속에서 희생양을 먹어치우며 인간을 정화시키는 여신과 똑같은 존재로 요기니가 현실에서 인정받았던 것이다.[2]

실제로 여성은 정서와 정신적인 면에서 진화가 남자보다 더 빠르고, 쿤달리니의 각성도 남성보다 여성의 몸에서 훨씬 쉽게 일어난다고 알려져 있다. 특히 지혜의 차크라인 아즈나가 남성보다는 여성들에게 더 많이 활성화되어 있어서 직관적인 이해가 더 빠르다. 진화의 과정을 보더라도 샥티가 먼저 오고, 시바가 다음에 온다. 즉 인간의 육체가 먼저 만들어지고 성장한 후에 육체를 기반으로 정신적 초월이 이루어지기 때문이다.[3]

그런데 좌도 탄트라의 이 같은 여성 숭배 의식은 곧 차크라의 상징 속으로 들어가게 된다. 당시 상류층이었던 브라만 집단이 이 같은 하위 계층의 문화를 용납하지 않았다. 쿤달리니 샥티를 강조하고 요기니의 역할을 중시하던 카울라(kaula) 수련은 사회의 순결 구조를 유지하기 위한 명분으로 점차 억압되었다. 이 과정에서 카울라 수련은 신체 의례와 명상 기법으로 승화되었고, 동시에 카울라 집단은 하타 요가의 차크라 속으로 들어갔다. 특히 요기니는 한편으로는 여신으로 상징화되었으며, 다른 한편으로는 차크라의 비자 만트라로 의미화되었다.[4]

11개의 차크라를 제시한 중세 문헌 『카울라즈나나니르나야 *Kaulajñānanirṇaya*』(약 9~10세기)는 바큇살 즉 차크라와 동일시된

'성스러운 처녀'를 다음과 같이 소개한다.

성스러운 처녀인 다양한 바큇살은 불멸의 주인에 의해서 비밀의 장소(생식기), 배꼽, 심장, 목, 입, 이마, 그리고 정수리에서 경배된다….

더 나아가 성스러운 처녀로 숭배된 이 여신들은 입은 옷의 색깔에 의해 특성이 구별되며, 수행자는 이들의 도움으로 신통력을 획득하게 된다.

『쿱지카마타』에는 앞서 소개한 쿱지카 여신뿐 아니라 차크라와 관련된 다양한 여신의 이름이 등장하는데, 각 여신은 신체의 위치나 구성 요소와 연관되어 있다. 신체의 구성 요소와 연결된 여신의 이름은 쿠스마말리(Kusumamālī), 약시니(Yakṣiṇī), 샹키니(Śaṅkhinī), 카키니, 라키니(Lākiṇī), 라키니(Rākiṇī), 다키니다. 이 여신들에게 각각 정액, 뼈, 골수, 지방, 살, 피, 피부를 바쳐서 먹어 치우게 하는데, 수행자는 여신들의 이런 정화 과정을 통해 정화의 결과물을 제공받는다.[5]

참고로 인간의 몸을 정화시키는 차크라 속 여신들의 역할은 힌두의 의료 전통인 아유르베다(Āyur Veda)와 깊은 연관성을 가지고 있다. 여신들이 먹어 치운다는 인간의 몸이 아유르베다에서 말하는 7개의 인체 성분과 대체로 일치하기 때문이다. 혈장, 혈액, 근육,

지방, 뼈, 골수, 정액이 그것이다. 종합해 볼 때, 차크라 속 여신들은 모두 신체와 관련돼 있으며, 정화와 치유를 통해 영적 수행자를 인도하는 신적 존재로 묘사됐다.

이상에서 살펴본 것처럼 차크라는 어느 한 시기에 위대한 성인이 발견하거나 확정해서 오늘날에 전해진 것이 아니다. 인도의 수많은 경전과 사상이 그렇듯 차크라도 오랜 역사와 변화를 거치면서 그 체계와 의미가 완성되었다. 역사성에 비례하는 방대한 의미를 포괄하는 정신적 산물인 것이다. 수행 전통과 시기에 따라 차크라의 모양이나 수가 이처럼 다양하게 변화했다는 사실은 중요한 시사점을 갖는다. 즉 차크라는 만고불변의 절대적 진리가 아니라 인간의 의식이 진화함에 따라 구체화되고 분화되는 과정을 거쳐 온 일종의 정신적 투사체라는 점이 그것이다. 바로 이 점이 현대 심리학과의 만남을 가능하게 했다. 인간의 심리를 깊이 있게 탐구해 온 서구 심리학이 차크라에 관심을 갖는 것은 어찌 보면 당연한 일인 것이다.

3장

현대 심리학이 해석한 차크라

앞에서 살펴본 전통적 차크라를 네 분야의 현대 심리학이 어떻게 이해하고 해석했는지 살펴보는 것이 이 장의 내용이다. 정신생리학, 현대요가심리학, 분석심리학, 그리고 통합심리학 모두 인간의 초개인적 발달단계를 인정하고 있으며, 자신만의 이론적 관점으로 차크라를 해석했다.

이 장에서는 이들 심리학의 이론과 함께 각각의 심리학이 인간의 의식 발달을 어떻게 설명하는지 그리고 차크라를 어떻게 이해하고 해석하는지 살펴볼 것이다.

정신생리학과 차크라의 만남

앞서 이야기했듯이 정묘체는 전통적 요가생리학의 주요 탐구 대상이었다. 존재의 성질이 정묘할수록 더 실재에 가깝다고 봤기 때문에 요가생리학의 관심사는 물질적 몸이 아니라 정묘체에 있었다.

　서구 과학의 주장은 이와 정반대처럼 보인다. 서구의 물리학과 생리학은, 감각으로 확인할 수 있는 물질이 진실이며, 존재 안에서 일어나는 복잡한 현상이 모두 물질적 원리에 근거한다고 주장한다. 육체의 기능과 구조가 정신에 미치는 영향에 대해 탐구해 온 서구의 정신생리학도 예외는 아니다. 정신과 신체의 상호작용에 대해 인정하지만, 근본적으로는 신체를 정신의 원인으로 보는 유물론적 일원론인 것이다.

이처럼 좁혀지지 않는 차이에도 불구하고 요가생리학을 서구의 과학 이론으로 밝혀내려는 연구자들의 시도는 계속되어 왔다. 이다와 핑갈라, 수슘나, 차크라 등의 정묘체가 신경계와 내분비계 같은 해부학적인 신체 부위를 가지고 있다거나, 다양한 주파수를 가지고 진동하는 생체 에너지로 차크라를 이해하고 설명하려는 많은 시도가 그것이다.

정묘체인 차크라를 과학적으로 밝혀내려는 이 같은 시도가 계속되는 이유를 포이에르슈타인은 탄트라 사상과 정묘체가 가진 특성에서 찾았다. 탄트라 사상은 진리를 깨닫기 위한 중요한 수단으로 인간의 물리적 육체를 중시했다. 또 정묘체의 경우 정신과 신체를 연결하는 반(半)물질적 특성을 띤다고 알려져 있다. 이런 두 가지 이유 때문에 서구 과학의 접근이 용인될 수 있었다는 것이다.[1]

차크라에 대한 정신생리학적 연구는 대체로 두 가지 입장을 가진다. 차크라 체계나 쿤달리니 현상을 신경계나 내분비계의 작용과 완전히 동일한 물질적인 것으로 여기는 주장이 그 첫 번째이다. 이런 주장은 물질적 일원론을 주장하는 서구 생리학의 논리에 따라 정묘체를 설명하려는 태도에서 나왔다. 반면에 두 번째 그룹을 대표하는 사람은 사티아난다다. 그는 쿤달리니가 원인체에 속해 있는 초월적인 힘이라고 말하면서도 차크라와 쿤달리니의 경험을 신경계와 내분비계 이론, 그리고 모토야마(Hiroshi Motoyama)와 벤토프(Itzhak Bentov) 등의 에너지생리학 이론을 폭넓게 인용해 설명한다.

차크라를 물리적인 신체와 동일시하든 정신적이고 초월적인 차원이라고 보든 이 두 가지 입장은 신체 내 물질적인 특정 영역을 차크라와 비교해 설명하려고 한다는 점에서 교집합을 갖는다. 따라서 두 입장에 대한 특별한 구분 없이 차크라에 관한 생리학적 연구들을 소개해도 무방할 것이다.

차크라는 전봇대고, 스위치며, 변환기다

차크라를 맨 처음 신경계로 설명한 사람은 신지론자인 릴(Vasant G. Rele)이다. 그는 쿤달리니 상승의 전 과정을 생리학의 순서에 따라 해석할 수 있다고 주장하면서 차크라와 신경총을 다음과 같이 연결시켰다. ① 물라다라 차크라–골반 신경총 ② 스와디스타나 차크라–하복부 신경총 ③ 마니푸라 차크라–태양 신경총 ④ 아나하타 차크라–심장 신경총 ⑤ 비슛디 차크라–인두 신경총 ⑥ 아즈나 차크라–비모양체 신경총 ⑦ 사하스라라 차크라–뇌.[2]

차크라를 신경계나 내분비계와 관련시켜 설명하는 연구는 대부분 수슘나를 척수 내의 중추신경계로 간주한다. 뇌와 척수로 구성된 중추신경계는 우리의 몸 안에서 감각운동신경계와 자율신경계를 통제하는 가장 중요한 기관이다. 정묘체 연구자들은 이 같은 중추신경계 안에 나디와 차크라의 회로가 존재한다고 보았으며 핑갈라를 자율신경계의 교감신경으로, 이다를 부교감신경으로 설명한다.

부교감신경인 이다는 이완하는 역할을 맡고 있고 인간의 의식 또는 지각신경과 관련이 있다. 반면에 교감신경계의 핑갈라는 신경계를 활성화시키고, 행동·육체적 에너지·운동신경 등과 관련된다. 교감신경과 부교감신경, 이 두 신경이 교차하는 지점에서 신경총과 신경절이 형성되는데 정신생리학은 이것이 바로 차크라이며, 이곳에서 신경이 심장·폐·횡경막·소화계·내분비기관으로 뻗어 나간다고 본다.[3]

쿤달리니 현상을 인간의 두뇌 활동과 연관시켜 설명하려는 이들도 있다. 예를 들어 플로어(Erik Floor) 등의 연구자들은, 쿤달리니의 각성이 신경세포의 활동을 의미하며 그것의 생물학적인 기폭 장치는 뇌 안에 있을 거라고 주장한다. 쿤달리니가 각성될 때 척추와 장기에서 느끼게 되는 감각은 애초에는 뇌에서 일어나고 말초신경을 통해 몸 전체로 퍼져 나간 결과라는 것이다.[4]

특히 쿤달리니를 자율신경계의 신경총을 관장하는 우측 미주신경으로 보는 주장도 있다. 미주신경은 열두 쌍의 뇌신경 중에서 열 번째에 해당하는데 목 부분과 가슴 및 배 부분의 내장에 분포하고, 감각과 운동, 분비를 조절하는 주요 신경이다. 뇌 연수에 있는 미주신경의 중심부가 자극되면 심장, 폐, 그리고 후두의 기능은 억제되는 반면에 위, 장 등 소화기관의 기능은 강화된다. 이를 통해서 복강 신경총에 집중되어 있는 미주신경들이 자극되면 하복부와 골반 신경총까지 그 자극이 전달된다. 이렇게 되면 육체와 영적인 차원에서 모두 의식이 강화되거나 확장되고, 자율신경계와 교감 신경계의 방해 없이 우주와의 황홀한 일체감을 맛보는 절정에 이르게 된다는 것이다.[5]

사티아난다의 세 가지 차크라의 역할

사티아난다가 차크라의 역할을 신경계나 내분비계와 연관시켜서 다음 세 가지로 설명한 대목은 주목할 만하다(〈표3〉 참조).

첫째, 차크라는 수많은 전기선이 통과하는 일종의 전봇대에 비유될 수 있다. 척수를 따라 수직으로 존재하는 차크라는 신경계와 내분비계, 그리고 그 밖의 다양한 신체 기관과 연결되어 그것들을 통제한다. 이때 전봇대인 차크라는 신경중추이며, 나디는 일종의 전기선으로서 신경섬유에 해당한다.

둘째, 차크라는 뇌의 해당 부위를 켜기 위한 스위치 역할을 한다. 각성된 쿤달리니는 각각의 차크라를 활성화시키고, 활성화된 에너지는 나디를 통해 뇌의 더 높은 중추로 유도되어서 뇌의 잠자는 영역을 깨운다. 차크라가 일종의 신경 자극을 전하는 뉴런과 같은 역할을 하기 때문이다.

셋째, 차크라는 심령적 에너지와 육체적 에너지를 서로 전환시키는 에너지 변환기의 역할을 한다. 각각의 차크라는 육체를 비롯해 감정과 정신, 심령, 영적인 차원의 총합이다. 즉 차크라들은 저마다 다른 신경조직과 내분비샘을 가지고 있어서 몸의 다양한 기관과 체계를 이어 주고, 이 기관과 체계들은 감정과 정신, 심령적 요소들을 가진 뇌의 제어 메커니즘에 연결되어 있다. 따라서 차크라는 에너지를 전환시켜 다양한 수준으로 올리거나 내려보내는 역할을 한다.

사티아난다는 또 우리에게 아주 잘 알려진 삼위일체 뇌(triune brain) 이론에 상응하는 차크라를 제시했다. 즉 파충류 뇌는 물라다라와 스와디스타나 차크라에 상응하며, 포유류 뇌는 마니푸라와 아나하타 차크라의 작용과 관련된다. 또한 인간적 뇌는 지적·직관적·창조적·표현적인 영역으로 비슷디나 아즈나 차크라의 특징과 같다.

삼위일체 뇌 이론은 매클린(Paul D. MacLean)에 의해서 처음 제시되었다. 그는 우리 인간의 뇌가 세 가지 층의 뇌, 즉 파충류 뇌, 포유류 뇌, 그리고 인간적 뇌로 이루어져 있으며, 이것은 인간 진화의 세 단계를 의미하는 것이라고 주장했다.

먼저 파충류 뇌는 중뇌와 시상하부로 구성된 기저핵 주변 조직을 말하며, 생식이나 생존 등의 기본적인 욕구와 관련된다. 또한 공격 및 방어와 같은 반사 행동이 이에 해당된다. 포유류 뇌인 변연계는 정서와 사회성의 영역이며, 자아의 인식이 어느 정도 가능하다. 인간적 뇌로 불리는 대뇌피질은 가장 나중에 진화된 뇌 구조

표3 | 사티아난다가 말하는 차크라의 생리학적 연관성[6]

차크라	신경총	내분비샘	정신생리적 기능	삼위일체 뇌
사하스라라	뇌하수체		뇌하수체를 통해 인체 내의 모든 분비선과 기관의 조정	
아즈나	송과선 (솔방울샘)		근육과 성행위의 시작을 조정	인간적 뇌 ·신피질과 전두엽 ·송과선, 시상
비슛디	목 신경총	갑상선	갑상선, 구개, 후두개, 조음기관 등의 제어	
아나하타	심장 신경총	흉선	심장, 폐, 횡격막 등을 조정 심장, 허파	포유류 뇌-대뇌변연계
마니푸라	태양 신경총	부신	소화, 동화, 온도 조절의 모든 것 대장, 소장, 소화기관, 맹장, 췌장, 십이지장, 위장, 간	
스와디스타나	천골 신경총	고환, 난소	무의식의 제어 배뇨, 배변, 생식 체계	파충류 뇌-숨골, 뇌의 꼭대기에 있는 척수와 뇌의 하부 영역
물라다라	미저골 신경총	회음부	배설작용과 성적 작용의 전반을 조정 성적 기능	

이다. 이 차원에서는 분석하고, 미래를 예측, 계획하는 게 가능하며 무엇보다 이성과 도덕, 의미 등을 추구한다.

발생학적으로 보면 자궁 내에서 인간의 배아는 신경 몸체를 형성하고, 그 위에 파충류 뇌가 제일 먼저 덧씌워지는 형태로 생성된다. 그 위에 다시 포유류 뇌가 발생하며, 맨 위에 인간적 뇌가 발달한다.[7] 두뇌의 이 같은 발생학적 과정은 진화나 발달 과정과 일치하는 것으로 알려져 있다. 또한 삼위일체 뇌의 각 층은 상호작용하지만, 무엇보다 상위의 뇌가 하위의 뇌를 통제하는 게 필요하다. 차크라도 이와 유사하다. 의식이 발달해서 상위 차크라가 활성화될수록 하위 차크라를 통제할 수 있다고 보기 때문이다.

이상의 연구가 차크라를 신경계와 연관시켜 설명했다면 내분비샘의 호르몬을 차크라와 유사하다고 본 연구도 있다. 내분비계는 신경계와 상호 협조적으로 작용해서 인체의 변화를 조절하기 때문에 몸과 마음을 상호 연결시키는 신체 기관이다. 이런 점에서 거친체와 정묘체를 연결하는 에너지 매듭인 차크라와 그 역할이 같다고 보는 것이다. 특히 로니-두갈(S. M. Roney-Dougal)은 송과선과 뇌하수체를 아즈나 차크라에 해당하는 내분비기관으로 보았다. 내분비샘의 정신적 영향력을 찾던 그는 서구에서 퇴화된 기관으로 알려져 있는 송과선에 주목했다. 송과선은 뇌 중심에 자리 잡고 있으며, 뇌와 신체에 영향을 미치는 신경호르몬을 주로 생산한다(〈표4〉 참조).[8]

말로(Len Marlow)는 아즈나 차크라에 상응하는 뇌하수체에 관심을 가졌다. 그에 의하면 뇌하수체는 정신이 위치한 곳이며, 모든 분비선의 지휘관이고, 과거와 미래의 청사진이어서 인간의 운

표4 | 로니-두갈의 내분비샘과 차크라의 관계

차크라	내분비샘	관련 호르몬	기능
아즈나	뇌하수체 송과선	피놀린 멜라토닌 세로토닌	생체시계 시스템의 조절 스트레스 호르몬 분비 조절 면역 체계 강화 초능력 상태의 강화
비슛디	갑상선	티록신	신진대사율의 통제 장기 스트레스의 관리
아나하타	흉선	뇌하수체에서 분비되는 프로락틴	신체의 성숙과 관련 임신·젖분비·우울증과 관련
마니푸라	부신 췌장	부신수질의 아드레날린 부신피질의 테스토스테론 인슐린	활동, 열의와 관련 스트레스 방지·분노 조절 등 소화와 에너지의 투입·유지
스와디 스타나	여성 자궁	황체호르몬 에스트로겐 안드로스테론	이차성징 발달에 핵심적 역할
물라다라	정소 난소	남성의 테스토스테론 여성의 에스트로겐 프로게스테론	

명이 여기에 달려 있다. 뇌하수체와 송과선이 제 기능을 하게 되면 모든 질병과 자신에 대한 통제력을 갖게 되는데, 바로 이런 점에서 도 뇌하수체를 아즈나 차크라로 볼 수 있다는 것이다.

내분비샘은 각각의 역할을 가지고 있지만, 내분비계 전체는 유 기적으로 연결되어 있다는 사실을 명심해야 한다. 뇌하수체와 송과선뿐 아니라 모든 내분비샘은 서로 밀접하게 관련되어 있다. 내분비샘은 독립적으로 호르몬을 생산하는 체계가 아니라 유기적으로 상호 연결되어 균형을 잡는 체계이기 때문에 어떤 불균형이 나타나 치료가 필요하게 되면 내분비계 전체를 살펴볼 필요가 있다.[9]

진동하는 차크라

차크라와 쿤달리니를 다양한 파장을 가진 에너지로 보고 이의 존재를 증명하기 위해 노력한 사람 중에는 모토야마가 있다. 그는 초월심리학자이자 요기였는데, 정묘 에너지를 기록하기 위한 전기생리학 기록 장치를 고안해 냈다. 즉 차크라의 존재를 측정하는 차크라기(chakra instrument)와 함께 심전도, 혈량 측정법, 피부 경련 반응과 같은 기존의 인체 측정법으로 차크라의 자기장을 측정한 것이다. 이와 관련된 그의 저서로는 『차크라 이론Theories of the Chakras』이 있다.

또한 서양의로서 쿤달리니 클리닉을 운영했던 사넬라(Lee Sannella)는 환자들이 경험한 쿤달리니 체험을 생리적 측면에서 설명하면서 그것을 '생리적 쿤달리니'라고 표현했다. 사넬라는, 사람들이 의식의 성장과 인격의 재탄생을 경험할 때 불편한 감정적 동요와 의학적으로 설명할 수 없는 신체적 통증을 경험할 수 있다고 주장했다. 마치 한 아이가 탄생할 때 엄마에게 신체적 고통이 수반되는 것처럼 말이다. 실제로 쿤달리니 각성을 경험했던 크리슈나(Gopi Krishna)는 그 과정에서 겪을 수 있는 고통과 부작용에 대해 이야기했다. 즉 쿤달리니 각성은 개인마다 강도와 효과가 다르지만 대부분 감정이 불안정해지고 일탈적 정신 상태에 빠질 수 있으며, 각성이 갑작스럽게 발생할 경우, 강력한 프라나가 뇌와 기타 장기에 충격을 줘서 심각한 위험에 노출될 수 있다는 것이다. 이런 것들이 바로 쿤달리니 증후군이다. 그러나 이제까지 서양의학은 이런 증상을 정신병의 일종으로 오해해 상황을 더욱 악화시켰다고 사넬라는 비판한다.[10]

더 나아가 사넬라는 생의학 공학자인 벤토프의 이론에 기초해 생리적 쿤달리니를 설명했다. 즉 '몸통의 밑부분에서 시작해 머리까지 올라간 후에 다시 목을 통해 내려와 복부에 이르는 감각적 자극의 과정'이 바로 그것이다. 벤토프가 말하는 '생리적 쿤달리니'는 두뇌에서 일어나는 자극을 통해 경험된다. '두뇌의 두 반구 사이의 갈라진 틈 밑바닥에서 시작해서 두 반구의 감각 피질을 따라 퍼져 나가는 일련의 자극'이 그것이다. 뇌의 감각 피질이나 운동 피질을 따라 배열된 지점들은 신체의 특정한 부위와 각각 연결되기 때문에 두뇌 피질에 자극이 가해지면 사람들은 그것을 신체 자극으로 경험한다.

두뇌 피질의 자극은 맨 처음 심장과 대동맥의 맥박 소리에 의해

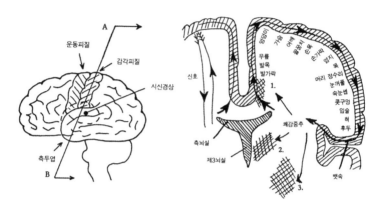

벤토프가 직접 그린 뇌와 신체의 연결점. 〈그림3〉은 뇌의 측면도이며, AB는 절단선이다. 〈그림4〉는 AB 절단선을 절단한 단면도 중에서 좌반구의 모습. 감각 피질을 따라 신체의 다양한 영역이 연결되어 있다.[11]

서 시작된다. 이 소리가 두개골과 인체의 뼈대, 그리고 상반신에 진동을 일으키는데, 특히 두개골에 전달된 진동은 다시 액체로 채워진 뇌실의 벽에서 진동을 일으켜 인간이 들을 수 있는 주파수나 초음파 범위의 정상파를 발생시킨다. 이 파장이 피질에 전달되면 뇌의 좌우 반구에 둥근 원의 전류가 생기며, 피질의 각 지점에 상응하는 특정 신체 부위에서 감각을 느끼게 된다는 것이다. 그 감각의 순서가 발가락에서 시작해서 허벅지, 골반 그리고 척추를 따라 가슴과 머리에 영향을 미치는데, 이 중에서 자극이 강하게 느껴지는 신체 부위가 차크라 혹은 에너지 센터라고 할 수 있다. 이런 생리적 쿤달리니 현상의 목적을 벤토프는 중추신경계가 자율신경계를 통합시켜 인체의 자율 기능을 원활하게 통제하는 것에 있다고 보았다.[12]

인체의 오라장과 차크라의 관계를 연구한 사례도 있다. 전통적인 종교는 이런 오라를 영적인 차원의 것으로 여겼지만, 현대에 와서는 그것이 신체의 자연 진동 파장이라는 사실을 과학적으로 밝혀냈다. 『기적의 손치유』의 저자 브렌넌(Barbara A. Brennan)은 오라와 차크라가 밀접하게 영향을 주고받는다는 주장으로 널리 알려진 치유사다. 그는 인체를 둘러싼 오라층이 각각의 차크라와 연결되어 있으며, 오라층 간의 에너지 교환이 이루어지는 지점이 차크라에 있다고 보고했다. 또한 차크라와 같은 에너지 체계는 감각뿐 아니라 감정, 생각, 기억 그리고 심리적인 경험들과 관련되어 있다고 주장했다.

브렌넌과 유사한 내용을 실험으로 증명해 낸 사람이 있다. 에너지 치료사 브뤼예르(Rosalyn L. Bruyere)는 인체를 둘러싼 오라장이 차크라에 의해 나타나며, 오라와 차크라 모두 마음과 긴밀하게 관련되어 있다는 것을 과학적인 실험으로 밝혀냈다. 그에 의하면 우리의 생각과 기억은 일반적으로 몸 안에 존재하는데, 특히 기억은 몸의 근막이나 결합조직 내에 기록되고, 생각은 에너지의 형태로 드러날 수 있다는 것이다.

그가 이 같은 결론에 이르게 된 것은 UCLA 생리학자인 헌트

그림5

그림6

그림7

롤프 연구에서 오실리스코프에 기록된 파장의 여러 형태. 〈그림5〉는 붉은색 파장으로 쿤달리니가 거주하는 물라다라 차크라와 관련 있고, 생명력이나 고통이 표현될 때 나타난다. 〈그림6〉은 백색 파장으로 의식의 최고 수준, 그리고 일상적 현실의 변화가 일어나는 영성 등과 관련 있다. 〈그림7〉은 의식의 변성 상태를 나타내는 직류 전환 그래프다.[13]

(Valerie D. Hunt)와의 공동 실험 연구인 '롤프 연구(The rolf study)'를 통해서였다. 마사지 치료사가 실험 참가자들에게 롤핑 마사지[14]를 시행하는 동안 헌트는 참가자와 치료사에게서 나타나는 전자기장의 변화를 그래프로 관찰하고, 브뤼예르는 오라장의 상태를 관찰했다. 이를 통해서 생리학적인 전자기장과 오라장이 참가자의 신체감각과 감정 상태에 따라 변화한다는 사실을 발견했다. 특히 쿤달리니가 상승하는 의식의 변성 상태에서 오실로스코프(oscilloscope)라고 하는 전자기 기록 장치에는 직류 전환(또는 DC 전환, direct current shift)이 표시된다(〈그림7〉 참조). 이때 오라는 확장되고 두꺼워지며, 내적 과정은 증폭됨으로

1부 차크라와 의식의 발달

써 개인은 '일상'의 의식 상태에서는 접근할 수 없었던 생각, 느낌, 기억, 다시 말해 잠재의식에 접근하게 된다.

이 연구를 통해 마음이 단순히 뇌 속에 있는 게 아니며 몸을 관통하고 몸의 주위를 흐른다는 사실을 과학적으로 확인해 냈다. 실제로 신경계에는 전기적 전류가 존재하기 때문에 전류를 나르는 전도체인 신경섬유 주변에는 전자기장이 만들어진다. 에너지 치유는 통상 내담자의 상태를 점검해서 문제가 있는 곳에 에너지를 보내는 방식으로 이루어지는데, 이것이 가능한 이유는 바로 인체에 존재하는 전자기적 성질 때문이다.[15]

헌트와 브뤼예르, 그리고 모토야마 등의 임상 실험은 차크라가 양적으로 측정될 수 있다는 사실을 보여 주는 의미 있는 시도였다. 특히 우리의 몸과 마음이 서로 연결되어 있어서 심리적 요소가 신체에 저장된다는 사실을 에너지 파장으로 확인했다는 점에서도 의미를 발견할 수 있다.

라이히의 근육 무장

신체심리치료는 마음과 신체가 긴밀하게 상호작용하며, 이들 간에 기능적 일관성이 있다는 사실을 강조하는, 비교적 최근에 발달한 심리 치료의 한 분야다. 역사적으로 신체심리치료는 프로이트

(Sigmund Freud)의 제자인 라이히(Wilhelm Reich)에서 시작되었기 때문에 그를 신체심리치료의 아버지라고 부른다. 특히 라이히는 근육 무장(muscular armoring) 이론으로 잘 알려져 있는데 이 이론을 차크라 체계와 비교한 국내 연구가 있다. 근육 무장은 방어적인 성격이 근육 긴장을 만들어서 특징적인 체형을 만든다고 보는 이론이다. "정신 구조는 동시에 특정한 생체생리학적 구조를 갖기 때문에 모든 근육 경련은 그것이 생겨난 역사와 의미를 함축한다."[16]는 것이다.

인간의 지속적인 심리 상태가 신체생리학에 특정한 구조를 만들어 낸다는 주장은 신체심리학자들의 일반적인 주장이다. 라이히는 특히 근육 구조를 통해 심신상관성에 대해 이야기했다. 인간은 외부 세상과 자신의 부정적인 감정이나 충동에 대해 스스로를 방어하기 위해서 일종의 갑옷과 같은 지속적이고 습관적인 방어 패턴을 만들게 되는데 이것이 바로 개인의 성격이 된다. 그리고 이런 성격적 특성은 근육 무장이라고 하는 신체적 특성을 만들어 낸다.

정신분석학자로 출발한 라이히는 리비도(libido)에 관한 프로이트의 개념을 오르곤(orgon)이라는 개념으로 발전시켰다. 오르곤은 일종의 생명 에너지로, 모든 사물과 우주에 편재하는 우주적 에너지다. 무엇보다 오르곤은 삶과 성욕을 관장하는 에너지인데 근육 무장에 의한 근육 긴장과 경직 때문에 신체에 갇혀 있게 된다. 이 에너지를 해방시키기 위해서는 만성적인 근육 태도를 이해하고 근육의 경직성을 풀어 주어야 하는데 이때 '오르가슴'이 중요한 역할을 한다고 보았다.

흥미롭게도 라이히는 근육 무장을 7개 부위로 나누어 설명했다. 눈·입·목·가슴·횡격막·복부·골반이 그것이며, 각 부위는 특정 정서와 결합되어 있다고 보았다. 즉 눈 부위는 공포, 입 부위는 울부짖음·고함치기·빨아들이기·찡그림 등과 관련 있으며, 목과 어깨 부위는 화, 가슴 부위는 분노·갈망·깊은 흐느낌 등과 결합되어 있다. 횡격막 부위는 즐거움·걱정, 복부 중앙 부위는 구토 반응, 마지막으로 골반 부위는 성적 표현·분노·걱정과 관련된다.[17]

조옥경 등은 차크라 체계와 라이히의 입장이 근본적으로 동일하다고 보았다. 인간을 에너지체로 이해하고 에너지의 순환과 막힘이라는 메커니즘으로 심리적 건강을 바라본다는 점에서도 그렇지만 무엇보다 차크라와 근육 무장의 신체 부위가 상당 부분 일치한다는 점에서 그렇다.

그러나 근육 무장 이론과 차크라의 차이점은 두 이론 체계가 지향하는 목적에 있다. 전자가 심리 치료를 목적으로 하고 있다면, 후자는 이를 넘어서 의식의 초월적인 진화에 그 목적이 있기 때문이다.[18] 다시 말하면 차크라는 자아의 심리적 장애를 치료하는 게 목적이 아니다. 그것은 자아의식을 넘어서 초월의식으로의 의식 성장을 지향하는 개념이다. 근육 무장의 신체 부위 중에 사하스라라 차크라에 상응하는 부위가 없다는 점이 이 같은 주장을 뒷받침

한다. 사하스라라 차크라는 영적이고 초월적인 자리이기 때문에 자아의식의 심리 치료에 국한된 근육 무장 이론이 이 영역을 알지 못하는 것은 어찌 보면 당연한 일이다.

정신생리학이 설명하는 의식의 진화

정신생리학적 관점에서 차크라를 연구할 때는 생리적 변화에 의한 변성 의식이나 특정 능력의 발현 등이 연구 주제가 된다. 생리적 변화야말로 진화의 기초이며 그 과정에서 나타나는 일시적이고 부분적인 의식 상태나 변성 상태 역시 진화 과정의 일부라고 보기 때문이다.

　이처럼 생리학의 입장에서 보자면 종의 생물학적이고 정신적인 진화는 반드시 생리적 변화가 뒷받침되어야 하며, 그래야 진정한 진화가 이루어졌다고 볼 수 있다. 생리적 변화에 의한 다양한 쿤달리니 현상 역시 진화의 한 과정이다. 차크라와 쿤달리니 현상을 연구하는 과학자들은 다양한 신경심리학적 의식 상태를 쿤달리니 현상으로 보면서 이것이 진화 기전의 하나라고 주장한다. 정신생리학의 관점에서 설명하는 의식의 진화를 세 가지로 정리해 보면 다음과 같다.

쿤달리니가 각성됐다는 신경심리학적 증거

첫째, 뇌와 척수로 이루어진 중추신경계가 자극되면서 이제까지와는 다른 사고방식, 확장된 의식 등을 경험하거나 특별한 능력이 계발된다. 예를 들어 쿤달리니가 뇌를 자극하면 인간은 깊은 흥분이나 환희, 평안함과 행복감을 경험하며, 뇌의 우반구가 자극되었을 때는 잠재하던 본능적 초능력들, 즉 투시, 투청, 텔레파시, 예지력 등이 발휘된다. 또한 쿤달리니의 상승이 빨라질수록 의식은 더욱 확장되어 비이원적인 차원에까지 이르게 된다. 세상과 내가 분리된 존재가 아니라는 사실을 경험하는 것이다.[19]

또 차크라가 활성화해서 뇌가 각성되면 다양한 특성과 능력을 지닌 존재가 되기도 한다. 사티아난다는 뇌의 어느 부위가 각성되느냐에 따라 각기 다른 특성을 보이는데, 부분적으로 뇌가 깨어났을 경우에는 신동, 뛰어난 시인, 음악가, 발명가, 예언가 같은 천재가 되고, 전체적인 각성이 일어난 경우에는 신성의 화신 또는 신성의 구현이 이루어진다고 주장했다.

생리적 쿤달리니 현상에 대한 실험적 연구도 있다. 그레이슨(Bruce Greyson)은 321명의 실험 참가자를 대상으로 쿤달리니 증후군의 신경심리학적 특성에 관해 설문 조사했다. 그는 쿤달리니가 각성되었다는 신뢰할 만한 생물학적 지표로 다섯 가지 신경심리학적 특성을 제시하면서 이것이 쿤달리니 각성에 의한 생리학적 진화라고 주장했다. 쿤달리니가 각성되었을 때의 다섯 가지 신경심리학적 특성은 다음과 같다.

① 우뇌적 사고가 좌뇌적 사고보다 많아짐. 일반적으로 우뇌의 정보처리 방식은 직관적·개방적·공간적이며, 전체적인 사고와 관계를 다루고, 요약에 중점을 두며, 비순응적이다. 반면 좌뇌의 정보처리는 대체로 논리적이고 구조적이며, 사실이나 순서를 다루고, 세부적인 윤곽에 치중하면서 순응성을 보인다.

② 측두엽-변연계 과잉 연결(temporal-limbic hyperconnection)로 인한 경험. 즉 신비체험이나 영성, 특히 종교적 체험, 철학적 관심, 자기 운명의 예감, 과도한 도덕성, 글을 계속 쓰고자 하는 욕망(hypergraphia), 고양감 등의 느낌이 강화된다.

③ 공상 경향성(fantasy-proneness). 공상 세계에 심하게 몰입하고, 환각 능력이 뛰어나며, 감각을 강렬하게 느끼고, 직관적 기억력이 두드러지는 현상이다. 이처럼 공상을 잘하는 사람들이 최면 감수성 수치가 높고 상상한 이미지의 생생함, 각성 및 암시에 대한 반응도, 창조성 등에서 다른 사람들보다 더 뛰어난 능력을 보인다는 사실이 실험에 의해서 증명되었다. 또한 그들은 현실 적응 능력이 높고 정서적·인지적으로 다재다능하고 친구가 많으며 긍정적인 자아 개념을 지니고 있었다.

④ 몰입의 경향성 증가. 몰입은 최면 감수성을 증진시키는 역할을 함으로써 외부의 다른 현상들이 사라질 때까지 상상 속이나 선택된 감각에 주의를 집중하는 경향이다.

⑤ 해리 경향성(tendency toward dissociation). 이것은 정신적 충격을 더 안전한 시점까지 미룰 수 있도록 생각이나 상황에서 감정을 분리시키는 무의식적인 방어기제다. 이런 경향은 트라우마에 의해 나타나는 증상으로, 의학적으로는 병리로 취급되기도 하지만 그레이슨은 해리 경향성의 긍정적 역할을 강조했다. 즉 해리 경향성은 어린아이가 여러 위협적인 상황에서 자신을 분리시켜 안전감을 느낄 수 있게 해 주며, 이 특성을 가진 사람들이 영적 체험이나 신비체험의 가능성을 가지고 있다는 것이다.[20]

정신생리학적 관점에서 보는 의식의 진화 둘째는 내분비계의 활성화다. 예를 들어 제3의 눈으로 알려진 아즈나 차크라의 내분비샘인 송과선이 투시, 투청, 텔레파시 등의 신통력을 유도하며 특히 송과선의 피놀린이 꿈을 꾸는 동안 초월적 체험을 가능하게 한다.

셋째, 신체 공명 시스템이 신체의 모든 부분을 자극함으로써 인간은 깊은 스트레스로부터 벗어나 신체적·우주적 조화를 이루게 되는데, 이 또한 의식 진화의 결과다.

앞서 설명한 벤토프의 신체 공명 시스템에서 보자면, 대동맥과 심장의 박동으로 생겨난 뇌실 안의 정상파가 두뇌 피질에 전달되면 이에 해당하는 신체 부분이 모두 자극되는 쿤달리니의 순환이 이루어진다. 이때 인간은 깊은 스트레스로부터 근본적으로 해방되며, 모든 신체 부분들도 조화롭게 움직인다. 쿤달리니가 완전히 한 바퀴의 순환을 마치면 신경조직은 한층 더 높은 의식 수준에서 기능하게 되며, 차크라가 우주로부터 받아들인 에너지가 신경계와 공명함으로써 인간의 생리적 진동과 지구의 전자기장의 진동수가 같아지게 된다. 이런 과정을 통해 지식이 열리고 자연에 대해 폭넓은 안목을 가지게 되면 인간은 자신이 진실로 중요한 존재이며, 역동하는 자연계와 우주의 일부분임을 깨닫게 된다.

이상과 같이 정신생리학은 차크라에 상응하는 신체적 대응물을 찾아내서 그것이 어떻게 물리적 신체, 혹은 인간의 생각이나 정서와 연결되는지 증명하려고 시도한다. 즉 신경계와 내분비계를 비롯한 해부학적 신체 기관, 그리고 과학적으로 증명 가능한 에너지 형태와 차크라의 관련성을 탐색하는 것이다. 이를 통해 그들은 차크라가 단순히 상상 속의 존재, 혹은 심리학적인 상징에 그치는 게 아니라 현대 과학으로 설명해 낼 수 있는 물리적인 것임을 밝혀내고자 했다.

현대요가심리학과 차크라

요가가 깨달음의 철학이면서 실천적 수행법이고 동시에 심리학이기도 하다는 것은 주지의 사실이다. 그리고 대표적인 경전이 바로 파탄잘리(Patañjali)의 『요가수트라』다. 『요가수트라』 제1장 「삼매품」은 요가의 최종적인 목표가 무엇인지에 대한 이야기로 시작된다. '지멸', 즉 끊임없이 떠오르고 사라지는 마음의 움직임을 정지시키고 사라지도록 하는 것이다.

요가란 마음 작용의 지멸을 위한 것이다.

(yogás citta-vṛitti-nirodha)

마음 작용의 지멸과 해탈을 위한 수행서라고 할 수 있는 『요가수트라』는 그런 점에서 종종 고전요가심리학으로 불린다. 물론 산스크리트 용어 중에 '심리학'을 뜻하는 단어는 없다. 요즘 요가 연구자들이 흔하게 사용하는 '요가심리학'이라는 용어는, 알고 보면 심리학이라는 서구적 개념을 요가와 조합해 만든 지극히 서구적인 용어다. 비서구적 전통을 이해하려는 서양의 연구자들에 의해서 비교적 최근에 만들어진 개념이라는 것이다. 그럼에도 요가심리학이라는 이름 아래 소개되는 내용이 전통 요가의 본질을 훼손시키지는 않았다는 게 요가 연구자들의 대체적인 평가다.[1]

최근 들어 요가는 서구 심리학과의 만남을 보다 적극적으로, 그리고 다양하게 시도하고 있다. 주디스(Anodea Judith)는 그의 책 『동양의 몸, 서양의 마음*Estern Body Western Mind*』에서 서구의 다양한 심리 치료 기법을 각 차크라에 적용하는 대대적인 치료적 체계화를 시도했다. 서양의인 비베카난다(Rishi Vivekananda)는 차크라를 7개의 성격유형으로 분류하고 성격 진단 체계를 만들었다. 특히 지금부터 소개할 아자야의 이론은, 심도 깊은 고전 요가와 힌두 사상에 대한 이해를 기반으로 서양의 심리학 이론을 받아들였다.

따라서 이 책에서는 서구 심리학과의 만남을 시도한 요가 이론을 현대요가심리학이라고 명명할 것이다. 현대요가심리학은 우리가 관심을 가져야 할 요가의 새로운 물결이다. 현대요가심리학을 통해 기존에는 신비학이나 비전(秘傳)으로 여겨지던 요가 개념들

1부 차크라와 의식의 발달

이 서구의 합리적이고 과학적인 언어로 해석되고 체계화되었다. 또한 요가심리학과 서구 심리학 간의 비교와 분석을 통해서 요가의 정체성을 보다 구체화하기도 한다.

인간의 고통은 영적 피폐에서 온다

앞에서도 언급했지만 이 분야의 대표적 연구자는 단연 아자야다. 그는 웨슬리안 대학에서 공부했으며, 위스콘신 의과대학에서 상담심리학자로 일했다. 그는 프로이트의 정신분석학이나 아들러(Alfred W. Adler), 로저스(Carl R. Rogers), 라이히와 로웬(Alexander Lowen), 그리고 융의 분석심리학에 이르기까지 다양한 학파의 심리학을 심도 깊게 살펴보고, 이들이 요가심리학과 어떤 공통점과 차이점을 가지고 있는지 분석하며, 때로는 현대 심리학의 개념으로 요가심리학을 보완했다.

요가 철학의 전통을 이어받은 현대요가심리학의 미덕은 통합성에 있다. 요가는 원래 철학과 심리학, 그리고 신체에 대한 유기적 관계를 중시한다. 앞서 설명했듯이 판차 코샤는 몸으로부터 영혼에 이르는 다차원적 존재로서 인간을 설명한 개념이다. 요가는 존재의 이 모든 차원이 떼려야 뗄 수 없는 유기적 관계를 가진다고 보았다. 이런 통합성은 '전일성'이라는 개념으로 설명된다. 현대요가심리학은 신체-정서-마음-영혼의 차원을 동시에 다루는 요가의 통합적이고 전일적인 접근법에 그 뿌리를 두고 있으며, 그것을 보다 체계적으로 발전시키고 있다.

현대요가심리학과 서구 심리학의 가장 중요한 차이점은, 인간이 가진 고통의 원인을 무엇으로 보느냐에 있다. 서구 심리학은 자아의 취약성을 문제시하기 때문에 자아의 발달과 강화를 치료의 목표로 삼는다. 그러나 아자야는 이런 치료가 불행한 감정을 일시적으로 감소시킬 뿐이라고 본다. 그는 이렇게 주장한다. "요가적 관점에서 인간의 고통은 대부분 영적인 피폐에서 오며, 영적 피폐는 인간이 내면의 초월적 존재를 자각하지 못했기 때문에 생겨난다."고 말이다. 그래서 요가 심리 치료는 인간의 내면에 있는 초월적 존재와의 관계를 탐색하고 발견하도록 돕는다. 인간의 영적 측면에 대한 관심은 요가 치료의 시작이며 토대이기 때문이다.

차크라, 양극성이 존재하는 의식의 장

아자야가 차크라를 통해 설명하는 요가심리학은 흥미롭다. 그는 각각의 차크라가 특정한 심리적 수준이나 의식 수준을 나타낸다고 보았다. 그리고 각각의 차크라는 일정한 의식구조를 갖고 있어서 인간이 어떤 차크라에 머물러 있느냐에 따라 그의 의식 수준이 결정된다고 보았다. 각 차크라가 보여 주는 의식 수준은 양극성의 대립 정도에 따라 결정된다. 하위 차크라의 의식은 더 적대적이고 극단적이며, 상위 차크라로 올라갈수록 양극성은 통합되고 정묘해진다. 그리고 각 차크라의 독특한 양극성은 우리 인간이 보편적으로 가지고 있는 원형적 특성을 띤다.

원형(archetype)이라는 개념은 원래 인간존재의 본질을 탐구하고자 했던 고대 서양철학의 진지한 탐구 대상이었다. 이 개념을 심리학에 적용시킨 사람은 분석심리학의 창시자 융이다. 융은 인간 종에게서 보편적으로 발견되는 정신적 특성이 있는데 그것은 바로 집단무의식인 원형이 작용한 결과라고 주장했다.

아자야는 융의 원형 개념을 차크라와 결합시켰다. 각각의 차크라 안에는 우리 인간이 보편적으로 경험하는 원형적 주제와 이에 따른 양극성의 틀이 존재한다. 그리고 그 양극성의 틀이 일정한 의식구조를 만들어 내는데, 이 때문에 인간적 갈등을 담은 드라마가 만들어진다. 흔하게는 상업 영화나 소설, TV 드라마 등에서 볼 수 있지만, 실제 우리 삶에서도 드라마 못지않은 갈등이 반복된다.

〈표5〉에서 보면 물라다라의 의식 수준에서 체험하는 양극성은 죽느냐, 사느냐 혹은 죽이느냐, 죽임을 당하느냐의 문제다. 이 수준의 사람들은 전형적인 희생자다. 이들은 외부 자극을 대부분 생명을 위협하는 공격으로 여기기 때문이다. 또한 마니푸라의 의식 수준에 있는 사람들은 주도권이나 지배력 또는 경쟁에 몰두하기

표5 | 아자야가 제시한 차크라와 원형적 주제[2]

차크라	의식구조	전형	양극성의 체험	사례
사하스라라	단일 의식	표현 없음, 형태 없음	없음	샹카라, 마이스터 에크하르트, 명상 중인 시바
아즈나	통찰, 주시	현자	현자 vs. 바보 객관적 관찰자 vs. 혼란시키는 참여자	소크라테스, 노자, 임마누엘 칸트, 오즈의 마법사, 델포이의 신탁, 멀린
비슛디	헌신, 수용하기, 양육과 무조건적 사랑, 내맡김, 믿음, 창조성, 은총, 위엄, 로망스	어린이	헌신의 대상 vs. 헌신자 어머니 vs.어린이 발견했다 vs. 잃었다 믿음 vs. 불신	성모 마리아와 함께하는 아기 예수, 아빌라의 테레사, 하누만, 스리 라마크리슈나, 돈키호테
아나하타	연민, 관대함, 이기심 없는 사랑, 봉사	어머니 구원자	구조자 vs. 피구조자 해방하는 자 vs. 해방되는 자	성 처녀 마리아, 예수, 캘커타의 마더 테레사, 슈바이처, 간디, 성 프란체스코
마니푸라	지배력, 우월함, 정복, 경쟁, 약점, 열등감, 자부심	영웅	얻다 vs. 잃다 성공 vs. 실패 지배 vs. 복종 비난 vs. 칭찬	알렉산더, 나폴레옹, 햄릿, 프로메테우스, 슈퍼맨, 모든 스포츠와 전쟁 영웅들, 기업의 사장, 정치 지도자들
스와디스타나	감각적 쾌락	쾌락주의자	쾌락 vs. 고통 남성 vs. 여성	바쿠스, 에로스, 헨리 8세, 라바나, 살로메
물라다라	생존을 위한 투쟁	희생자	약탈자 vs. 사냥감 삶 vs. 죽음	영화 괴물들과 그들의 희생자들, 히틀러와 홀로코스트의 이스라엘인들, 이교도 심문소, 한스와 그레텔과 마녀

때문에 자신의 경험이 대체로 성공 아니면 실패, 지배 아니면 복종, 뺏고 빼앗기기 등으로 점철되어 있다고 느낄 것이다.

사실 우리가 살고 있는 이 현상계는 필연적으로 상반된 대극의 개념으로 구성되어 있다. 빛/그림자, 주관/객관, 내부/외부, 뜨겁다/차다, 가깝다/멀다, 높다/낮다, 멈추다/가다, 수동성/능동성, 위/아래, 사랑/미움, 여성/남성, 선/악, 행복/불행 등이 모두 그렇다. 이처럼 양극성이 필연적임에도 불구하고 우리는 양극성의 한 면만 인정하고 반대편을 버리려고 하기 때문에 멜로드라마의 주인공처럼 고통과 불행을 경험한다. 우리는 절대 ~이어서는 안 되고, 항상 ~이어야만 하는 수많은 목록을 가지고 있다. 그런데 그럴수록 우리가 싫어하는 반대 극의 움직임은 더 강렬해진다. 우리가 외면하고 싶어 하는 반대 극이 사라지지 않고 잠재해 있다가 더 큰 힘으로 나타나기 때문이다. 양극성의 한 측면만 동일시함으로써 반대 측면을 무의식에서 강화시키는 이 같은 원리가 바로 요가의 '카르마(karma, 업) 법칙'이다.[3]

전통적으로 요가 철학은 상반된 개념으로 이루어진 양극성이, 사실은 보완적이며 서로를 지지하고 있다고 이야기해 왔다. 탄트라 사상과 하타 요가의 시바와 샥티가 상징적으로 이를 보여 준다. 시바와 샥티는 각각 의식성과 창조성이라고 하는 상반된 개념처럼 보이지만 사실은 하나의 두 측면이다. 이 둘은 서로에게서 자신의 의미를 얻고 서로 보완함으로써 완전함을 갖는다. 물질의 형태를 갖지 않은 의식성도, 의식이 없는 물질계도 존재하지 않기 때문이다.

양극성이 통합된다면

〈표5〉를 보면 물라다라 차크라의 양극성은 생존과 관련된 실존적인 차원의 양극성이며 차크라가 상위로 올라갈수록 심리적 차원의 문제를 경험하게 된다. 양극성은 극단적이고 실존적인 것에서 정신적이고 영적인 것, 다시 말해 거친 차원에서 정묘한 차원으로 변화된다.[4]

아자야는 각 차크라의 양극성과 그 통합에 대해서 다음과 같이 설명한다.

물라다라 차크라의 양극성은 세상과 자신의 관계를 공격자와 피공격자, 사냥꾼과 먹잇감, 악마와 신, 또는 가해자와 피해자로 경험하게 만드는데, 이 양극성이 통합되면 인간은 견고함과 현실성을 갖게 된다.

스와디스타나의 양극성은 남성과 여성 사이에 존재한다. 이것이 통합되면 남성다움과 여성다움이 가진 의미를 더 깊은 차원에서 이해하게 된다. 이를 테면 인간의 내면에는 남성다움과 여성다움이 모두 존재한다는 사실을 알게 된다는 것이다. 남성다움과 여성다움은 신체적인 게 아니고 우리 내면에 보편적으로 존재하는 심리적인 양극성이기 때문에 어느 한 성의 역할에 자신을 국한시키려고 애쓸 필요가 없다는 사실을 깨닫는다.

마니푸라 차크라는 지배와 복종, 능동성과 수동성이라는 양극성을 가지며, 이것이 해결된 사람은 잔인한 호전성이나 병약한 순종성의 양극성에서 벗어나 힘 있고 활기 있는 성격을 갖게 된다. 또한 정력적으로 활동하면서도 지배와 복종의 관계, 경쟁적인 욕구 등에 시달리는 일 없이 협력할 수 있다.

아나하타 차크라의 양극성은 신체의 위와 아래, 양과 음 에너지와 관련이 있다. 이는 대략 하늘과 땅, 이기심과 자아초월, 또는 푸루샤와 프라크리티로 개념화된다. 이 차크라의 통합은 인간에게 긍정적인 감성, 공감의 특성, 그리고 동정심과 사심 없는 사랑을 느끼는 능력을 준다.

비슛디 차크라의 양극성은 양육자와 양육 받는 자를 상징한다. 이를 통합한 사람은 자신을 외면하고 타인을 양육하기 위해 애쓰거나 자신을 양육시켜 줄 사람을 갈구하는 의존적인 태도에서 벗어나 자기 스스로를 변화시키고 성장시키는 능력을 갖게 된다.

아즈나 차크라의 양극성은 이다와 핑갈라, 또는 성격의 우측과 좌측을 의미하며, 통합되면 수슘나의 활성화와 제3의 눈을 뜨는 것, 즉 직관에 다가가서 내면의 눈으로 세상을 명확히 볼 수 있는 능력이 가능해진다.

사하스라라 차크라에서 경험되는 양극성의 소멸은 나와 타인 사이의 구별이 더 이상 의미 없어진다는 것을 뜻한다. 이 단계는 의식 성장의 최종 단계로, '우주적 의식'을 갖는 것으로 귀결된다.

사하스라라 차크라에서 최종적으로 대상과 내가 하나가 되는 이 같은 의식발달론은 일원론적 관점에서 나왔다. 일원론의 심리학에서는 인간을 비롯한 이 세상 만물이 참자아의 물질적인 발현이다. 그런데 대부분의 인간은 참자아와 자신을 분리시켜서 소외를 경험하고 불안에 사로잡혀 살아간다. 우리가 인간으로서 경험하는 이 같은 근원적 소외감과 불안을 극복하기 위해서는 참자아와의 관계를 인식해야 한다. 우리들 각자가 참자아의 현현이라는 진정한 정체감을 인식하는 게 일원론적 관점에서 말하는 진화 과정의 최종 단계다.[5]

양극성은 파괴되는 게 아니고 초월된다

그렇다면 하위의 의식 단계에서 보다 진화된 의식으로의 발달은 과연 어떻게 가능할까? 의식 발달과 관련한 아자야의 주장을 세 가지로 정리해 보면 다음과 같다.

첫째 의식의 진화는 맨 아래의 가장 원초적인 것에서부터 차례로, 각각의 차크라에 나타난 환영적 멱으로부터 의식을 점진적으로 해방시키는 과정이다. 7개의 차크라를 7단계의 의식 수준으로 본 차크라 발달론에 의하면, 모든 인간은 차크라라고 하는 진화의 계단 어디쯤엔가 서 있다. 누군가는 여전히 물라다라일 수 있고, 또 어떤 사람은 보다 성숙해서 아나하타에 있을지도 모른다. 그러나 그곳이 어디든, 각 차크라의 원형적인 주제를 담은 드라마 속에서 고통스러워한다. 그 드라마의 무대에서는 특정한 대극의 갈등을 담은 동일한 줄거리와 유사한 장면이 되풀이된다.

이때 의식의 진화는, 어느 특정 차크라가 만들어 낸 드라마가 진짜가 아니라는 사실을 알아냄으로써 가능하다. 예를 들어 상대를 죽이지 않으면 내가 죽을 것이라는 사고방식은 그 관계에 얽힌 사람들이나 집단이 가진 주관적 판단일 뿐이라는 사실을 자각하게 되면 물라다라 차크라에서 벗어나게 된다.

인간이 하나의 특정한 원형과 동일시할 때에는 오로지 그 원형이 가진 의식구조를 가장 기본적인 것으로 본다. 개인이 좀 더 진화된 의식구조로 이동하면 관점이 변화해서 중요하고 진짜라고 여겼던 것들이 비현실적이고 중요하지 않은 것이 된다. 갈등은 보다 진화된 차크라의 관점을 받아들임으로써 해결될 수 있다.[6]

더 높은 차크라로 진화하면 개인은 새로운 세계관을 얻고 낡은 갈등은 초월하게 된다. 물론 더 높은 차크라에서도 양극성을 경험하겠지만 이것들은 보다 정묘해져서 갈등은 약화되고 본성에 대한 자각은 더욱 강해진다. 이렇게 의식이 진화될 때 양극성은 파괴되는 게 아니라 초월되는 것이다. 양극성은 현상계의 필연적인 존재 방식이기 때문에 인간이 현상계에 존재하는 한 양극성을 파괴할 수는 없다. 따라서 실체를 가진 것처럼 그것을 동일시하고 괴로워할 필요는 더욱 없다. 이 사실을 깨닫게 되면 인간은 그것으로부터 초월된다.[7]

둘째, 다양한 의식의 층을 벗겨내면 참자아가 드러난다. 아자야는 요가와 현대 심리학이 말하는 의식의 개념이 서로 다르다는 것을 강조했다. 현대 심리학에서 말하는 '의식'은 '한 개인이 자각하는 것'으로, 자아의식 즉 자아 영역에 속한 정신적 특성을 의미한다. 그리고 자각의 영역 밖에 있는 것은 모두 무의식으로 간주된다. 물론 무의식의 층을 인정하는 심리학 이론도 그리 많지 않다. 무의식은 과학적으로 증명하기 어려운 영역이기 때문이다.

반면 2장에서 언급했듯이 요가심리학에서 의식은 다양한 차원에 걸쳐 존재하며 자아의식은 그중 하나에 불과하다. 상키야 철학과 베단타(Vedānta) 등에 의하면 인간의 마음은 마나스, 아함카라, 붓디, 칫타(citta) 등으로 분류되는 일종의 정신 복합체다. 각각의 차원은 서로 독립적이면서도 상호 영향을 주고받는 일종의 매트릭스다. 서구 심리학의 자아의식과 가장 유사한 개념은 아함카라인데, 이것은 '나'라고 하는 개인의식이며, 감각 체계를 통해 들어

1부 차크라와 의식의 발달

온 다양한 정보를 개인적 경험으로 전환시켜서 개인적 정체성을 만드는 역할을 한다.

이러한 정신 복합체의 다른 측면에 인간 의식의 가장 깊고 높은 영역이 있다. 이것이 참자아다. 참자아는 처음에는 잠재되어 있다가 인간의 발달 과정에서 점차적으로 노출된다. 다시 말해 순수의식이 처음에는 인간존재의 다양한 층위, 즉 신체와 에너지를 비롯해 다양한 마음의 차원(마나스, 아함카라, 붓디)을 매개체로 삼아 표현되고 드러난다. 하지만 발달이 가속되면 이들 차원과의 동일시에서 벗어나 스스로를 드러낸다.[8]

따라서 아자야가 말하는 의식의 발달은 각각의 의식을 단계적으로 탈동일시하는 과정이다. 마치 양파 껍질처럼 참자아를 덮은 의식의 다양한 측면이 하나씩 초월되면서 본질을 향해 나아가는 것이다. 차크라도 마찬가지다. 인간은 하나의 차크라가 가진 원형적 주제와 자신을 동일시하지만, 의식이 발달하면서 그것을 초월해 다음 차크라의 단계로 나아가게 된다.

셋째, 상키야 철학의 푸루샤와 프라크리티는 의식의 탄생과 발달에 관한 이야기다. 서구 심리학은 아이가 엄마와 미분화된 의식 상태에 있다가 차츰 분리되어 자신만의 개성을 구축하는 점진적 발달 과정을 설명해 왔다. 이 과정에 푸루샤와 프라크리티를 적용하면 다음과 같다.

생애 초기에는 순수의식(푸루샤)이 보다 거친 물질적 원리(프라크리티)와 자신을 동일시하지만, 의식이 발달할수록 푸루샤가 프라크리티로부터 구별되는 과정이 바로 발달이다. 즉 아기가 태어나는 것은 프라크리티(물질적 육체)에 푸루샤(의식)가 들어간 것이다. 다시 말해 정신이 육체를 입고 현현하는 것으로, 이것이 바로 '탄생'이다. 발달의 초기에는 프라크리티가 의식이 뿌리 내릴 수 있는 토양이 되어 푸루샤를 물질적으로 형상화하고 구체화한다. 정신을 담은 육체가 완성되는 것이다. 그러나 발달이 진행될수록 푸루샤는 점차적으로 자신의 독립성을 깨닫게 되고, 신체를 비롯한 물질적 세계와의 동일시에서 벗어난다. 즉 의식이 발달함에 따라 세상이 자기 자신이 아님을 알게 되고, 부모가 자기 자신이 아님을 알게 되며, 자신의 몸도 진정한 자기 자신은 아니라는 사실을 알게 된다. 궁극적으로는 나 자신이라고 믿던 감각, 생각, 감정도 자기 자신이 아니라는 사실을 깨닫는다. 이런 점차적인 탈동일시를 통해 존재는 궁극의 초월 상태에 이르게 되고, 결국 순수의식 그 자체가 된다.

융의 분석심리학이 말하는 차크라

인간의 정신을 탐구하는 데 있어서 융은 프로이트와 함께 무의식의 존재를 인정한 심층심리학자다. 심층심리학은 인간의 정신이 의식과 무의식으로 구성되어 있으며, 무의식이 의식에 중요한 영향을 미친다고 본다. 그러나 융은 프로이트의 개인무의식 개념이나 성 충동 이론 등이 인간의 정신을 온전히 설명하는 데 한계가 있다고 판단하면서 그와 결별했고, 집단무의식이라는 개념을 새롭게 제시한 분석심리학을 창시했다.

분석심리학은 인간의 정신이 자아의식과 개인무의식, 더 나아가 집단무의식으로 이루어져 있다고 본다. 특히 분석심리학이 주목하는 것은 집단무의식이다. 이것은 개인적 의식의 한계를 넘어선 인류 보편적인 정신 영역으로, 참자아라고 할 수 있는 자기(Self)가 이 집단무의식의 영역 안에 있다. 집단무의식의 이 같은 선험적이고 보편적인 특성 때문에 융은 이 영역을 '비개인적', '초개인적', 또는 '자아초월적'이거나 '신적'이라고 부르곤 했다. 따라서 분석심리학은 현대 심리학 중에서 거의 유일하게 자아초월심리학의 가능성을 제시한 심리학이라고 할 수 있다.

쿤달리니 요가에 관한 세미나

융이 쿤달리니와 차크라에 흥미를 갖게 된 것은 우드로페(필명은 아더 아발론(Arthur Avalon)이다)의 『뱀의 힘 The Serpent Power』을 접하고 난 뒤였다. 정신과 의사로서 융은 뱀에 관한 꿈이나 환상을 말하는 환자를 종종 만났는데, 환자들의 신체적인 문제나 기이한 환상이 쿤달리니의 각성에 의한 것이라는 사실을 이 책을 통해 이해하게 된 것이다. 이후로 융은 쿤달리니와 차크라에 대한 세미나를 진행하면서 이에 대해 연구하기 시작했다.

차크라에 관한 융의 견해가 본격적으로 발표된 것은 1932년으로, 일주일에 걸쳐 진행된 쿤달리니 요가에 관한 세미나에서였다. 융이 주최한 이 세미나는 인도 학자인 하우어(Jakob W. Hauer)를 공동 강연자로 하고, 유럽의 여러 분야 학자와 전문가들이 참여한 대대적인 작업이었다. 융은 여기서 쿤달리니와 차크라에 관해 분석심리학적인 해석을 시도했고, 아울러 동양과 서양의 심리학적 차이에 관해서도 설명했다. 이 책에서 주로 인용하게 될 『쿤달리니 요가의 심리학 The Psychology of Kundalini Yoga』은 바로 이 세미나의 전 과정을 기록한 출판물이다.

그는 중국의 도교나 티베트의 라마교, 불교 등에 대해서도 깊은 관심을 가졌다. 그가 쓴 책 『황금꽃의 비밀』이나 『티베트 사자의 서』의 서문은 그가 중국의 도교나 티베트의 종교에 대해서도 해박한 지식을 가지고 있었음을 보여 준다. 뿐만 아니라 그는 심리학의 대상을 의학과 상담의 한계를 넘어서 신화와 종교, 철학, 상징, 연금술, 신비주의까지로 확대했다. 인간의 정신을 이해하기 위해서 동서고금의 중요한 역사적 자료를 수집해 그 의미를 보완하고 비교했다. 이것이 바로 융이 분석심리학 연구에 사용한 '확충(amplification)'이라는 방법론이다.

요가와 차크라에 관한 융의 관심 역시 이 같은 맥락에서 찾아볼 수 있다. 그는 요가가 '수천 년을 거치면서 고도로 체계화된 방법이면서 기술'이라고 높게 평가했다. 요가는 자연스러운 내향화 과정이면서 인간 개개인의 특성에 맞는 다양한 수행 방법을 가지고 있다는 것이다. 개인의 특성에 맞는 내향화의 길은 융에게 매우 중요한 문제였다. 융이 주장하는, 개인의 고유한 인격을 밝히는 정신적 성장의 길은 그 고유성만큼 다양해야 하기 때문이다. 또한 의식 성장에 관한 상징적 묘사의 풍부한 저장고라는 점에서도 요가를 중요시했다. 그래서 요가 철학을 인도가 가진 지혜의 보물이라고 표현하면서 여기서 의식 성장의 과정을 찾아보라고 권하기도 했다. 무엇보다 쿤달리니 요가나 탄트라 요가가 추구하는 전일성이 분석심리학의 전체성(totalität)과 같은 맥락이라고 보았다. 전체성은 개인의식의 한계를 벗어나 의식과 무의식을 통틀은 전체 정신이 되려는 인간의 정신적 특성이다. 이 내용은 이후에 자세히 다루게 될 것이다.

차크라는 상징이다

융은 차크라를 정신에 관한 상징으로 보았다. 상징의 그리스어 표기 'symballein'은 "총체적으로 보여지는 어떤 것" 또는 "전체적으로 합쳐진 사물에 대한 비전"이다.[1] 『쿤달리니 요가의 심리학』에서 융은 차크라에 대해 다음과 같이 정의했다.

생각과 사실에 대한 복잡하고 다면적인 개념을 이미지 형태로 모아 놓은 것이면서, 심상으로만 표현할 수 있는, 현존의 순간에 대한 고도로 복잡한 심리적 사실을 상징화한 것이다.[2]

요약하자면 차크라는 우리 인간의 복잡하고 역동적인 정신을 이미지로 상징화한 것이다. 융이 말한 차크라의 진정한 가치는 정신에 관한 이 같은 상징이 명상이나 요가와 같은 현실적인 노력을 통해 완성되었다는 점에 있다.

분석심리학에서 상징은 중요한 개념이다. 복잡한 인간의 정신을 총체적으로 이해하기 위해서는 상징이 필수적이라고 보았기 때문이다. 상징은 서로 연결되고 긴밀하게 엮여 있는 사물의 다양한 측면을 전체적으로 이해할 수 있게 해 준다. 특히 한 개인의 인격 전체가 어떻게 심리적 과정을 펼쳐 가는지 이해하려면 꿈과 함께 상징 이미지가 중요하다. 그래서 분석심리학의 개인 분석에서는 꿈 상징을 심리학적으로 분석하는 작업이 늘 병행된다.

특히 차크라는 '우주적 관점에서 정신을 상징화한 것'이다. 여기서 '우주적 관점'은 '위에서 내려다보는 관점'이며, 이게 바로 '초월의식'이다. 인간의 정신적 내용을 상징화한다는 것은 초월적 관점에서 정신을 전체적으로 조망할 때 가능해지기 때문이다.

> 차크라의 상징들은 우리가 의식 너머로 확장하는 관점을 가질 수 있게 해 준다. 상징들은 전체 정신에 대한, 다양한 상태와 가능성에 대한 직관이다. 우주적 관점으로 정신을 상징화한 것이다. 이것은 마치 모든 것을 품은 성스러운 의식인 초월의식처럼 위에서 바라본 정신이다.[3]

인간이 초월적 관점을 가지고 자신을 한 차원 높은 곳에서 조망할 수 있게 되는 것이 바로 의식의 성숙이다. 심리적 문제에 빠져 있지 않고, 그것을 객관화시킬 수 있는 상태로 나아갔기 때문이다. 융은 이처럼 한 차원 높은 곳에서 조망하는 우주적 관점을 정묘한 차원의 관점이라고 생각했다.

정묘한 차원에서 보는 자아

쿤달리니 세미나에서 융은 세 가지 몸 중에 '거친체'와 '정묘체'의 측면을 자주 언급했다. 거친체와 정묘체가 인간의 삶에 영향을 미치는 차원이라고 보았기 때문이다. 이 중에서 거친체는 개인적이고 물질적인 차원이며, 정묘체는 시간과 개인을 넘어서는 자아초월적 차원을 의미한다.

융심리학의 관점에서 설명해 보자면, 정묘한 차원은 어떤 것에 대한 추상적 추측이 가능한 상태다. 예를 들어 사실에서 이끌어 낸 추상개념이나 철학적인 결론, 앞에서 말한 상징이나 자아초월적 의식 등이 이에 해당한다. 이것은 하나의 사건에 내포된 내적이고 우주적인 의미를 밝히는 일이다. 정묘한 차원의 이론으로는 분석심리학이나 인류심리학 등을 예로 들었다. 특히 분석심리학에서 말하는 분석 상담은, 내담자로 하여금 정묘체의 차원에서, 다시 말해 자신의 문제를 좀 더 높은 차원에서 조망하게 하는 것을 의미한다. 그렇게 할 때 인간관계의 투사와 동일시에서 오는 갈등이나 미움 같은 감정을 거리를 두고 바라보게 되고, 이해할 수 없었던 자신의 모습을 바라볼 수 있게 된다.

그래서 정묘한 차원의 관점이 중요하다. 자아의식을 넘어서야 비로소 자신이 어디에 위치해 있는지 알 수 있기 때문이다. 차크라의 상징들은 우주적 관점으로 정신을 상징화한 것으로, 인간으로 하여금 개인의식 너머로 확장된 관점을 가질 수 있게 해 주며, 바로 이런 점 때문에 상징으로서의 차크라가 분석심리학에서 중요한 자료가 된다.

쿤달리니의 각성도 바로 이 정묘한 차원과 관련되어 있다. 융에게 있어 쿤달리니 각성은 물라다라라고 하는 물리적 세계(거친 차원)에서 신(god)이 분리되어 활성화되는 것을 말한다. 이때 쿤달리니로 상징되는 신이란 인간 내면의 신성, 또는 영성을 의미하며, 분석심리학에서는 집단무의식의 내용에 해당한다. 결론적으로 신이 활성화된다는 것은 무의식이 활성화되는 것을 말한다. 이것은 한 사람에게서 자아초월적 발달이 시작되었다는 것을 의미하며, 이 과정에서 그는 무의식의 세계를 목격하게 된다.

이 과정에 이른 사람들은 당연히 자아의식을 넘어서 정묘한 차원의 관점을 갖게 된다. 자아초월 의식이 그것이다. 물라다라 세계에 대한 객관적인 인식은 정묘한 관점에서 바라볼 때 가능해진다. 다른 차원에서 자신을 볼 수 있어야 자신이 물라다라라고 하는 물질적인 세계관에 사로잡혀 있다는 사실을 깨닫는 것이다. 이때 비로소 우리의 삶에 대한 전혀 다른 해석이 가능해진다.

예를 들어 거친 차원의 증오나 공격성과 같은 부정적인 감정이 전혀 다른 의미로 해석될 수 있다. 고통스러운 감정을 느끼게 되면 우리는 그 감정을 곱씹으면서 그 감정의 원인이라고 여겨지는 상대를 떠올리며 원망하는 마음에 빠져든다. 그러나 정묘한 관점에서는 고통스러운 감정을 경험할 때 상대를 원망하는 감정적 동일시에서 벗어나 그 감정을 느끼는 자기 자신을 의식하게 된다. 그리고 자신의 감정을 탐색해서 심리적 배경을 이해할 수 있게 되는 것이다. 이처럼 거친 차원에서 일어나는 인생의 고난이나 그림자, 분노, 갈등, 욕망 등이 정묘한 측면에서는 정신적 성장을 추동하는 힘으로 작용한다.

자기실현의 길

융은 쿤달리니를 태양, 뱀 또는 그리스도에 비유하면서 그것이 각 차크라를 이동하는 과정을 인간의 일생을 상징하는 태양의 경로와 비교했다. 즉 쿤달리니의 상승 과정을 인간의 생애나 의식의 발달 과정으로 설명한 것이다.

물라다라에는 백야가, 횡경막 아래(마니푸라)에는 일출이 있다.

1부 차크라와 의식의 발달

아나하타에서 시작되는 위쪽 센터는 한낮에서 해질 녘으로 가는 변화를 상징한다. 태양의 하루는 영적인 흔적을 포함하는 진화와 퇴화, 상승과 하강이라는 쿤달리니의 길이다. 태양의 진행은 인간의 삶의 진행과 유사하다.[4]

분석심리학은 정신의 발달사를 주요 탐구 주제로 삼는 심리학이다. 우리에게는 '자기실현'으로 잘 알려져 있지만, 융은 개별화나 개성화(Individuation)라는 용어를 주로 사용했으며, 개인의 전인격화라는 개념이 사용되기도 한다. 이 책에서는 우리에게 비교적 익숙하게 알려진 자기실현이라는 용어를 주로 사용할 것이다.

자기실현을 설명할 때 반복해서 등장하는 개념이 바로 의식과 무의식이다. 분석심리학에서 말하는 의식과 무의식을 정확히 이해하지 않고서는 자기실현 역시 온전한 이해가 불가능하다. 앞서 이야기했지만 분석심리학은 인간의 정신이 의식과 개인무의식 그리고 집단무의식으로 이루어져 있다고 본다. 의식은 '나' 또는 '자아(ego)'를 통해서 연상되는 정신적 내용이다. 이처럼 자아가 알고 있는 세계가 의식이라면, 자신의 내면에 존재하는데도 자아가 아직 모르는 정신적 내용을 무의식이라고 부른다.

무의식은 개인무의식과 집단무의식의 두 가지 범주로 나뉜다. 전자는 자아의식에 의해 억압되었거나 단순한 망각에 의해서 후천적으로 생겨난 것으로, 개개인의 특수한 경험에 따라 다른 내용으로 구성된다. 반면에 집단무의식은 융이 개념화한 영역으로, 분석심리학은 이 정신 영역을 통상 무의식이라고 부른다. 이곳은 다양한 원형으로 이루어져 있어서 '원형의 바다'로 표현되기도 한다. 원형은 앞서도 언급했듯이 개별 인간의 것이 아닌, 선천적이고 인류 보편적인 정신적 특성이다. 전체 정신의 중심인 자기(Self) 원형도 이곳에 있다. 이때 자아가 의식의 중심이라면 자기는 의식과 무의식을 포함한 전체 정신의 중심이다.

집단무의식은 개별 인간의 정신적인 기초로 자아의식에 막대한 영향을 미친다. 따라서 한 개인이 자신의 전체 정신을 자각하려면 무의식적인 부분을 깨달아 나가는 의식화 과정이 필요하다. 이 과정을 통해 인간은 자아의식의 고유성뿐 아니라 무의식의 보편성을 모두 통합한 전체적 인격의 면모를 드러내는데, 이것이 바로 분석심리학적인 의식 발달이며, 자기실현이다. 무의식과 의식을 통틀은 전체 인간의 완전한 실현이 바로 그것이다.[5]

자기실현의 단계

분석심리학이 말하는 자기실현은 대략 다음과 같은 과정을 거친다. 즉 생애 초기에 집단무의식에서 미약하나마 개별 의식을 획득해서 분화를 거듭한 뒤에 생애 후반에 이르러서는 의식과 무의식의 재통합 과정을 거치게 된다.

이부영은 자기실현의 과정을 생애 주기별로 더욱 세분해서 설

1부 차크라와 의식의 발달

명한다. 즉 광대한 무의식에서 미약하게나마 자아가 생겨나는 시기가 유아기이며, 청소년기에 이르러서는 외부 사회와 관계를 맺고 적응하는 과정에서 페르소나를 만들고 의식을 강화시켜 나간다. 이처럼 외부로 향해 있던 의식은 중년기에 이르러 내향화한다. 즉 자신의 내면에 존재하는 무의식을 깨닫는 것이다. 가장 먼저 개인무의식인 그림자를 의식에 통합하고, 집단무의식의 아니무스(animus)와 아니마(anima)를 의식화한 뒤 이들의 안내를 받아 자기(Self)에게로 다가가는 여정을 본격적으로 실행한다. 여기서 개인무의식과의 통합이 첫 번째 대극의 합일이고, 자아와 집단무의식의 통합이 두 번째 대극의 합일이다.[6]

세 가지 신화적 주제로 자기실현의 과정을 설명하기도 한다. 창조 신화와 영웅신화, 그리고 마지막으로 신성혼 신화의 단계가 그것이다. 창조 신화의 단계는 그야말로 무의식에서 자아의식의 탄생을 의미한다. 그리고 새로 탄생한 자아의식이 점차 강해져서 무의식성을 완전히 극복하는 과정이 영웅신화의 단계다. 한 명의 젊은이가 집을 떠나 목적지를 향해 가면서 용이나 괴물을 물리치고 영웅이 되는 이야기는 신화나 민담에서 흔하게 발견된다. 여기서 영웅이 바로 자아의식이며, 용이나 괴물은 무의식성의 상징이다. 그러나 무의식성을 물리쳤던 영웅은 중년기에 이르러 그 무의식과의 결합을 시도하게 된다. 이것이 바로 신성혼 신화다. 융의 후기 연구는 영웅신화에서 신성혼 신화로의 이행을 다루는데, 신성

혼 신화가 바로 자아의식과 무의식의 재결합에 관한 것이다.[7]

의식과 무의식의 관계

분석심리학에 의하면 인간이 자기실현의 과정을 걷게 되는 것은, 자아가 아닌 무의식의 요구이며, 그 요구는 필연적이다. 전체 정신의 중심이면서 조정자인 자기(Self)는 자신을 드러내 전체 인격이 되려는 내적 충동, 즉 자기실현의 동력을 가지고 있기 때문이다. 따라서 무의식은 마치 계획된 단계를 거쳐 진행되는 발전 과정처럼 자율적으로 스스로를 표현하게 된다.

자기실현의 과정에서 중요한 것은 의식의 중심인 자아의 태도다. 자아의식이 해야 할 일은 무의식을 적극적으로 의식화하는 것이다. 자아는 자신의 의도적인 목표를 버리고 자기(Self)의 요구에 귀 기울이고 그 뜻을 이해하려고 노력해야 한다. 자아의식이 무의식에서 일어나는 사건들을 알아차리는 것, 즉 나의 무의식에서 어떤 일이 벌어지고 있으며 의식에게 어떤 신호를 보내는지 알아차리는 것이 바로 의식화다.

융은 자아의식의 이런 태도를 쿤달리니를 각성시키려는 요가 수행자의 태도와 비교했다. 인간이 각성시키기를 열망할 때 쿤달리니가 깨어나는 것처럼 자아의식이 자기실현을 원하는 태도를 가질 때 비로소 자기(Self)의 활성화가 시작된다는 것이다.

그런데 문제는 의식과 무의식의 갈등에 있다. 대체로 의식은 무의식에 협조적이지 않을 뿐 아니라 무의식의 영향력에서 벗어나 자신의 의지를 관철하고, 자신의 경향성을 고수하거나 가속화하려는 일방성을 가지고 있다. 의식이 자신의 뜻을 관철시키려 할수록 의식의 일방성을 수정하려는 무의식의 보상적 힘도 강화된다. 예를 들어 성공을 위해 일에만 매달린다든지, 사회가 추앙하는 이상적이고 완벽한 성격을 갖기 위해 매진할 때, 마치 그것을 방해하려는 듯 인생의 고난이나 고통이 따라오는 것이다. 융에 의하면 그같은 고통은 무의식의 목적성, 다시 말해 자기실현이라는 더 큰 그림을 완성하기 위해서 일어난다. 자아의식이 간절하게 추구하고 의도하는 것들이 좌절되는 곳이 바로 자기실현의 길에 존재하는 정류장이라는 것이다.

> 보편타당한 인간적 숙명의 법칙이, 개인적 의식의 의도와 기대 그리고 견해를 부숴 버릴 때 개인의 삶의 모든 순간들은 동시에 개성화 과정의 길을 따라 존재하는 정류소들이다. 이 과정은 그러니까 자율적인 전체 인간의 실현이다.[8]

융의 관점에서 보면 우리가 의도치 않게 경험하는 인생의 고난은 자기실현으로 나아가기 위한 필연적인 사건이다. 이런 고난을 통해 우리는 자신의 내면을 성찰하게 되고, 삶의 목표를 재설정하게 된다. 그때서야 우리는 사회적인 명성이나 부가 인생의 전부가 아니며, 내적인 성숙이 이루어지지 않는다면 불행이 끝나지 않을 거라는 사실을 알게 된다. 자아의식이 이처럼 자신의 일방성을 더 이상 고집하지 않을 때 무의식의 보상성도 누그러진다. 즉 의식과 무의식의 대립이 약화되는 것이다. 이때 비로소 내적인 것, 즉 자기실현의 과정이 시작된다.

의식 발달은 어떻게 이루어지나

『쿤달리니 요가의 심리학』에서 융이 차크라 체계를 의식의 발달과 연결시켜 설명한 부분은 다음의 세 가지로 정리할 수 있다.

첫째, 차크라가 상징하는 다섯 원소는 의식의 발달 과정을 나타낸다. 즉 차크라의 5대 원소인 흙·물·불·공기·에테르로 이동하는 전 과정은 밀도가 낮아지고 휘발성이 더욱 증가되는 원소의 변성 과정이며 이것은 거친 물질에서 정묘한 물질, 그리고 정신적 물질로의 상승 과정을 의미한다.

흥미롭게도 융은 상키야 철학의 5대 원소 개념이 서구 중세의 연금술에서 말하는 4원소의 우주 질료(토양, 물, 공기, 불) 개념과 유사하다는 사실을 발견했다. 또한 연금술도 거친 물질을 정묘한 물질로 변용시키려고 시도했다. 중세 연금술사들은 신이 세상을 창조할 때 사용한 순수 질료(정묘한 물질)가 자연 물질(거친 물질)에 존재할 거라고 믿었기 때문에 자연 물질을 가지고 화학적 실험을 시도했다. 광석이나 돌과 같은 물질에서 신의 순수 질료를 추출할 수 있을 거라고 믿었던 것이다.[9]

자연 물질 중에서 신의 순수 질료를 얻기 위해, 다시 말해 자연 물질을 신의 순수 질료로 변용시키기 위해 연금술사들이 주로 사용한 방법은 불로 가열하는 것이었다. 연금술에서 불은 이처럼 물질을 신성으로 변용시키는 역할을 하는데, 융은 차크라 체계에서도 이 같은 불의 상징을 발견했다. 불의 원소를 의미하는 마니푸라 차크라가 하위의 두 가지 거친 원소(흙과 물)를 변형시키는 센터라고 본 것이다. 이 센터를 통과하면서 원소는 공기(아나하타)와 에테르(비슏디)로 변형되는데 이런 정묘한 물질은 모두 정신성을 상징한다. 아나하타 차크라에서 시작되는 정신성은 비슏디나 아즈나로 이동할수록 그 절대성이 점점 더 분명히 인식된다. 이 과정을 거치면 인간은 전혀 새로운 관점을 갖게 된다. 즉 정신적인 것이 유일한 실재이며, 물질은 거대한 정신적 실재인 우주를 둘러싼 얇은 표면에 지나지 않는다는 사실을 말이다.[10]

심리학적으로도 마찬가지다. 자아의식이 성숙해질수록, 자신이 동일시했던 물질적 육체(물라다라)나 무의식(스와디스타나), 정서(마니푸라)와 거리 두기를 시작한다. 그리고 아나하타에서 이성적인 능력을 얻어 자기(Self)의 존재를 인식하게 되면서, 이제까지 자신이 존재의 주인이라고 믿었던 자아의식은 자기(Self)와의 관계를 깨닫게 된다. 자아의식은 자기(Self)에게 느슨하게 연결된 보잘것없는 부속물에 불과하다는 사실을 말이다. 나 자신이라고 여겼던 자아가 사실은 더 큰 자아, 즉 자기의 극히 작은 일부에 지나지 않는다는 사실을 깨닫는 것이다.

둘째, 한 차크라에서 다음 차크라로 이동하는 과정은 대극의 반전, 즉 에난티오드로미(enantiodromie)에 의해 진행된다. 물라다라의 흙의 원소가 흙과는 전혀 다른 물(스와디스타나)로, 물은 다시 상극의 원소라고 할 수 있는 불(마니푸라)의 원소로 전환되기 때문이다. 에난티오드로미는 융에 의해 소개된 개념이다. 그것은 어떤 하나의 입장이 극단으로 치닫게 되면 필연적으로 다른 극단을 생성해서 대극의 반전이 일어나는 현상을 말한다.

융은 에난티오드로미를 통해서 심리적인 대극의 반전 현상을 말하고 싶어 했다. 예를 들어 외향적 감정형이던 사람이 인생 후반기에 어떤 계기로 인해 급격한 심리적 변화가 일어나서, 그 대극인 내향적 사고형으로 돌변하는 경우가 그것이다. 이런 극단적인 심리적 변화를 감당하지 못하면 정신 질환에 걸릴 수도 있다.[11] 그러나 성장을 위해서 그리고 존재의 일방성을 피하기 위해서는 에난티오드로미의 과정이 필연적이기도 하다. 융학파이면서 요가를 수련한 해리스(Judith Harris)는 에너지가 충분하게 축적되면 그것은 언제나 그 반대로 흐르기 마련인데, 쿤달리니가 사하스라라까지 상승하면 다시 하강하게 되는 것도 대극의 반전으로 보았다.

쿤달리니 에너지가 그 목표를 획득하고 왕관, 즉 사하스라라에 도달했을 때 그것은 단순히 마지막 정점인 그곳에 남아 쉬지 않는다. 대신 쿤달리니는 중력의 흐름에 따라 원천으로 돌아가려는 자연스러운 경향이 있다. 에너지는 요가 수행자가 집중할 수 있는 만큼 사하스라라에 남아 있다. 그렇지만 에난티오드로미의 원칙에 따라 에너지는 언제나 모든 생명의 뿌리이며 원천인 물라다라로 되돌아가려는 경향이 있다.[12]

셋째, 의식의 발달은 일종의 지속성을 가진다. 한 사람이 발달 과정에서 어떤 차크라에 해당하는 심리적 경험을 하면 다음 차크라로 갔다 하더라도 이전 경험을 잊을 수 없다. 한번 도달했던 곳은 결코 잊히지 않기 때문이다. 만약 최종 차크라를 경험한다 하더라도 인간은 항상 명상 상태에서 살 수 없으므로 살아 있는 한 언제나 물라다라에 머무는 것이 된다. 그렇지만 발달 과정에서 거쳤던 상위 차크라의 심리적 경험 역시 기억한다. 각 차크라마다 자신의 무엇인가를, 특히 '눈'을 남겨 둠으로써 늘 자신이 지나왔던 심연을 향하게 된다는 것이다. 지나온 차크라가 많을수록 더 많은 차크라를 경험했을 것이고 그에 따라 의식은 더 확장될 것이다. 결과적으로 가장 높은 의식은 모든 경험을 가지고 있는 가장 확장된 의식을 의미한다.

융이 말하는 요가와 서구 심리학의 차이

융은 인간 정신을 이해하는 데 있어 요가의 철학, 신화, 상징을 무수히 언급하고 그로부터 아이디어를 얻었다. 그러나 분석심리학과 요가 간에는 중요한 차이점이 존재한다고 보았으며, 융은 그 점에 주목했다. 그가 『쿤달리니 요가의 심리학』에서 지적했던 분석심리학과 쿤달리니 요가의 차이점을 다섯 가지로 정리하면 다음과 같다.

첫 번째, 융은 요가 사상과 서구인들이 생각하는 '실재(reality)'의 개념이 전혀 다르다고 보았다. 요가는 정묘한 세계만이 실재이고 거친 측면의 자아의식은 불필요한 것이나 환상이라고 생각한다. 서양에도 정묘한 차원이 존재하지만 어디까지나 종교적 관점의 상징주의에서나 볼 수 있다. 대부분의 서구인은 자아의식과 완전히 동일시되어 정묘한 측면을 환상에 불과하다고 본다.

동양과 서양의 이런 관점의 차이는 다음과 같은 생각의 차이로 이어진다. 즉 인도인들은 현실적으로 가난하고 더러우며, 과학이 낙후된 거친 차원에서 살고 있지만, 인간에 대해서는 정묘한 관점을 유지했다. 즉 이 세상과 인간존재를 신과 브라만(절대자)의 세계의 일환으로 본 것이다. 인도인들은 자신의 현실이 불행해도 그것이 신의 질서 속에 있다고 믿었기 때문에 수용할 수 있었다. 반면 서구인들은 자신들이 세상을 관찰하는 아즈나의 의식 수준을 가지고 있다고 믿는다. 하지만 지극히 현실적인 삶의 방식을 유지하면서, 물질을 실재로 보고 자신을 자아의식과 동일시하는 거친 물질적 차원에서 살고 있다. 물라다라 차크라에 사로잡혀 살고 있다는 것이다.

그래서 융은, 서구인이 생각하는 차크라 위계는 모두 인도인들이 생각하는 물라다라 차크라에 속한 것이라고 주장한다. 즉 서구의 비종교인들은 자신들의 의식이 아즈나 센터에 도달해 있고 문화는 아나하타에 있다고 생각하겠지만 정묘한 관점에서 보자면 그 모든 것은 물라다라 차크라 안에 존재하는 것이다. 그들이 위치한 아나하타와 아즈나 차크라는 모두 무의식(신, 보편성)이 잠들어 있는, 개인적이고 물질적인 차원에 국한된 것이기 때문이다.

융은 이런 상태를 차크라를 상징하는 고층 빌딩에 비유해 설명했다. 인도인들이 상상하는 우주적 차원(정묘한 차원)의 차크라를 거대한 고층 빌딩으로 본다면 서구인들의 차크라 6개 층은 모두 물질적이고 개인적인 수준으로, 이 정묘한 건물의 지하에 있는 물라다라 층에 속해 있다.

이것을 이해하는 데는 은유가 제일 좋을 것이다. 바닥이 대지 깊은 곳으로 내려가 6개의 지하층을 갖고 있는 거대한 고층 빌딩을 우주적 차크라 체계라고 상상해 보자. 인간은 첫 번째 층에서 여섯 번째 층까지 올라갈 수 있지만, 여전히 대지의 심층에서 자신을 발견할 것이다. 이 전체 지하 체계가 우주적 물라다라이고, 우리가 여섯 번째 지하층 ─개인적 아즈나─에 도달하더라도 여전히 물라다라 안에 있는 자신을 발견하게 된다.[13]

두 번째, 이런 차이로 인해 동양인과 서양인은 의식 발달에 있어서 그 **출발점**이 다르다. 즉 서구인들의 발달의 시작은 거친 차원의 자아의식에서 출발하며, 자아의식이 충분히 성숙한 중년 이후라야 초개인적 또는 비개인적이라고 여겨지는 집단무의식으로의 여정이 시작된다. 그러나 힌두인들의 의식은 물라다라에서 깨어나자마자 스와디스타나라고 하는 무의식의 세계를 지나는 초개인적 발달을 시작한다. 힌두인들은 물질의 몸을 가지고 태어나지만 어린 시절부터 줄곧 신과 종교에 귀의해서 종교적 차원에서 살아가기 때문이다.

따라서 힌두인들은 집단무의식의 신성과 같은 보편성을 전제로 개인성을 찾아 나가는 반면, 서구인들은 개인성을 확고히 한 뒤 보편성에 대해 생각한다. 서구인이 쿤달리니를 각성시키기 위해서는 우선 물라다라로 상징되는 물질세계에 뿌리 내려서 생명력을 충족시켜야 한다. 이렇게 물질세계에서 의식이 충분히 성장했을 때 비로소 무의식에 압도당하지 않는 자아초월의 여정이 가능하다.

세 번째, 무의식에 대한 서양과 요가의 가치 평가가 정반대라는 사실은 매우 중요한 시사점을 갖는다. 서구 심리학에서는 무의식의 세계를 경험하는 것을 일종의 퇴행으로 본다. 실제로 많은 상징에서 무의식의 세계는 아래로 내려가는 것으로 그려지는데, 통상 아래나 지하로 내려가는 것은 퇴행이며 부정적인 것이고, 위로 올라가는 것은 발전이나 상승으로 간주된다. 이에 반해 요가에서 스와디스타나로 가는 것은 상승과 발전을 의미한다. 즉 서양은 자아의식을 상위에, 무의식을 하위에 두지만, 차크라 체계에서는 의식의 세계인 물라다라를 아래에 두고, 무의식의 세계인 스와디스타나를 상위에 위치시켰기 때문이다.

이런 차이는 어디에서 오는가. 이에 대한 융의 해석은 이렇다. 서구인들은 자신의 자아의식을 눈에 위치한 아즈나 센터와 동일시한다. 즉 자신의 자아의식이 머리에 있다고 생각하면서 거리를 두고 객관적으로 세상을 탐구하는데 이것이 바로 아즈나의 특성이다. 그러나 서구인들의 아즈나는 앞에서도 말했듯이 정묘한 관점에서 보면 물라다라에 속해 있다. 그들이 관찰하는 대상은 물질적이고 외적인 이 세상에 국한되어 있기 때문이다. 그래서 스와디스타나 차원에서 경험되는 본능이나 마니푸라의 정서, 그리고 아나하타의 감정을 느끼게 되면 내려가거나 떨어졌다고 느낀다. 동물적인 상태로 퇴행했다고 생각하면서 말이다.

의식 속에서 우리는 높은 곳에 왕처럼 앉아서 자연과 동물들을 무시한다. 우리에게 네안데르탈인은 원시인으로 동물보다 조금 나은 상태. 우리는 신이 동물의 형상으로 나타나리라고 전혀 생각하지 않는다. 우리에게 동물은 '야만적이다'. … 그러므로 우리는 스와디스타나로 '내려가거나' 마니푸라의 정서성으로 '떨어지는 것'(처럼 생각되는 것-주)이다.[14]

그러나 이것은 어디까지나 물질적이고 서구적인 시선이며, 정묘한 관점에서 보면 의식의 진전이 이루어지는 것이다. 무의식으로 하강하는 것은 일상적이고 물질적인 의식의 세계에 갇힌 인간을 해방시키기 때문이다.[15]

네 번째, 쿤달리니는 분석심리학의 '아니마'와 비교될 수 있다. 쿤달리니와 아니마 모두 의식 발달이 가능하도록 촉구하는 역할을 하는 매개체이기 때문이다.[16]

분석심리학에서 아니마는 남성의 내면에 존재하는 여성성을 의미한다. 더 정확히 설명하자면 아니마는 남성 페르소나(또는 남성 자아)의 대극의 짝이다. 이것은 여성 페르소나(또는 여성 자아)의 짝인 아니무스와 함께 집단무의식을 구성하는 원형이다. 융은 초기 연구에서 아니마를 '심혼'이라고 불렀으며, 이 심혼을 대개는 남성

1부 차크라와 의식의 발달

의 심혼과 동일시했다.

아니마와 아니무스는 모두 관계 기능에 충실한 원형이어서 매개자로서의 역할을 수행한다. 즉 의식과 무의식, 개인 인격과 집단 무의식, 그리고 외적으로 드러나는 인격과 내면의 심리적 세계를 연결시키는 기능이 그것이다. 아니마는 대부분 미숙하고 열등한 인격으로 드러나서 불편과 고통을 주는 경우가 많은데, 그렇게 하는 데는 나름의 목적이 있다. 불편감과 고통으로 자극해서 자아의식이 자기(Self)를 성찰하게 하려는 것이다. 이렇게 아니마는 내적인 세계와의 연결 고리를 잃어버리지 않도록 하면서 자기실현의 과정을 유도한다.

차크라 체계에서는 쿤달리니가 아니마와 유사한 역할을 한다. 쿤달리니도 의식 발달 과정의 추동력이면서 매개자로서의 역할을 하기 때문이다. 쿤달리니는 스와디스타나로 상징되는 무의식의 세계로 인간을 이끈 뒤에 그곳에서 무의식의 모든 내용을 꼼짝없이 경험하도록 모험을 강제하고, 이를 통해 의식의 발달을 추동해 낸다.

상키야 철학의 프라크리티 역시 비슷한 역할을 한다. 프라크리티가 마야인 이 세상을 만들어 혼란을 야기하는 이유는 바로 푸루샤의 해탈을 위해서다. 푸루샤는 마야의 혼란을 경험하고 고통을 느낌으로써 자신이 마야가 아님을 깨닫고 자기 자신으로 돌아간다고 『요가수트라』는 말하고 있다.[17]

이번에는 아니마와 쿤달리니의 차이점에 대해 알아보자. 쿤달리니가 신성한 존재로 알려진 것과 다르게 아니마의 경우, 의식 발달의 초반에는 항상 기괴하고 진부하게 드러난다. 남성들이 보여주는 아니마의 특성은 대체로 미숙하고 열등한 모습이기 때문이다. 예를 들어 변덕스러운 기분, 짜증, 질투, 신경질 같은 것이며, 때로는 열정이나 대환희의 과잉된 감정을 드러내 상대를 당황스럽게 만들기도 한다.

하지만 탄트라 사상에서 쿤달리니는 무의식으로 향하는 경험, 즉 자아초월적인 과정을 안내하는 신성한 존재로서 여신에 비유되곤 한다. 서구에서도 뱀은 고도로 추상화된 상징으로 알려져 있다. 그노시스파에서 뱀은 세계 창조와 더불어 나타난 형상이다. 그것은 대지를 뜻하는 여성적 요소를, 다른 한편으로는 '최초의 인간'을 의미하는 남성적 요소를 나타낸다. 또한 뱀은 미완성의 인간이면서 동시에 그리스도로 대변되는 신-인간으로 해석되기도 한다.

분석심리학적인 관점으로 뱀이 등장하는 기독교 창세기를 분석해 보면, 한 인간이 무의식에서 분리되어 나오는 것은 '에덴동산의 상실'을 의미한다. 이것이 바로 의식의 탄생이며, 이때 뱀은 의식 분화의 조력자다. 인간은 뱀의 유혹으로 인해서 행복한 유아적 상태를 상실하게 되지만 동시에 자신의 존재를 객관적으로 인식할 수 있는 의식을 얻었기 때문이다.[18] 의식 분화의 조력자라고 하는 뱀에 대한 해석은 정신의 성장과 완성을 돕는 쿤달리니나 프라크리티의 역할을 상기시킨다.

쿤달리니가 아니마 그리고 뱀 상징과 다른 신성한 모습으로 드러나는 이유는 그것을 경험하는 주체가 서로 다르기 때문이라고 가정해 볼 수 있다. 대체로 아니마는 일반 남성들에게서 나타나는 특성이고, 쿤달리니는 오랜 기간 의식을 성장시킨 영적 수행자들에게서 발견되는 것이었기 때문이다.

다섯 번째, 따라서 서로 다른 정신문화를 가진 서양인과 인도인이 경험하는 쿤달리니 증상은 다를 수밖에 없다. 서양의 정신문화는 굉장히 일천해서 정신에 대한 깊이 있는 통찰이 부족하고, 무엇보다 서구인의 의식이 지나치게 이성을 추구해서 본성과 멀어진 상태에 있다는 게 융의 견해다. 따라서 차크라가 자기실현을 이해하는 데 유용하지만, 서양인이 쿤달리니 요가를 무조건 따라하는 것은 매우 위험한 일이라고 경고했다. 무의식을 활성화시키는 요가를 무비판적으로 수용했다간 의식이 무의식에 의해 압도될 위험이 발생할 수 있다. 쿤달리니가 각성되어 '자아 팽창(ego inflation)'과 같은 부작용을 일으킬 수 있다는 것이다.[19]

팽창은 개인이 무의식을 경험할 때 그것과 자신을 동일시함으로써 일어난다. 자아가 집단무의식의 존재를 외면하고 단절하면 결국 그것에 압도되거나 매몰될 수 있다. 반대로 집단무의식의 힘을 무비판적이고 맹목적으로 따르게 되면 무의식이 자아에 지나치게 흡수되는데 양자 모두 팽창이다.[20] 이 같은 팽창은 서구인들의 자연스러운 성장과 발달을 방해할 수 있으며, 심해지면 정신분열증이 될 수도 있다. 서양인들은 의식의 힘이 강해서 무의식에 의한 경험을 자신의 것이라고 생각하기 쉬우며, 그렇게 되면 쿤달리니가 상승하는 것을 마치 자신이 상승하는 것처럼 느낄 수 있다. 신성의 체험을 자신이 신이 되는 것으로 착각할 수 있다는 말이다.

각 차크라에서도 팽창이 일어날 수 있다. 예를 들어 마니푸라의 정서적 특성과 자신을 동일시하거나, 아나하타에서 처음 만나게 되는 자기(푸루샤)와 동일시할 위험도 있다. 융의 표현에 의하면 푸루샤를 비롯해 집단무의식은 점성을 가진 것처럼 인간의 의식에 잘 달라붙는다. 그래서 더욱 주의해서 거리를 두고 바라봐야 한다. 반면에 인도인들은 자신을 어떤 정서적 특성이나 신성 등과 동일시하지 않으며, 신과 인간의 차이점을 분명히 인식하고 거리를 둔다. 그렇기 때문에 오히려 신성을 진정으로 경험할 수 있게 된다.[21]

따라서 무의식으로의 여행을 시작하기 전에 인간은 팽창의 부작용에 대비해야 한다. 팽창의 위험에서 자신을 지키기 위해서는 일단 물라다라에 발을 딛고, 이 세계에 대한 확신을 가져야 한다. 그리고 무의식에 대한 경험과 자신을 동일시하지 말고, 그것이 마치 자신의 밖에서 벌어지고 있는 것처럼 거리를 두고 관찰해야 한다. 이렇게 개인적인 삶을 견고하게 할 때 비로소 인간은 안정적으로 자아초월적인 과정을 시작할 수 있게 된다는 것이다.

윌버의 통합심리학에서 본 차크라

윌버의 통합사상을 연구한 대표적인 학자 조옥경은 통합심리학을 이렇게 정의했다. "인간 의식과 의식의 행동 표현을 연구하는 심리학의 모든 갈래를 통합하고, 과연 인간의 의식이 어디까지 확대될 수 있는가를 논하는 학문"이라고 말이다. 실제로 윌버가 통합심리학에서 다루는 것은 인간의 마음을 중심으로 인간존재에 관한 동서고금의 모든 것이라고 할 만큼 방대하다.

　이 같은 윌버의 통합적 사상은 '서구 심리학의 제4의 힘'으로 불리는 자아초월심리학의 흐름 속에서 탄생했다. 1960년대 미국의 뉴에이지 운동과 함께 사람들은 인간이 경험하는 변성 의식이나 수행 체험, 절정 경험에 주목하면서 이를 학문적으로 다루려는 시도를 시작했다. 대부분의 현대 심리학이 과학화나 계량화에 몰두하고 사회에 적응하지 못하는 자아의식의 병리적 문제들에 초점을 맞췄다면, 자아초월심리학은 자아의식의 영역뿐 아니라 영적이고 초월적인 영역을 함께 탐구해야 비로소 온전한 인간 이해가 가능하다는 전제 아래 형성되었다. 따라서 그것은 인간적 가치나 독특성, 잠재적 가능성을 강조한 인본주의 심리학을 기반으로 하면서 동양의 초월적이고 통합적인 지혜를 수용해 점점 더 그 내용을 발전시키고 있다.

그런데 윌버는 과학화와 수치화에 몰두하는 현대 서구 심리학이 애초에는 영적 전통에서 시작되었다고 주장한다. 1700~1800년대 심리학(psychology)이라는 용어가 처음 만들어지고 학문적 연구 대상이 되던 때에는 엄연히 '정신과 혼의 과학'이었다는 것이다. 즉 서구 심리학의 태동기에는 영적이고 자아초월적인 심리학의 가능성이 존재했다. 그러나 정신을 몸에서 분리하고, 과학적으로 증명해 내려는 실증적 시도가 거듭되면서 '증명 가능하고 개인의식에 국한된' 지금의 현대 심리학이 자리 잡게 되었다.[1]

자아의식을 넘어선 초월적 발달단계가 있다

자아초월심리학은 인간의 발달 과정을 대체로 세 단계로 나눈다.

즉 자아가 형성되기 이전의 전(前) 개인 상태, 그리고 성숙한 자아의 식을 가진 개인적 상태, 마지막으로 개인적 상태를 넘어서 혼과 영을 포함하는 자아초월적 상태가 그것이다. 학자에 따라서 각 단계는 본능적·자아적·영적 상태, 또는 잠재의식적·자아의식적·초의식적 영역 등으로 다양하게 표현된다. 어떤 이름으로 불리든 자아초월심리학은 심리적 성장과 변화를 연구 대상으로 하기 때문에 필연적으로 발달심리학일 수밖에 없다. 미분화되었던 인간 의식이 점차 자아의식으로 분화, 독립되는 과정을 거친 뒤에 결국에는 자아에 대한 집착을 초월하는 과정으로 나아가게 된다는 것이다.

이런 인간의 의식이나 정신의 스펙트럼을 보여 주는 발달 이론을 탁월하게 정리해 냄으로써 자아초월심리학뿐 아니라 자아초월 사상의 골격을 마련한 사람이 바로 윌버이다. 자아초월심리학이 태동하던 70년대에 그가 쓴 『의식의 스펙트럼 The Spectrum of Consciousness』은 국내에도 널리 알려져 있다. 이후에는 서구 심리학과 철학, 과학의 연구 성과와 더불어 전통적인 영적 지혜의 가르침을 종합해 방대한 통합적 모델을 만들어 냈는데 이것이 바로 '통합 심리학'이다.

윌버가 자주 거론하는 전통의 지혜, 또는 전근대의 지혜의 전통은 '영원의 철학'이라는 이름으로 널리 알려져 있다. 이것은 존재하는 모든 것에 본질적이고도 신성한 실재가 있음을 믿는 고대로부터 전해진 다양한 사상이다. 윌버뿐만 아니라 아인슈타인(Albert

Einstein)이나 윌리엄 제임스(William James), 그리고 융 또한 '영원의 철학'의 기본 취지를 받아들인 사람으로 알려져 있다. 『영원의 철학』의 저자 헉슬리(Aldous Huxley)는 이렇게 설명한다.

(영원의 철학은) 사물·생명·마음의 세계에 본질적인 '신성한 실재'가 있음을 인정하는 형이상학이자, 인간의 영혼에서 '신성한 실재와 유사하거나 동일한 무언가'를 발견하는 심리학이며, '모든 존재의 내재적이면서 초월적인 바탕에 대한 앎'을 인간의 최종 목표로 두는 윤리학으로, 아득한 옛날부터 전해져 온 보편적인 개념이다.

영원의 철학에서는 요가와 탄트라, 베단타 사상에서 말하는 인간존재의 다양한 층위가 중요한 근간이 된다. 2장에서 소개한 세 가지 몸, 판차 코샤, 네 가지 의식 상태 등이 바로 그것이다. 그중에서 윌버는 정묘체의 대표적인 예로 차크라를 언급했으며, 그의 최근 연구서인 『통합심리학Integral Psychology』에서도 차크라는 주요한 의식의 단계로 거론된다.

물론 차크라에 주목한 이가 윌버만은 아니다. 이제까지 많은 자아초월심리학자들이 차크라에 관한 연구 성과를 냈으며, 그것의 발달적 특성에 관심을 가졌다.[2] 그렇지만 자신만의 발달 이론을 가지고 차크라를 연구한 이들은 그리 많지 않다. 윌버는 통합심리학

이론을 통해 자아초월심리학의 주요 영역인 발달론의 기틀을 마련했고, 동시에 차크라 체계에 관해 심리학적이고도 과학적인 접근을 시도했다. 이 같은 윌버의 시도를 공부하다 보면 차크라에 대한 보다 과학적이고 논리적인 이해가 가능해질 것이다.

의식의 스펙트럼과 존재의 대둥지

윌버의 통합적 발달론의 토대가 된 의식의 스펙트럼은, 인간의 의식이 무의식에서 자아의식, 그리고 초의식에 이르는 다양한 의식의 수준과 상태로 펼쳐진다고 보는 개념이다.

1977년 『의식의 스펙트럼』을 발표한 이후 윌버의 사상은 4~5기로 나뉘는데, 그때마다 스펙트럼 모델도 3~12단계까지 변화했다. 그러나 연구자들이 가장 많이 인용하는 것은 윌버의 사상 3기에 만들어진 9단계(〈그림8〉 참조)에 '비이원 수준'을 더한 10단계의 기본적인 발달 수준(〈표6〉 참조)이다. 1, 2, 3단계는 전(前) 개인적 수준이며 4, 5, 6단계는 개인적 수준, 그리고 7단계 이후는 초개인적 또는 자아초월적 수준에 해당한다. 6단계까지는 서구의 발달심리학에 근거해 설명했고, 이후 단계는 전근대의 지혜가 전하는 초월적 단계를 참고했다.

그런데 10단계 발달 수준은 의식의 가장 기본적인 골격일 뿐이

표6 | 윌버의 10단계 발달 수준

⑩ 비이원 수준	
⑨ 원인 수준	
⑧ 정묘 수준	초개인적 수준
⑦ 심령 수준	
⑥ 비전-논리 수준(형식적 조작 후기)	
⑤ 형식-반성 수준(형식적 조작 사고)	개인적 수준
④ 규칙-역할 수준(구체적 조작 사고)	
③ 표상심 수준(전(前) 조작적 사고)	
② 환상-정서 수준(또는 정서-성)	전(前) 개인적 수준
① 감각운동 수준	

다. 윌버의 발달론은 중층적이면서 동시에 입체적이다. 먼저 기본 수준을 중심으로 20여 개의 준독립적인 발달 라인이 존재한다. 도덕성, 정서, 자아 정체성, 성 심리, 영적 특성, 인지, 선 개념, 사회-정서 능력 등이 그것이다. 이 발달 라인들은 독립적이기 때문에 서로 다른 속도와 역동, 시기를 가지고 있다(〈그림9〉 참조).

또한 의식의 발달 수준은 일종의 스펙트럼처럼 변화하면서 동시에 겹둥지의 모습으로 진화한다. 존재의 진화는 단순히 하위 수준 위로 상위 수준이 뻗어 나가는 게 아니라 하위 수준을 초월하고 감싸 안으면서 진행된다. 윌버가 발전시켜 온 〈그림8〉의 발달 수

그림8 | 윌버가 3기에 제시한 9개의 기본적인 발달 수준

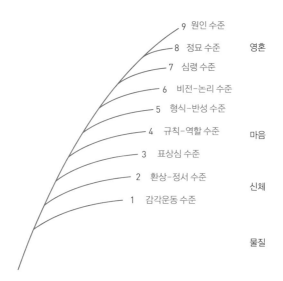

9 원인 수준

8 정묘 수준 　영혼

7 심령 수준

6 비전-논리 수준

5 형식-반성 수준

4 규칙-역할 수준 　마음

3 표상심 수준

2 환상-정서 수준 　신체

1 감각운동 수준

물질

준은 초월하고 감싸 안는 〈그림10〉과 같은 '존재의 대둥지'로 표현될 수 있다. 존재의 대둥지에 대해서는 이후에 다시 설명하겠다.

　더 나아가 윌버는 AQAL(온 상한 온 수준, all quadrant all level)이라는 보다 다차원적이고 통합적인 발달 모델을 만들어 냈다. 사상한(four quadrant)이라는 근대적 개념과 온 수준(존재의 대둥지 또는 의식의 스펙트럼)이라고 하는 전근대의 지혜를 통합한 것이다(〈그림12〉 참조).

　근대에 이르러 인간의 의식이 분화하면서 만들어진 사상한 개

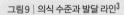

그림9 | 의식 수준과 발달 라인[3]

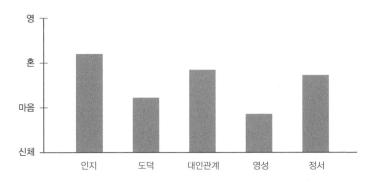

그림10 | 존재의 대동지[4]

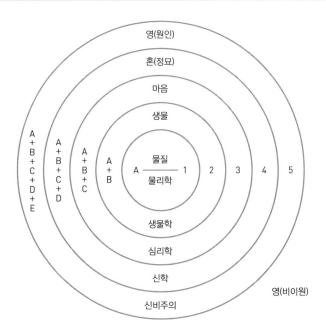

그림11 | 보다 구체적으로 설명된 사상한[5]

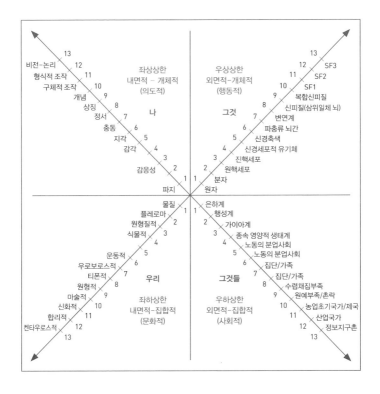

넘은 존재가 가진 네 가지 측면(상한)을 말한다. 즉 모든 인간존재의 발달은 개체적 측면과 집단적 측면, 그리고 그 두 측면의 내면과 외면으로 진행된다. 이것을 각각 개인적 내면(좌상상한), 개인적 외면(우상상한), 그리고 집단적 내면(좌하상한)과 집단적 외면(우하상한)으로 부를 수 있다(〈그림11〉 참조). 이처럼 인간은 어느 수준에 머

그림12 | 간략하게 그린 온 상한 온 수준(AQAL)

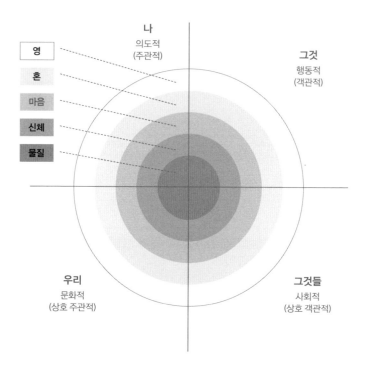

물러 있든 네 가지 영역에 동시에 발 담그고 있는 것이기 때문에, 인간의 의식 발달을 총체적으로 파악하기 위해서는 네 방향의 연구가 모두 필요하다. 즉 개인의 의식(좌상상한)에 대한 탐구뿐 아니라 뇌의 신경생리적 과정(우상상한)에 대한 연구, 사회문화적 발달(좌하상한), 시스템적 발달(우하상한)에 대한 연구가 그것이다.

윌버가 말하는 의식의 진화란

개인의 내면과 외면, 그리고 인간의 집단적 내면과 외면을 모두 고려한 윌버의 의식발달론은 매우 복잡하고 심오하지만, 이 책은 윌버의 차크라론을 이해하기 위해 다음의 다섯 가지로 그의 이론을 요약해서 설명하려고 한다.

첫째, 의식의 진화는 초월하면서 포함하는 구조를 가진 존재의 대둥지를 전제로 한다(〈그림10〉 참조). 존재의 대둥지는 '영원의 철학'의 골격이면서 동시에 통합심리학의 핵심으로, 인간존재를 다차원적으로 보았던 힌두 사상의 다양한 층위론, 즉 판차 코샤, 삼위설, 네 가지 의식 상태 그리고 차크라가 그 좋은 예가 될 수 있다(2장 2절 참조). 이것들은 다양한 수준을 가지고 있지만, 가장 기본적으로는 다섯 차원으로 분류할 수 있다. 즉 ① 물질(matter) ② 살아서 움직이는 몸이라는 의미를 가지고 있는 정서-성적 수준의 신체(body) ③ 상상·개념·논리를 포함하는 마음(mind) ④ 정체성의 초개인적 원천인 혼(soul) ⑤ 온 수준의 무형적 바탕이면서 비이원적 결합인 영(spirit)이 그것이다.

존재의 대둥지를 구성하는 각 수준은 상위 수준이 하위 수준을 감싸고 포섭하면서 또한 초월하는 구조로 되어 있다. 대둥지의 마지막 수준인 영은 존재하는 그 모든 것을 초월하고 포함하면서 모든 차원의 바탕이 된다. 따라서 진화는 가장 안쪽의 A로부터 가장 바깥층인 A+B+C+D+E로 향하는 과정이다. 신체(A+B)는 물질 (A)을 포함하고 초월하며, 마음(A+B+C)은 신체(A+B)를 포함하고 초월한다. 또 혼(A+B+C+D)은 마음(A+B+C)을 포함하면서 초월해 나간다. 즉 "생명체(신체-주)는 무기물들을 초월하지만 포함하고, 마음은 생명체를 초월하지만 포함하며, 밝은 혼은 개념적인 마음을 초월하지만 포함하고, 밝게 빛나는 영은 모든 것을 전적으로 초월하면서 포함한다."[6]

포함하면서 초월하는 이 대둥지 개념은 그것이 몇 개의 층위로 이루어져 있든 같은 구조이며, 각 수준은 이전 수준을 초월하고 포함한다는 점에서 동일하다.

포함하면서 초월하는 존재의 개념은 애초에 케스틀러(Arthur Koestler)의 홀론(holon)이라는 개념에서 나왔다. 각 수준의 홀론은 그 자체가 전체이면서 동시에 다른 전체 맥락의 일부분, 즉 다른 전체의 일부가 되는 전체를 말하며, 우주는 이 홀론들로 이루어져 있다는 것이다. 예를 들면 "전체로서의 원자는 전체로서의 분자의 일부가 되고, 전체로서의 분자는 전체로서의 세포의 일부가 되며, 전체로서의 세포는 전체 유기체의 일부가 되는 것과 같다"[7] 이처럼 홀론은 반드시 더 큰 홀론에 포함되어 있기 때문에 원자, 분자, 세포, 유기체, 생태계의 순서로 나아가며 이들의 겹쳐진 계층구조가 바로 홀라키(holarchy)다.[8]

둘째, 의식의 발달은 진화와 퇴화, 상승과 하강이라고 하는 양 방향의

운동으로 이루어진다. 윌버가 설명하는 의식의 진화와 퇴화는 이렇다. 대부분의 사람들은 의식의 진화에만 관심을 갖지만, 지혜의 전통에 따르면 영성의 진화(evolution)가 일어나기 전에 필연적으로 영성의 퇴화(involution)가 일어난다. 여기서 퇴화란 영이 혼 → 마음 → 신체 → 물질로 펼쳐져 물질화되는 과정을 말한다. 상키야 철학의 세계의 전개가 대표적인 예다. 처음에 영성은 자신의 하위 단계인 혼을 만들기 위해 자신을 던져 침전물을 만든다. 혼은 영성이 희석된 투영물이다. 그렇게 만들어진 영혼은 보다 거친 마음의 단계로 내려오고 마음은 신체로, 신체는 물질로 내려온다.

이런 논리로 보자면 혼, 마음, 신체, 물질은 모두 영성의 침전물이다. 특히 마지막 단계인 물질은 가장 밀도가 높고 거칠어서 가장 낮은 단계의 영성이라고 말할 수 있다. 이 단계는 자신 안의 영성을 의식할 수 없게 된다. 영성이 하위 단계로 내려올수록 자신을 물질적 형태로 발현해 가면서, 다시 말해 거친 물질로 형상화하면서 본성을 잊거나 잃기 때문이다. 이처럼 존재는 낮은 단계로 내려갈수록 자신의 근원이나 본질(영성)에 대한 인식이 낮아지지만, 그럼에도 영성의 영향과 작용은 언제나 내재해 있다.°

퇴화가 일어나면 다음에는 진화가 시작된다. 퇴화하는 과정에서 침전되어 보이지 않던 상위 차원이 차례로 드러나서 본성에 대한 기억을 회복하는 것이다. 즉 물질에서 신체가 드러나고, 그 다음 마음 → 혼 → 영이 드러난다. 이렇게 희미해지거나 잊혀졌던 것이 진화하는 과정에서 다시 기억되고, 통합되며, 전체로서 실현된다. 전체가 온전히 드러나는 것이다. 따라서 자신이 누구인지를 잊는 것이 퇴화라면, 진화는 그것을 다시 기억하는 과정이다.[10]

결과적으로 상승은 물질적 존재 안에 단일한 근원, 즉 절대자가 있다는 것을 알고 이를 향해 올라가는 운동이며, 하강은 이 단일한 근원, 절대 선이 모든 피조물로 흘러 들어가 형태를 띠게 되는 과정이다. 따라서 형상을 가진 모든 피조물은 절대의 현현이면서(하강) 동시에 절대를 실현하려는 방향성(상승)을 가진다. 이처럼 '영'이 세계로 흘러 들어가고 다시 세계가 영으로 회귀하는 것은 둘로 나누어 볼 수 없는 똑같이 중요한 측면이다.

'상승'이나 '하강' 중 어느 것도 최종적이거나 궁극적이거나 특권적이지 않고 오히려 원초적 음·양과 같이 그들은 상호 생성시키고 상호 의존하고 상대방이 없이는 존재할 수 없고, 상대방 속으로 사라짐으로써 그들 자신의 진실한 존재성을 찾게 된다.[11]

셋째, 의식의 진화는 잠재되어 있던 것의 드러남을 의미한다. 윌버의 표현을 빌자면, 의식의 진화를 의미하는 상승 운동은 이미 펼쳐져 있는 영의 현현물에서 영의 자취를 찾아 나가는 것이지 상위 차원을 새롭게 만들어 나가는 것이 아니다. 따라서 처음에는 잠재되어 드러나지 않았던 의식의 스펙트럼이 발달단계에 따라 하위 수준에서 상위 수준으로 현실화된다. 윌버는 현대인들의 경우 물질·신체·마음과 같은 하위 수준은 대부분 드러난 상태지만 심령·정묘·원인 등의 상위 수준은 여전히 가능태로 남아 있다고 보고 있다.[12]

대부분의 사람들은 이 물질계에서 육체를 자신이라고 여기면서, 생각하고 감정을 느끼는 차원에서 살아가고 있을 뿐 그 이상의 차원이 있다는 것을 인식하지 못한다. 위대한 철학자나 현인, 그리고 수행자나 구루 중에서만 상위 차원이 드러났다는 것이다. 하지만 과학이 발달함에 따라 이제까지는 대부분 가능태로 남아 있었던 대둥지의 더 많은 형태와 내용이 밝혀져서 점점 더 일상적인 것으로 현실화하게 될 것이라고 윌버는 전망하고 있다.

넷째, 물질은 의식의 하위 단계가 아니며 물질과 의식은 서로 상응하는 짝을 이루어 진화해 나간다. 앞의 〈그림11〉 사상한에서 볼 수 있듯이 의식의 바깥 부분(우상상한)이 물질이며, 물질의 복잡성이 높아질수록 의식의 진화 단계 역시 높아진다. 즉 신경세포적 유기체(우상상한)는 '감각'(좌상상한)을 가지고 있으며, 신경축색을 가진 유기체(우상상한)는 '지각'(좌상상한)을 할 수 있다. 파충류의 뇌간을 가진 동물에게는 충동이나 본능이 출현한다. 삼위일체 뇌라고 하는 물질은 내면에 각각 형식적 조작 인식, 후인습적 도덕성, 비전 논리, 언어적 능력 등의 의식을 내포하고 있다. 이처럼 물질이라고 하는 외부 표면(우상상한)의 내부에는 '나' 또는 개별 존재의 내적 느낌이나 의식(좌상상한)이 존재한다. 그리고 외부의 물질과 내부의 의식은 각각 서로 상응하는 발달단계를 갖는다. 마음의 각 수준마다 그에 상응하는 몸을 가지고 있다는 것이다.[13]

이상의 세 번째와 네 번째 설명은 전통적 견해에 대한 근대과학의 조망이 있기 때문에 가능해졌다. 과학이 존재의 보다 정묘한 수준을 밝혀내 설명해 주고 있다. 예를 들어 옛 현자들이 경험했던 깨달음의 기이한 현상이 과거에는 매우 형이상학적인 사건이었지만 오늘날에는 모두 과학적인 용어로, 다시 말해 물질적이고 형이하학적인 사실로 설명할 수 있게 되었다.

전근대 시대의 현자들은 자신들의 뇌파 패턴이 세타-알파(theta-alpha) 상태에 맞춰져 있다는 것, 그리고 세로토닌이 증가하고, 신경계의 젖산이 감소하고, 세포의 산소 요구량이 현저하게 감소하고, 좌우 반구의 기능 분화가 일어나고 있다는 것을 알 방법이 단지 없었을 뿐이다.[14]

다시 말하지만 우리가 이미 우리 안에, 가장 상위 단계를 내포하고 있으며, 과학과 인간의 의식이 발달함에 따라 과거에는 신비의 영역이었던 것들이 보다 미세한 수준의 물질로 증명되고 있다. 그 모든 고차원이 우리에게 이미 존재하고 있었으며, 인간의 의식이 발달함에 따라 고차원의 영역이 점점 더 명확히 밝혀질 것이다.

이처럼 의식과 물질은 불가분의 관계에 있지만 그럼에도 의식을 물질에 환원시켜서는 안 된다는 게 윌버의 주장이다. 사상한의 우측에 위치한 대응 물질이 좌측 영역의 본질로 가치 지워질 수 없기 때문이다. 그는 "도덕적으로 볼 때 자비는 증오보다 더 좋지만, 세로토닌은 도파민보다 더 좋다고 할 수 없다."[15]고 단언한다. 의식을 신경전달물질로 환원시키면 모든 가치와 의미를 상실하게 될 것이기 때문이다.

다섯 번째, 진화는 온 수준으로, 그리고 온 상한적으로 이루어진다. 진화는 미분화된 하나가 탈동일시와 분화를 거치고, 새로운 수준을 포함하고 통합하는 과정이다. 즉 미분화된 하나에서 전통의 지혜인 대둥지로 분화되었고, 근대에 와서는 사상한으로 더욱 세분화되었다. 우리 각자는 하위 수준을 포함하면서 초월한 존재이고 또한 네 가지 방향(사상한)으로 발달해 나가는 과정에 있다. 그리고 고도로 복잡해 보이는 이 모든 사상한적 과정이 사실은 한 개인에게서 일어나는 통합적 사건이다.

그러므로 진화는 존재하는 그 어떤 것도 소외되지 않게 우리를 결합시키는 과정이다. 의식의 발달이 영의 수준에 이르면 존재가 온 우주의 구석까지 확장되고 또 통합된다는 사실을 발견하게 된다.

차크라는 실재하는가?

월버는 전통적인 차크라 체계가 대둥지 모델이나 의식의 스펙트럼의 대표적인 예가 될 수 있다고 자주 언급했다. 개인의 일생을 7년씩 일곱 시기로 나누는 사례가 전통의 지혜에 자주 등장하는데, 이것이 바로 차크라 체계가 말하는 7단계라는 것이다.

월버는 1979년에 발표한 논문 「차크라는 실재하는가?Are the Chakras Real?」에서 차크라를 인간의 의식을 속박하는 매듭이나 수축이라고 보았다. 이 매듭 때문에 현상계에서 인간의 몸은 "분열된 자아 감각의 독재 아래 놓이게 된다."는 것이다. 월버의 말을 이해하기 위해서는 먼저 '매듭'이라는 용어에 대해 살펴볼 필요가 있다. 매듭은 인도 경전에서도 종종 등장하는 용어다. 경전들은 차크라로 추측되는 이 매듭에서 벗어나야 인간이 해방에 이르게 된다고 이야기한다. 예를 들어 힌두 경전 『찬도갸 우파니샤드』는 "전통적인 교리를 얻을 때 모든 매듭에서 해방된다."고 말하고 있다. 또한 『문다카 우파니샤드Mundaka Upanisads』에서는 "마음의 매듭에서 해방된 자는 영원히 살게 된다."고 가르친다. 여기서 매듭은 해방되거나 벗어나야 하는 것을 의미하며, 막힌 것, 정신적 성장을 가로막는 무엇이다.

월버는 이것을 심리학적으로 설명했다. 아직 매듭이 없는 유아는 신체 전체에서 성적인 지복의 기쁨을 얻는다. 이것이 바로 전

우주적인 지극한 희열이다. 하지만 성인이 되면 제한된 신체의 특정 부위, 즉 성기에서만 기쁨과 행복감을 찾을 수 있게 된다. 성기에 국한된 황홀감은 우주적인 희열과 비교할 때 당연히 속박이나 굴레, 매듭에 지나지 않는다.

윌버는 차크라라고 하는 신체적 제한, 즉 매듭이 어떻게 성기 부분에 생겨났는지 프로이트와 융의 이론을 빌어 설명했다. 이 매듭은 조화로운 단일성에서 자아의식이 분리되어 나올 때 생기는 한정된 자아감이다. 유아기 최초의 동일시 대상은 사실상 우주 그 자체다. 그것이 미숙한 '우주적 의식'이기는 하지만 유아는 자아와 타자, 주체와 객체, 내부와 외부가 구별되지 않는 초월적·초인적 세계에서 살고 있는 것이다. 하지만 자신과 대상을 구분할 수 있게 되면서 우주와 자신 간의 지복의 단일성을 상실하게 되고, 그 대신 자신의 몸에 집중해 동일시하게 된다. 만물과 하나라고 하는 최고의 동일시에서 자신의 유기체에 한정하는 개인적 동일시로 축소, 변화되는 것이다. 유기체와 동일시하기 시작하면서 인간은 유기체의 죽음을 자신의 완전한 소멸로 여기게 된다.

오이디푸스 콤플렉스 시기에는 죽음을 극복하기 위해서 몸과 어머니를 통합한다는 공상을 하게 되는데, 이를 통해 리비도가 성기 부위에만 집중된다. 오이디푸스 콤플렉스는 거세 콤플렉스에 의해 극복되지만, 리비도가 성기에 집중된 상태는 지속되기 때문에 유아 최초의 초월적 행복감은 성기에 집중된 변형된 감각으로 남는다. 즉 자아는 의식에 국한되고, 성기는 몸과 세계의 주요한 요소가 되면서 신체감각도 왜곡된다.

단계적으로 형성되는 매듭이 차크라 위계를 형성

이처럼 지복감이 점점 더 축소되면서 단계적으로 매듭이 만들어지는데, 윌버는 이 단계들이 바로 차크라의 위계를 형성한다고 보았다. 점점 더 아래로 내려가는 매듭은 이전 매듭보다 더 제한적이고 배타적이 되어 결국 자아-성기의 독재로 끝나게 되는 전 과정을 구성한다. 우주적 신체에서 개인적 신체로, 개인 신체의 오직 한 부위로 국한되어 가는 과정이 그것이다.

쿤달리니 요가는 이 같은 과정을 되돌리고자 하는 수련이다. 신체의 독재를 되돌리고자 매듭이 묶인 순서를 반대로 바라보면서 매듭을 풀어 가는 과정이다. 따라서 이것은 상승의 과정이다. 상승의 과정을 통해 차크라들은 완전히 '열린' 상태가 되어 방해 없는 초월적 지복의 상태로 돌아가며, 유아의 해방감과 유사하지만 그보다 성숙되고 완전히 발달된 인격으로 안내된다.

윌버는 여기서 쿤달리니의 상승을 리비도의 승화로 보는 정신분석학적 견해에 대해 반박한다. 즉 쿤달리니가 상승함으로써 성적 에너지가 더 높은 의식 상태로 변화(승화)하는 것처럼 보이지만 정확히 표현하자면 그것은 매듭이 풀리면서 이미 존재하던 상위 의식이 만성적인 억압에서 벗어나는 것을 의미한다. 다시 말해

1부 차크라와 의식의 발달

서 성(sexuality)은 억압되고 왜곡된 신(god) 의식이기 때문에 성을
승화시켜서 신 의식을 획득하게 되는 게 아니다. 이미 존재하던 신
의식이 억압적인 매듭인 성에서 해방되는 것이다.

과학적으로 설명되는 차크라

차크라가 신 의식을 억압하는 매듭이라고 주장했던 윌버는 그로
부터 25년여가 지난 2006년에는 「정묘 에너지에 관한 포괄적 이
론을 향해Toward A Comprehensive Theory of Subtle Energies」라는 글
을 통해 또 다른 시선으로 차크라를 조명했다. 즉 차크라를 정묘
에너지의 진정한 예라고 주장하면서 이것을 과학적으로 설명해
내려고 노력한 것이다. 그는 이 글에서 차크라를 다음과 같이 설명
한다.

첫 번째, 차크라는 진화가 펼쳐지는 수준이다. 7개의 차크라 각각에
는 그에 상응하는 거친·정묘한·원인적 몸과 에너지 그리고 의식
의 단계가 포함되어 있어서 다양한 차원의 발달 과정을 보여 준다.
거친 차원에서 차크라는 생식기, 명치, 심장, 후두, 뇌하수체와 같
은 신체의 기관과 관계가 있다. 정묘 영역에서 차크라는 척추를 따
라 위치한 에너지와 의식의 정묘한 센터로 나타난다.

두 번째, 차크라는 정묘 에너지면서 동시에 사상한 중에서 우상상한,

즉 물질의 영역에 속한 것이다. 좌상상한에 해당하는 의식과 자기감각(self sense)에는 에너지가 없기 때문이다. 다시 말해 차크라는 좌상상한의 의식이나 자아 감각 차원에 존재하는 게 아니며, 물질의 영역에 있으면서 물질과 의식을 매개하고 조정하는 역할을 한다.

이처럼 우상상한에 위치한 차크라 에너지는 물질 및 의식과 함께 진화하면서 점점 더 정묘해진다. 의식(좌상상한)과 물질(우상상한)의 단계가 상호 조응할 뿐 아니라 에너지 역시 물질 및 의식의 단계와 함께 1:1의 과정으로 진행되는 것이다. 전근대에는 정묘 에너지가 물질 위에 존재하는 형이상학적이고 초자연적인 것으로 이해되었지만, 근대에 와서는 물질적 형태로 밝혀지고 재해석되고 있다. 정신생리학의 관점에서 차크라를 연구한 3장 1절에서 볼 수 있듯이 과학적 실험에 의해 에너지는 수량화되고 가시화되고 있다.

이처럼 높은 의식 수준은 눈에 보이지 않는 비물질적인 어떤 상태가 아니다. 보다 정묘한 에너지와 보다 큰 의식은 더욱더 미세하고 복잡해진 물질 형태를 매개체로 삼아 드러나는 것이다. 물질 너머에 형이상학적으로 존재한다고 여겨졌던 에너지 영역은 실제로는 물질의 진화 단계와 관계가 있으며, 특히 정묘 영역은 물질로 환원되지는 않지만 존재론적으로 물질과 분리되는 것도 아니라는 게 윌버의 견해다.

윌버는 차크라를 에너지로 보면서 의식-물질-에너지의 관계를

그림13 | 우상상한과 정묘 에너지의 층위[16]

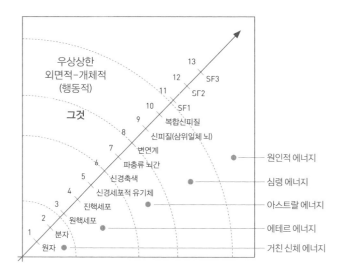

집요하게 설명한다. 그는 먼저 육체, 프라나(에너지), 마음, 지성, 지복의 층으로 구성된 판차 코샤를 〈그림13〉과 같이 에너지 스펙트럼과 연관시켰다. 즉 거친 신체 에너지 → 에테르 에너지 → 아스트랄 에너지 → 심령 에너지 → 원인적 에너지의 5단계가 그것이다. 그런 뒤에 원인적 에너지를 제외한 4단계 에너지를 아래와 같이 각각 물질 단위로 설명한다. 원인적 에너지를 물질 단위와 연결시키지 않은 것은 그것이 물질로 설명될 수 없는 차원이라고 보았기 때문이다.

① 거친 신체 에너지: 쿼크, 전자, 양성자, 원자, 분자.

② 에테르 에너지: 바이러스나 원핵생물로 시작해서 생명(life)이라고 불리는 복잡한 물질적 형태와 상응하는 에너지로 신체 에너지를 감싼다.

③ 아스트랄 에너지: 강력한 정서적 에너지의 장. 신체 에너지와 에테르 에너지를 감싸며 그것들보다 정묘하다. 즉 뇌간과 구포유류의 변연계의 출현과 함께 더욱 정교해진 에너지.

④ 심령 에너지: 삼위일체 뇌 중 사고 영역에 상응하는 보다 정묘한 에너지. 신체·에테르·아스트랄 에너지를 둘러싸고 감싸며, 삼위일체 뇌를 포괄할 수 있는 복잡한 물리적 형태를 통해서만 출현한다.

〈표7〉은 5단계의 에너지를 차크라에 상응하는 7단계의 에너지로 세분화한 것이다. 그리고 각각의 에너지를 좌상상한의 의식 수준과 연결시켰다. 결론적으로 차크라는 의식의 외피에 물질과 함께 존재하는 에너지로서 의식이 발달할수록 점점 더 정묘해지는 에너지의 진화 과정을 가지고 있다.

이처럼 물질이 에너지와 의식에 긴밀하게 연결되었다고 하더라도 근원적 실재에 대해서까지 과학적 물질로 설명할 수는 없다는 게 윌버의 견해다. 즉 영성은 존재하지만 근원적 실재에 대한 언어적 표현은 있을 수 없다는 것이다. 전통적 진실은 과학에 의해 밝혀질 수 있지만, 절대적 진실은 깨달음에 의해서만 알 수 있기 때문이다.

1부 차크라와 의식의 발달

표7 | 에너지와 의식의 단계[17]

번호	에너지의 단계(우상상한)	의식의 상응 단계(좌상상한)
7	비이원	초정신의(Supermental)
6	원인적 또는 원인적 장	상위정신의(Overmental)
5	심령2 또는 사고장2	보다 상위의 정신적인
4	심령1 또는 사고장(thought-field)1	정신적인
3	아스트랄, 생명장2 또는 생체장2	정서-성적인
2	에테르, 생명장(life-field)1 또는 생체장1	생명의
1	거친 신체 (중력이 작용하고, 전자기적이며, 강하고 약한 원자핵의)	감각운동적인

세 번째, 차크라는 각 수준과 각 영역을 매개하는 역할을 한다. 차크라가 물질 영역에 포함된다고 해도 단절적으로 존재하는 물질은 아니다. 각각의 차크라는 세 개의 몸과 에너지, 그리고 세 가지 의식 상태를 포함하기 때문에 몸과 에너지, 그리고 의식 사이를 조정하고 매개하는 역할을 한다. 거친·정묘한·원인의 몸 사이에서, 그리고 깨어 있는 상태·꿈꾸는 잠의 상태·꿈 없는 잠의 상태 사이에서도 마찬가지로 매개적 역할을 하며 변형을 위한 거점으로 작동한다. 예를 들어 목 차크라는 음식의 거친 에너지를 정묘 에너지로 전환하거나, 원인적 에너지를 정묘 에너지로 전환시키는 식이다.

따라서 차크라 체계는 발달단계이면서, 세 가지 몸과 세 가지 에너지, 다섯 가지 의식 수준, 그리고 세 가지 의식 상태를 연결하고 조정하는 일종의 매개적 에너지장이다. 바로 이런 특성 때문에 윌버는 차크라를 가장 단순하면서 복잡한 모델이라고 표현했다.[18]

앞서 윌버의 사상을 소개하면서 강조했듯이 그는 동서고금의 지혜와 지식을 통합한 통합 이론의 대가다. 그는 『통합심리학』에서 각 사상과 심리학 이론에서 말하는 의식의 단계를 통합적으로 설명했을 뿐 아니라 방대한 표로 정리해 냈다. 이 중에서 7개의 차크라 각각은 동서고금의 다양한 의식의 단계 중에서 어디에 위치하는지 파악하기 위해 임의로 몇 개의 단계를 선택하고, 이해하기 쉽게 수정해서 〈표8〉로 재구성해 보았다. 이 표에 포함된 의식의 단계는 윌버의 의식의 기본 구조와 발달단계들, 그리고 힌두 사상에서 말하는 여러 단계(판차 코샤, 세 가지 몸, 네 가지 의식 상태, 차크라)다.

표8 | 전통과 현대의 다양한 단계들[19]

시기	의식의 기본 구조		존재의 대둥지	차크라	베단타		
					상태	몸체	판차 코샤
0~18개월		감각운동	물질	1. 물질적 (물라다라)	깨어 있는 상태	거친	1. 물질 (안나마야 코샤)
1~3세		환상-정서	신체	2. 정서-성적 (스와디스타나)			2. 정서-성 (프라나마야 코샤)
3~6세	전조작	표상심	마음	3. 의도적 마음, 힘(마니푸라)			3. 중간 마음 (마노마야 코샤)
7~8세 9~10세	구체적 조작	규칙-역할					
11~12세	형식적 조작	과도기		4. 공동체 마음, 사랑(아나하타)	꿈꾸는 상태	정묘	
13~14세		형식적 조작		5. 언어적-합리적 마음 (비슛디)			
15~19세 19~21세		과도기					
열려 있음	형식적 조작 후기	비전-논리		6. 심령적 마음 (아즈나)			4. 높은 마음 (비즈나마야 코샤)
(21~28세)							
(28~35세)		심령 (비전)					
(35~42세)		정묘 (원형)	혼	7. 사하스라라 ↓ 초월의식, 빛 (고차원의 소리, 차크라, 지 멸까지)	깊은 수면 상태	원인	5. 지복의 마음 (아난다마야 코샤)
(42~49세)		원인					
(49세~)		(무형) 비이원	영	모든 차크라가 실재 속으로 해방됨	투리야		브라만 -아트만

4장

인간의 의식은 어떻게 발달하는가

이 장에서는 전통적인 힌두 사상과 네 분야의 현대 심리학이 차크라 체계를 통해 무엇을 말하려고 하는지 크게 다섯 가지로 나누어 정리해 보았다. 각 이론이 일관되게 주장하는 것은 무엇이며, 어떤 점에서 다른 견해를 갖고 있는지도 살펴볼 것이다.

첫째, 무엇을 의식의 발달이나 성숙이라고 보는가?

둘째, 발달을 주도하는 심리적 주체는 누구인가?

셋째, 의식이 발달하는 데 있어 어떤 원리가 작동되는가?

넷째, 의식 발달은 어떤 전개 양상을 보이는가?

다섯째, 의식의 발달은 어떤 방향을 향해 가는가?

무엇이 의식의 발달인가

의식 발달의 형태

점차적이고 점진적인…

대부분의 발달론은 의식의 변화와 발달이 점진적이고 점차적으로 이루어진다고 주장한다. 의식의 진화 과정을 일종의 스펙트럼으로 보는 것인데 이에 관해서는 윌버가 대표적이다. 스펙트럼 이론에서 의식의 발달은 마치 '사다리'를 오르는 것처럼 한 단계에서 다음 단계로 올라가는 것이며, '파동'처럼 점진적으로 변화해 나가는 것이기도 하다. 파동은 각 수준이 단절되어 있지 않다. 그것은 무지개 색깔처럼 또는 일종의 그러데이션처럼 점차적으로 변해서 결국에는 전혀 다른 색깔로 바뀐다. 차크라를 의식의 발달이나 진화의 체계로 보는 것도 그것이 점진적으로 변화하는 스펙트럼의 특성을 보이기 때문이다.

우파니샤드 시대부터 차크라는 '바퀴'나 '연꽃'에 비유되었다. '바퀴'를 뜻하는 차크라는 인생의 이동 과정을 상징한다. 바퀴가 굴러갈수록 앞으로 나아가듯이 인간은 살아가면서 점차로 의식의 진화를 경험한다. 차크라의 또 다른 상징어인 연꽃은 진흙 속의 구근이 물 위에서 만개한 꽃이 되기까지 천천히 펼쳐지는 모습을 보여 준다. 연꽃의 이런 개화 과정은 원시적인 존재에서 아주 세련되고 정교한 존재로 나아가는 의식과 발달 과정에 비유될 수 있다.[1]

부정에서 긍정으로

그런데 이 점진성의 방향을 우리는 대부분 부정적인 상태에서 긍정적인 상태로 나아가는 것이라고 생각한다. 이기적이고 말썽만 부리던 아이가 타인을 배려하는 성인으로 자랐을 때나 툭하면 화를 내던 사람이 화를 참을 수 있게 되었을 때 우리는 '성장했다'거나 '성숙해졌다'고 말한다.

쿤달리니가 차크라의 하위 센터에서 상위 센터로 이행하는 과정을 발달이라고 본 이유는 마음 작용의 차이 때문이다. 상위 센터로 상승할수록 더 긍정적인 마음 상태를 가진 차크라로 이동하는 것이 된다. 전통적인 차크라 해석에서는 하위 차크라가 의심이나 경멸, 수치심, 나태 같은 특성을 주로 띠고, 상위 차크라는 자비나 인내, 공정함 등의 긍정적인 특성을 갖고 있다고 설명한다.

하위 차크라일수록 양극성의 대립이 극단적이라고 본 아자야의 주장도 마찬가지다. 물라다라의 양극성은 생존과 관련된 원초적인 수준이어서 그 적대성과 대립성이 극단적일 수밖에 없지만 상승할수록 의식의 대립성은 점점 더 약화되고 정묘해진다. 대상에 대한 감정이 적개심에서 헌신하는 마음으로 변해 가는 것이다.

물질에서 정신으로

그러나 인간의 마음을 긍정성이나 부정성, 선과 악의 이분법으로 구분하는 것은 거의 불가능한 일이다. 모든 가치는 맥락에 따라서 달라지는 상대적인 의미를 지니며 양가적이기도 하기 때문이다. 예를 들어 자비나 연민, 공정함 등이 집단이나 사회에는 순기능적 역할을 하지만 개인에게는 희생을 요구하는 것일 수 있다. 분노의 감정은 인간관계나 조직사회에서 환영받지 못하지만, 개인을 타인의 침해에서 보호할 수 있다. 밝은 측면을 강조하다 보면 필연적으로 어두운 측면을 외면하고 방치해서 더 큰 문제를 야기할 수 있으며 어두운 측면이 가진 이점도 놓칠 수 있다.

따라서 한 개인이 얼마나 이타적이고 긍정적인 모습을 보여 주는가 하는 것들로 의식의 성숙 정도를 판단하는 것에는 한계가 있다. 사실 이타적이고 긍정적인 태도를 보이는 데는 여러 가지 이유가 있을 수 있다. 타인의 사랑과 인정에 집착한 결과인지, 아니면 그의 의식이 개인의식의 차원을 지나 자아초월적 단계에 이르렀기 때문인지 파악하기 쉽지 않다.

그런데 대부분의 사람들이 자신의 부정성을 걱정하고 자책하면서 괴로워한다. 부정적인 감정이나 생각을 느끼지 않아야 성숙한 사람이라고 생각하면서, 존재가 경험할 수 있는 다양한 특성을 외면하고 억압하는 것이다. 이런 태도는 의식 발달에 도움이 될 리 없다.

그렇다면 의식의 발달을 설명할 수 있는 적절한 기준은 무엇일까. 아마도 신체적이고 물질적인 차원에서 정신적 차원으로 이행해 가는 과정일 것이다. 인간은 성장할수록 정신의 힘이 강해지며 정체성의 중심을 정신에 둔다. 의식이 낮은 사람은 외적이고 물질적인 대상이 판단의 전부라고 생각할 것이고, 성장할수록 자아의식과 그 의식 너머의 정신적인 힘에 대해 고려하게 된다는 것이다. 융이 차크라 체계를 가지고 이에 대해 설명했다.

융은, 물질적 세상에서 살던 인간이 눈에 보이지 않는 무의식의 세계(스와디스타나)와 정서의 세계(마니푸라)를 지나고 나면 아나하타에서 이성적 힘이 생겨나 자신을 성찰하게 된다고 주장했다. 이전까지는 물질계가 전부라고 생각하면서 다른 한편으로는 무의식이나 자신의 정서에 맹목적으로 사로잡혀 살았다면, 의식이 발달한 사람은 그렇게 살아온 자신을 바라볼 수 있게 된다.

아나하타의 단계에 이른 사람은 자신을 성찰함으로써 물리적인 삶을 변화시킨다. 단지 심리적인 변화만으로 현실이 바뀐다는 사실을 알게 되는 것이다. 예를 들어 투사를 철회함으로써 인간 관계의 갈등에서 벗어나는 경험을 하게 되고, 심리전을 이용해서 사회적이고 역사적인 사건을 촉발시킬 수도 있다는 사실을 알게 된다.

자신이 느끼는 고통에서 최고의 원인 제공자가 자기 자신이라는 사실을 알게 되면, 아나하타를 떠난 것이다. 비슛디에 이른 사람은 심리적인 영역뿐 아니라 물리적인 차원까지 마음이 창조해냈다는 것을 알게 된다. 심지어 테이블과 같은 사물을 인지하는 것도 정신의 주관적 경험이 된다. 융은 다음과 같이 말하고 있다.

… 비슛디에서는 이 세계의 게임 전체가 당신의 주관적인 경험이 되기 때문입니다. 이 세계 자체가 정신의 반영이 됩니다. 예를 들면, 내가 이 세계가 정신적인 이미지들로만 이루어져 있다고, 즉 여러분이 그 밖의 다른 것을 지각할 수 없기 때문에 만지고 경험하는 것이 그 무엇이든 그것은 상상된 것이라고 말할 때입니다. 즉 여러분이 만약 이 테이블을 건드리면, 여러분은 그것이 실체라고 생각하겠지만 여러분이 진짜 경험한 것은 여러분의 뇌로 가는 촉각신경에서 나온 특정한 메시지입니다.[2]

차크라가 상징하는 다섯 가지 원소도 물질에서 정신으로 나아가는 과정을 보여 준다. 흙→물→불→공기→에테르로 변화하는 과정은 융의 말을 빌리자면 밀도가 높은 물질에서 휘발성이 더욱 증가되는, 다시 말해 정신적 특성이 강화되는 방향으로 나아가는 과정이다. 물질, 신체, 마음, 혼, 영으로 상승하는 윌버의 의식의 스펙트럼도 같은 내용이다.

우리 안의 참자아를 해방하는 과정

해방의 사전적 의미는 '속박하거나 가두어 두었던 것을 풀어서 자유롭게 함'이다. 인도 전통에서는 수행자가 성취한 의식의 완전한 각성을 '해탈'이나 '독존'이라고 불렀다. 해탈이나 독존은 참자아가 껍질에서 벗어나는 것이거나 자신이 아닌 것에서 떨어져 나오는 것을 의미한다.

　요가 철학을 비롯해 힌두 사상이 한목소리로 주장하는 것은, 신이 이미 인간 안에 존재한다는 사실이다. 참자아는 이미 우리 안에 존재한다. 다만 참자아로 가장한 가짜 자아들에 의해서 참자아가 가려져 있을 뿐이다. 따라서 가짜 자아를 가려냄으로써 참자아를 드러나게 하는 것, 다시 말해 참자아를 가짜 자아들로부터 해방시키는 것, 그렇게 함으로써 잃었던 근원에 대한 기억을 회복하는 일이 인간이 해야 할 일이자 가야 할 길이다. 그리고 이것이 인도의 전통 사상이나 현대 심리학자들이 말하고 싶어 하는 내용이다.

아자야의 현대요가심리학도 같은 주장을 했다. 다양한 의식의 층을 벗겨 내면 참자아가 드러날 거라고 말이다(3장 2절 참조). 아자야는 판차 코샤의 '덮개'나 삼위설의 '몸'이라는 용어를 참자아의 빛을 가리는 전등의 갓에 비교했다. 다섯 겹 또는 세 겹의 전등 갓은 각기 다른 밀도와 색을 가지고 순수의식의 빛을 반사시켜서 제각각 다른 빛을 만들어 낸다. 그리고 인간은 이처럼 변형된 빛이 진리라고 착각하며 살아간다. 그러나 인간의 의식이 성숙해짐에 따라 전등갓에 반사되어 다양한 색깔을 띤 빛이 사실은 진리가 아니었음을 알게 된다. 이것은 하위 차원의 의식에 가려져 있던 참자아가 의식의 발달 과정에서 점차 노출되는 것을 의미한다. 처음에는 신체와 프라나가, 그리고 마나스와 아함카라, 붓디와 같은 심리적 요소들이 차례로 드러나지만 이것들은 참자아가 아닌 매개적 의식일 뿐이다. 인간이 이 사실을 알아차리게 되면 마침내 참자아가 자신의 모습을 드러낸다.

아자야는 의식의 성장을 각각의 차크라에서 나타났던 환영적 덫에서 (순수)의식을 점진적으로 해방시키는 것이라고 했고, 윌버는 쿤달리니의 상승 과정 즉 진화의 과정이 바로 신 의식의 해방이라고 말했다. 차크라라는 매듭에 묶인 우리 내면의 신 의식을 해방시켜야 한다는 것이다.

그렇다면 어떻게 우리는 참자아에 대한 자각을 잃어버렸을까?

윌버가 설명했듯이 영성은 혼 → 마음 → 신체 → 물질로 하강하면서 자신을 점점 더 거친 형태로 발현시켰다. 세상의 모든 존재가 영성의 표현이지만 안타깝게도 하강의 과정에서 자신이 영성, 즉 신의 표현이며 신을 내재화하고 있다는 사실을 기억하지 못하게 되었다. 인간 역시 육체를 얻음으로써 자신이 참자아라는 자각을 대부분 잃어버렸다. 거친 차원으로 물화되면서 존재는 자신을 거친 차원과 동일시했기 때문이다.

의식의 성장은 우리 안에 본래 있던 것을 밝혀내는 과정

의식이 발달한 사람들은 종종 자신의 정체성을 정신과 동일시하지만 그러나 여전히 개인적, 개체적 정신에 국한되어 있다. 개체성에 국한된 정신은 육체와 불가분의 관계에 있기 때문에 육체에서 완전히 자유로운 상태는 아니다. 우리 대부분은 여전히 우리의 영성을 되찾지 못한 것이다. 그래서인지 우리는 종종 이유를 알 수 없는 망향의 감정이나 향수에 시달린다. 또는 이상화된 사랑이나 관계, 공동체를 꿈꾸면서 그것을 실현하려고 애쓰는 사람들도 있다. 물론 빛과 그림자가 공존하는 현상계에서 이상의 실현은 불가능하지만 말이다. 인간들이 경험하는 이 같은 감정이나 시도가 사실은 잃어버린 참본성에 대한 기억이나 흔적을 찾기 위한 무의식적인 몸부림이 아닐까 추측하게 된다. 그것이 참자아에 대한 그리움이든 아니든 인간은 본능적으로 성장과 진화를 원하고 추구한다. 원래 가지고 있었으나 안타깝게도 잃어버린 것, 또는 잊어버린 것을 되찾거나 회복하려는 듯이 말이다.

다시 말하지만 참자아의 해방을 주장하는 관점에서 중요한 점은, 우리 인간에게 이미 참자아가 존재한다고 보는 인간관에 있다. 사실 수행자에게 이 부분은 굉장히 중요하다. 그것은 수행의 전제이면서 방향이기 때문이다. 순수의식이나 신성이 우리 밖에 존재하는가 아니면 내재하는가에 따라 수행의 내용과 방식이 전혀 달라질 수밖에 없다.

많은 전통의 지혜가 오래전부터, 우리의 본성이 참자아라는 가르침을 전했다. 신성을 우리 밖에서 구할 필요가 없고 잃어버린 적도 없다고 말이다. 또한 참자아가 누군가에게는 있고 누군가에게는 없는 차별적인 것이 아니며, 네 것과 내 것으로 분리된 것도 아니다. 이 관점에서라면 의식의 성장은 우리 안에 본래 있던 것을 밝혀내는 과정이다. 우리 모두에게 있는 참자아를 그저 해방시키기만 하면 되는 것이다.

사람들은 말한다. "나처럼 부족한 사람에게 그런 게 있을 리 없다."고 말이다. 그래서 사람들은 자신의 내면을 살피고 자신의 의식을 성장시키려고 하지 않고, 자신보다 나아 보이는 사람을 존경하고, 그들의 말을 자기 내면의 목소리보다 더 중요하게 생각한다. 참자아의 해방을 주장하는 이들은 그들에게 이렇게 말하고 싶을 것이다. 자신이 부족하다고 느끼면서 누군가의 말에 절대적으로 따라야 한다고 여기는 당신의 생각과 느낌은 참자아를 둘러싼 껍질, 즉 가짜 자아의 층에서 들려오는 위험한 속삭임일 뿐이라고 말이다.

내향화할수록 성장한다

의식이 발달할수록 인간은 삶의 많은 문제가 자신으로부터 비롯되었음을 발견한다. 옳거나 그르다고 하는 것이 대체로 자신의 주관적 판단에 의한 것이며, 삶의 고통과 기쁨이 인간의 인지적 특성에 의해 만들어지고 결정된다는 사실을 말이다.

2장에서 나는 '차크라에 온 세상 있다'는 제목으로 차크라에 담긴 많은 의미를 설명했다. 인도인들은 작은 7개의 도형에 자연물과 동물, 비자와 도형, 색깔, 그리고 여신과 남신 등 다양한 상징물을 그려 넣었으며, 그것을 다시 인간의 몸 안에 위치시켰다. 인간이 대우주를 복제한 소우주라는 사실을 알고 있었던 탄트라 시대의 사람들이 자기 안에 존재하는 세상의 많은 것들을 차크라에 표현하고 싶었는지도 모르겠다.

반면에 중세 서구의 연금술사들은 자기 안의 신성을 아직 알아채지 못했다. 그들은 신이 외부 세상에 존재할 거라고 생각했다. 세상의 소박하고 하잘것없어 보이는 자연물에 신이 존재하며, 그 자연물에 화학적 촉매제를 넣어서 불로 오래 가열하면 정화가 일어나고 거기서 신성을 찾게 될 거라고 믿었던 것이다. 이것이 그들이 세상에 투사한 내용이다. 그들은 밖에서 간절하게 구하는 것이 자신의 내면에 있는 것이라는 사실을 알지 못했다. 불과 화학적 촉매제로 상징되는 정신의 어떤 과정을 거치면 결국 내적인 신성과 만나게 될 거라는 사실을 말이다.

외부에서 경험했다고 여기는 많은 것들이 실제로는 내 마음에서 비롯된 것임을, 즉 투사된 것임을 알아차리게 하는 것은 상담 현장에서도 매우 중요한 일이다. 싸워야 할 것이 밖이 아니라 자신의 내면에 있다는 사실을 내담자가 자각하면 심리 치료는 급속도로 진전된다.

앞에서 나는 의식이 발달한 사람일수록 삶의 문제가 자신에게서 비롯되었음을 발견한다고 말했다. 이 말을 좀 더 구체적으로 설명하면 다음과 같다. 인간이 느끼는 고통의 많은 부분이 알고 보면 우리의 생각, 즉 인간의 인지구조나 개인적인 사고 패턴에 의해서 만들어진다. 우리의 마음은 엄청난 양의 생각을 담고 있을 뿐 아니라 그것을 독특한 방식으로 연일 세상에 투사한다. 우리가 투사한 것을 객관적 현실이나 팩트라고 생각하면서 말이다. 이것은 정신의 힘에 관한 이야기다. 생각만으로 우리는 행복과 불행을 마치 진짜인 것처럼 경험하기 때문이다. 그래서 인도의 철학은 이 물질적 세계가 사실은 인간의 시선으로 왜곡된 환상(마야)이라고 말한 것이다.

그런데 전통의 지혜에 따르면, 우리 안에는 우리를 해탈하지 못하게 속박하는 장애물도 있지만 참자아도 있다. 천국과 지옥이 모두 우리 안에 있다는 것이다. 그렇다면 우리 자신의 내면을 살피고 공부하는 일이 의식을 성장시키는 가장 중요한 방법이 될 것이다.

융은 중년 이후에 자신의 무의식과 만나기 위해 아니마의 안내에 따라 의식의 초점을 내면으로 향하게 해야 한다고 주장했다. 즉 자아의식이 성숙해지고 나면 외부로 향하는 리비도의 방향을 거두어들여서 내면의 소리에 귀 기울여야 할 때가 온다. 이때 자아의식은 무의식에 대해 판단하고 개입해서 수정하려고 하지 않으면서 고도의 집중력을 가지고 활성화된 정신의 활동에 주목해야 한다. 이것이 바로 내향화다.[3] 인도의 많은 수행법도 내향화를 위해 만들어졌다. 요가의 아슈탕가(aṣṭāṅga) 중에서 프라티아하라(pratyāhāra), 불교의 팔정도, 그리고 비파사나(vipassanā) 등은 외부로 향하려고 하는 우리의 감각을 제어하고 철회해서 내면으로, 자기 자신으로 향하게 하는 수행 체계고 방법론이다.

결론적으로 내향화는 의식의 진화를 위해 필요한 방법론이고 또 의식이 발달한 사람일수록 내면을 탐색하는 일, 즉 자기 공부에 집중한다. 외부 세상은 우리 내면이 창조한 결과물일 뿐이라고 생각하기 때문이다.

생리적 각성과 활성화

앞서 윌버는 과학이 발달함에 따라 인간이 경험하는 신비체험을 과학적으로 밝혀내게 될 것이라고 말했다. 신비체험에 대한 과학적인 탐구를 통해 종국에는 우리 안에 있는 초월의식의 존재를 설명할 수 있게 될 거라는 말이다. 그렇게 되면 과학적으로 밝혀진 진화의 경로를 따라 의식의 각성과 깨달음도 가속화될 것이다.

같은 맥락에서 차크라와 쿤달리니 현상을 일상에서 경험할 수 있는 과학적 현상으로, 그리고 의식의 진화 과정으로 증명해 내려는 정신생리학적인 노력이 꾸준히 있어 왔다. 이 관점에서 차크라 체계를 볼 때, 발달과 진화는 생리적·신체적 영역이 각성되고 활성화하는 것을 의미한다. 에너지생리학이나 신체생리학의 관점에서 보면 막힌 에너지를 흐르게 하고, 근육의 긴장과 경직을 풀어줌으로써 의식의 진화가 가능해진다.

이 같은 정신생리학적 현상은 일시적으로 나타났다가 사라지는 부분적인 의식의 변성 상태로 비칠 수 있다. 하지만 이 분야 연구자들은 부분적인 변성 상태도 의식의 진화에 포함시켜야 한다고 주장한다. 염색체의 변화를 전제로 하는 완전한 진화는 돌연변이와 같은 우연한 변화가 누적된 결과이기 때문이다. 이들의 주장에서 유추해 보자면 우리가 일상에서 경험하는 생리적 증상과 변화들이 알고 보면 진화 과정의 일부분일 수 있다.

쿤달리니나 차크라 현상을 정신생리학의 관점에서 연구한다는 것은 차크라 체계를 보다 완전한 진화로 설명하기 위한 시도에서 비롯된 것이다. 정신적 변화가 생리적 변화와 짝을 이룰 때 보다 확실한 진화로 인정받을 수 있기 때문이다. 생리적 변화에 기반한 정신적 진화, 또는 생리적 변화로 완성되는 의식의 발달이야말로 종의 생물학적, 정신적 진화를 설명하는 충분조건이 될 수 있다.

1부 차크라와 의식의 발달

누가 발달하는가

: 의식 발달의 심리적 주체

20대에 시작된 마음공부 과정에서 내가 가장 먼저 접한 것은 불교적 개념인 무아(無我)나 공(空)이었다. 그런데 문제의식과 충분한 이해 없이 받아들인 일련의 개념들은 반드시 소화불량을 일으키는 것 같다. 무아나 공이 나에게는 그런 것들이었다. 나이가 들어서야 현실을 살아가는 내내 이 개념들이 심리적 부작용을 일으키고 있었다는 사실을 깨달았다. '나'라는 인식을 부정하면서 내 안의 모든 생각과 감정, 욕구를 외면했고, 외면하는 만큼 그것들에 휘둘렸다. 또 내가 나를 중요하게 여기지 않으면서 세상으로부터 무시당하고 있다는 억울한 감정에 늘 시달려야 했다.

자신을 존중하지 않을수록 의식의 반대편에서는 자신에 대한 집착이 왜곡된 형태로 강화된다. 과도한 자기 비하와 자기 비난, 완벽주의나 질투 같은 태도가 사실은 자신에 대한 집착에서 나왔을 수 있다. 그런데도 불교의 많은 가르침은 나의 심리적 어려움이 아상(我相)에서 왔으니 그런 나를 내려놓으라고만 했다.

초월 사상을 비롯한 동양의 수행 전통이 개체적 나를 환영이라고 치부하면서 사람들에게 '무아'라고 하는 최종적 정답만 알려 주는 것은 위험스러운 일이다. 개체로서의 나는 현실에서 그렇게 간단한 존재가 아니다. 자아의식이 백해무익한 존재가 아닐 뿐 아니라 그것을 경시하고 외면할 때 경험하는 의식의 반격은 감당하기 어려운 힘을 가지고 있다. 현상적 자기라는 것은 현상계를 살아가는 인간들에게 필연적으로 형성되는 자아 정체감이며, 이것을 외면하고 돌보지 않을 때 인격의 그림자가 짙어진다.

서구 심리학과 동양의 수행 전통의 가장 큰 차이는 에고라고 불리는 자아의식을 어떻게 평가하는가에 달려 있다. 서구 심리학은 인간의 의식 발달에서 자아의식의 역할을 중시했다. 자아는 인간의 외적인 삶, 즉 일과 사랑, 인간관계 등 삶의 질을 결정짓는 중요한 측면일 뿐 아니라 발달 과정에서도 단연 주체가 된다고 보았다.

발달의 주체에 대한 탐구는 현대 심리학의 가장 중요한 주제 중 하나다. 현대 심리학은 의식의 발달과 진화의 과정에서, '주체라고 느끼는 자(현상적 자기)'에 대한 연구에 몰두했고 그에 관한 성과를 축적했다. 현상적 자기가 신체적, 심리적으로 무엇을 경험하며 어떤 발달 메커니즘을 가지고 있는지, 그리고 발달 과정에서 어떤 증상이나 장애를 경험하는지 연구했으며, 이를 통해 의식의 성장과 치유를 돕는 다양한 기법을 발달시켰다. 인류를 현상계에 성공적으로 적응시키기 위해 서구의 현대 심리학은 자아의식을 성장시키고 건강하게 유지하는 방법을 모색하는 데 총력을 기울였다고 해도 과언이 아니다.

반면 요가와 베단타 등에서 자아의식은 참자아를 가리키는 여러 의식 중 하나에 불과하다고 보았다. 나라고 느끼는 자아의식은 아함카라나 아스미타(asmitā)로 불리는데, 전통 사상에서 그것은 환영이나 가짜이며, 진짜 자아는 순수의식인 참자아뿐이다. 따라서 전통 사상에서 의식 발달의 최종 목적지는, 서구 심리학이 그토록 중요시했던 자아의식을 벗겨 내서 참자아를 해방시키는 데 있었다.

여기서는 의식 발달의 심리적 주체, 즉 발달의 계단을 오르는 내적 측면은 과연 무엇이며, 누가 성장을 경험하는지 살펴볼 것이다. 의식 발달의 주체를 아는 일은 중요하다. 의식 발달을 목적으로 하는 다양한 심리 치유나 수행, 수련, 또는 마음공부 등이 내면의 어떤 측면을 대상으로 하는지 우리 스스로가 알고 있어야 하기 때문이다. 우리가 마음을 닦는다고 할 때 도대체 닦는다는 것은 무엇이며, 누가 닦고 무엇을 위해 닦는가? 당신이 이상을 내려놓는다고 할 때 '나라고 하는 자'는 누구이며 그것을 내려놓는 자는 또 누구인가? 이처럼 수행 과정에서 반드시 겪는 혼란스러움이 바로 '자아'의 개념에서 온다.

그런데 발달의 심리적 주체를 살펴보기 전에 먼저 몇 가지 개념을 분류하고 새롭게 정의할 필요가 있다. 각 이론이 사용하는 심리적 주체에 관한 용어상의 혼선을 피하기 위해서다. 우리가 통상 '나'라고 경험하고 인식하는 자아의식을 현상적 자기로, 그리고 인도의 전통 사상과 자아초월심리학이 말하는 참자아를 초월적 자기로 구분해 논의를 전개할 것이다.

초월적 자기

전통적 요가 철학과 현대요가심리학은 인간의 진정한 자아는 초월적 자기뿐이라고 여긴다. 초월적 자기는 시대별로, 그리고 사상별로 푸루샤, 시바, 아트만, 브라만 등 다양한 이름으로 표현되지만 그것이 인간존재의 영원하고 불변하는 진정한 본성, 실재를 의미한다는 점에서 모두 같다.

사실 초월적 자기는 주관과 객관, 주체와 객체를 초월하고 통합한 절대적 존재기 때문에 엄밀한 의미에서 '주체'라고 말할 수 없다. 주체는 객체를 전제로 하는 이원적 개념이기 때문이다. 그러나 이 장에서는 발달의 주체에 관한 논의를 진행시키기 위해 편의상 초월적 자기에 대해서도 주체라는 개념을 적용할 것이다.

참자아를 의미하는 초월적 자기는 본성상 활동성이 없는 수동적인 관찰자라고 알려져 있다. 조옥경은 이것을 물질적 자기 혹은 현상적 자기와 분리시켜 "관찰하는 자기"[1]라고 이름 붙이면서, 고통으로부터 완전히 해방된 목격자이며, 중립적이고 수동적인 관람자라고 설명했다. 지각이나 인지, 사고와 정서, 그리고 의지 등의 요소로 구성된 현상적 자기가 대상에 따라 끊임없이 변화하는 것에 비해, 관찰하는 자기, 즉 초월적 자기는 이것들과 독립적으로 존재하는 무관심한 방관자다.

『요가수트라』 2장은 인간의 고통(kleśāh, 클레샤)을 줄이는 것에 관한 이야기다. 클레샤에는 다섯 가지가 있는데, 무지와 욕망, 미움, 애착, 그리고 '나라고 하는 생각(아스미타)'이 그것이다.[2] 즉 참자아에 대한 무지, 대상을 싫어하는 마음(미움)과 좋아하는 마음(욕망), 삶에 대한 욕망(애착), 자신의 경험이 개인인 나의 것이라고 여기는 느낌이 괴로움을 만든다. 서양 심리학이 발달의 주체라고 생각하는 자아의식을 『요가수트라』는 고통의 원인으로 본 것이다. 실제로 개별 자아는 늘 이런 생각을 하면서 괴로워한다. 내 상처, 내 수치심, 내 열등함, 내가 이룬 것, 빼앗길지도 모르는 내 것 등등…. 미숙하기 때문에 이런 생각을 하는 게 아니다. 어찌 보면 이런 생각으로 살아가는 것은 개체화된 자아의 숙명이다. 개체의 생존과 안위를 위해서 절대적으로 필요한 일이기 때문이다. 그리고 바로 이런 점에서 자아의식을 고통의 원인으로 본 것이다.

개인 자아가 발달의 주체가 아니라면 초월적 자기를 그 주체로 상정할 수 있을까. 가능성이 없는 것은 아니다. 푸루샤가 프라크리티로부터 자신을 구별해 내 참본성으로 돌아옴으로써 독존을 이룬다는 점에서 말이다. 상키야 철학에서 푸루샤는 "행위 없이 인식하는 인식의 주체"나 "진실한 경험자"[3]로 간주되기 때문에 인식이나 경험을 통한 발달을 가정해 볼 수도 있겠다. 그러나 참자아는 엄밀한 의미에서 발달할 것이 없는 존재다. 그가 행위하지 않는 것은 이미 참본성의 상태에 있기 때문이고, 그가 경험하는 것은 프라크리티가 펼쳐 낸 세상에 대한 것이지 자신의 것이 아니다.

앞에서 나는 '참자아의 해방'에 관해 이야기했다. 의식의 발달이란 참자아를 덮고 있는 가짜 자아들을 하나씩 제거해서 참자아를 드러내는 것이다. 따라서 전통적인 의식 수련에는 이 가짜 자아들을 제거하는 정화법이 많이 전해진다. 이처럼 불순물을 정화하는 과정을 진화 과정으로 본다고 해도 이때 참자아는 정화의 주체도, 또한 정화의 대상도 아니다.[4] 참자아는 행위가 없고 움직임이 없는 순수의식 그 자체일 뿐이다.

상키야 철학이 초월적 자기와 프라크리티를 분리한 이원론이었다면, 탄트라 사상은 초월적 자기(시바)의 본성 안에 샥티를 포함시키는 일원론이다. 일원론적 탄트라 사상에서는 의식 진화의 최종 단계가 해탈이 아니고 합일이다. 따라서 인간의 신체에 잠재해 있던 쿤달리니 샥티가 시바와 합일하기 위해 상승한다. 하지만 여기에도 샥티를 일깨워 상승하도록 추동하는 심리적 주체에 대한 언급은 없다.

쿤달리니 샥티가 발달의 주체라고 할 수는 없다. 쿤달리니는 우주적 샥티의 개인 버전이며, 발달의 주체라고 할 만한 의식성을 갖고 있지 않다. 그것은 차크라를 활성화시키고 정화한 뒤에 최종적으로 시바와 합일함으로써 자신의 역할을 마치는 일종의 에너지다. 탄트라 전통은 쿤달리니를 각성시키기 위한 수많은 수련법을 가지고 있었지만, 실제로 해탈의 욕구와 의지를 갖고 수련을 결행한 심적 주체에 대해서는 설명이 없다.

현상적 자기

현상적 자기는 참자아와 대별되는 개념으로 현대 심리학이 '의식'이나 '자아의식', '개인의식', '에고' 등으로 부르는 영역이다. 발달 과정에서 보자면 성숙한 인간이 되기를 원하면서 심리학을 공부하거나 명상을 수련하는, 우리가 실감하는 우리의 마음도 여기에 포함된다.

인도의 전통 사상이 현대 심리학과 만나면서, 또는 현대 심리학이 인도의 전통 사상을 받아들여 자아초월심리학으로 발전하면서 인간 내면의 심리적 주체는 두 가지로 나뉘기 시작했다. 성숙한 개인이 되기까지는 자아의식이, 그리고 초개인적 단계에서는 초월적 자기가 주체로서 기능한다는 것이다.

아자야는 초월적 자기의 일원론을 주장하지만, 서구 심리학의 자아(ego)라는 개념을 현상적 자기로 상정한다. 하위 세 차크라의 경우 현실 생활을 하는 데 필요한 기능을 하기 때문에 그 영역에서 작동하는 자아의 건강한 분화와 발달이 필수적이라고 주장한다. 자아가 건강해야 자신을 적절하게 주장하고, 상대를 존중하며, 공동의 목표를 나누고, 상호보완적인 관계를 맺을 수 있게 된다. 하지만 아자야가 생각하는 자아는 현상계에 성공적으로 적응하기 위한 주체이지 의식 성장의 주체는 아니다. 따라서 아자야는 지나치게 자아에 고착되지 않아야 한다는 점을 분명히 한다.

현상적 자기가 인격적 특성을 가지고 보다 능동적으로 의식의 진화에 참여한다고 보는 관점은 분석심리학과 통합심리학에서 나타난다.

분석심리학이 말하는 현상적 자기(자아의식)의 역할은 한 편의 드라마와 같다. 그것은 생애 초기에는 무의식으로부터 분화를 시도한다. 무의식에서 분화되어야 한 사람의 정신에서 진정한 주인이 될 수 있기 때문이다. 이성적 합리적 인간이 되기 위한 길이 그것이다. 용과 처절한 사투를 벌이는 영웅이 그 대표적인 인물인데, 그만큼 분화는 위험하고도 치열한 과정이다. 분화에 성공한 현상적 자기는 이제 세상에 성공적으로 적응하기 위해 온 힘을 다한다.

산전수전 끝에 힘이 강해진 현상적 자기는 이제 나이 들어 새로운 임무를 부여받는다. 그토록 벗어나기 위해 몸부림쳤던 무의식의 세계로 여행을 떠나야 하기 때문이다.

무의식과의 새로운 만남은 성숙한 현상적 자기만이 가능한 일이다. 그는 무의식의 유혹에 홀리지 않고, 다양한 초월적 존재(모성신, 부성 신, 또는 현자 등)에 동일시되지 않으면서 그들의 이야기에 귀 기울이는 개인의식으로 존재해야 한다. 그리고 무의식에 대해 판단하고 개입해서 수정하려고 하지 않으면서 고도의 집중력을 가지고 활성화된 집단무의식의 활동에 주목해야 한다.[5]

따라서 자기실현은 의식과 무의식의 동반적 참여로 가능해진다. 자기실현의 충동과 주도성은 전체 정신의 중심인 자기(Self)에 있지만 현상적 자기가 무의식에 관심을 보일 때, 다시 말해 현상적 자기가 무의식을 향해 내향적 태도를 보일 때 무의식을 활성화시키고 변화시킨다. 자기(Self)가 자아의식을 통해 그 모습과 의미를 드러내고 해석될 때 비로소 진정한 자기실현이 가능해지는 것이다.[6]

현상적 자아가 굳건해야
초월적 자기로 나아갈 수 있어

불교와 요가 등의 전통적 인도 사상이 현상적 자기의 역할을 인정하지 않았을 뿐 아니라 제거해야 하는 것으로 보았다면, 분석심리학은 정신의 진정한 주체인 자기(Self)로 정체성의 중심을 옮기는 과정에서도 자아의식이 손상되지 않아야 한다고 주장한다. 즉 현상적 자기가 온전하게 유지되어야 진정한 통합이다. 자아가 팽창해서 전체 정신을 독재적으로 대표하게 되는 것도 문제지만, 무의식이 지나치게 활성화되어 자아가 붕괴하는 것도 무차별적인 통합에 지나지 않는다. 명실공히 전인격적 통합, 그러니까 전체 인격의 통합이 이루어지려면 현상적 자기라는 인격이 훼손되고 상실되어서는 안 된다는 것이다.[7]

통합심리학에 이르러서는 현상적 자기에 대한 보다 진화된 설명이 제시된다. 윌버는 영, 또는 초월적 자기로 귀결되는 일원론을 주장하지만, 의식의 발달을 주도하는 현상적 자기를 설명하기 위해 많은 지면을 할애했다. 현상적 자기는 근접자기(현재 수준의 자기감각)와 수많은 원격자기(지나온 단계의 자기감각), 그리고 초월적 자기의 합이다. 의식이 발달해 더 많은 자기가 통합될수록 현상적 자기는 더 확장되고 심화된 정체성을 갖게 된다.

윌버가 말하는 자기(self)는 의식의 진화 과정에서 여러 기능을 담당한다. '나'와의 동일시, 의지, 방어, 대사 활동, 통합과 같은 것들이 그것이다. 특히 통합의 중심으로서 자기는 발달의 기본 수준, 그리고 이것과 연관된 도덕성, 미학, 감정과 같은 발달 라인 간에 균형을 맞추고 통합할 책임이 있다. 잠재의식에서 개인의식, 자아초월 의식에 이르는 발달 과정에서 만나게 될 모든 문제를 자기(self)가 처리하는 것이다. 그래서 윌버는 의식의 발달 과정에서 발생하는 자기(self)의 병리를 중요하게 다뤘다. 각 단계의 자기가 어떤 선택을 하느냐에 따라 병리적 상황이나 퇴행에 빠질 수도 있고, 또 한 곳에 고착되어 발전을 멈출 수도 있다고 보았기 때문이다.

인도의 전통 사상이 초월적 자기를 '관찰자'나 '목격자'로 보았다면, 분석심리학에서는 자아의식이 목격자의 역할을 한다. 물론 초월적 자기와 자아의식이 관찰하는 주요 내용과 그 목적은 서로 다르지만 말이다. 전자는 현상적 자기(프라크리티)를 관찰함으로써 그로부터 벗어나는 것이고, 후자는 초월적 자기의 존재를 알아차리고 그 의미를 해석해서 궁극적인 통합을 이루는 것이다.

이런 차이는 인간의 정체성을 어떻게 규정하느냐에 따라 발생한다. 인도의 전통 사상은 인간의 본질을 초월적 자기로 보았기 때문에 대상이 현상적 자기가 된다. 반면에 서구 사상은 신을 그 대상으로 한다. 창세기의 시작은 하느님이지만 인간은 죄를 짓고 신의 영토에서 쫓겨났고 현재 신은 인간의 내면에 존재하지 않는다. 따라서 인도의 학문은 인간의 본래 정체성인 초월적 자기를 탐구하는 데 집중했으며, 서구 사상은 신에게서 떨어져 나온 인간의 의식을 탐구하는 길로 들어서 현대 심리학이라는 학문 분야를 탄생시켰다.

인도의 초월적 자기와 서구 심리학의 현상적 자기는 모두 인류의 중요한 정신적 자산이다. 안타까운 것은 전통 사상도 서구 심리학도 상대가 발전시켜 온 '자기'의 개념에 대해 인정하거나 이해하려고 하지 않았다는 점이다. 전통 사상을 계승한 이들은 서구 심리학이 말하는 현상적 자기가 한낱 환영에 지나지 않는 마야라고 주장했다. 그리고 그들이 이룩한 심리적 장애와 치료법에 대한 방대한 지식을 경시했다. 반대로 서구 심리학은 초월적 자기의 작용으로 볼 수 있는 인간들의 신비체험을 미신이나 정신적 장애로 치부하고 비과학적이라고 손가락질했다. 양자가 똑같이 마음을 탐구하는 학문이고, 또 그 둘이 하나의 연장선상에 있다는 사실을 인정하지 않는 것이다.

융의 분석심리학이나 윌버의 통합심리학이 동양과 서양의 지혜를 통합해 근원적이면서도 현실적인 자아 개념을 우리에게 제시했다는 것은 다행스러운 일이다. 그들은 인류의 의식 성장을 위해서 초월적인 자기의 가능성을 지속적으로 탐색하면서도 그 과정의 동반자로서 현상적 자기를 인정하고, 이에 대한 연구를 게을리하지 않았다. 초월적 자기로 귀결되는 일원론적 심리학을 주장하더라도 인간의 본성을 보다 용이하게 자각하려면 일시적으로나마 초월적 자기와 현상적 자기 모두를 인정하는 이원론적 방법론이 필요하다는 아자야의 주장에도 귀 기울일 필요가 있다.[8]

우리 안의 초월적 자기, 즉 참자아가 우리의 본질이라 할지라도

1부 차크라와 의식의 발달

현재의 우리는 현상적 자아를 통해 그것을 탐색하고 발견해 나갈 수밖에 없다. 우리가 본질(참자아)을 향한 항해를 시작할 때 필연적으로 타게 되는 배(현상적 자기)를 실제인 것처럼 믿지 않는다면, 항해는 내내 불안하고 위태로울 것이다. 또한 본질을 향한 열망만큼 배를 사랑하지 않는다면, 배를 튼튼하게 유지할 수 없을 것이며, 본질을 향한 여정은 미완성으로 끝날 것이다.

무엇보다 중요한 것은 배가 본질을 향해 가는 도구만이 아니라는 것이다. 많은 지혜의 전통이 배 안에 본질로 가는 지도가 있다는 사실을 누누이 강조했다. 어쩌면 그 이상일지도 모르겠다. 배는 최종 목적지인 본질과 이미 주파수가 맞춰져 있는 상태일 수도 있다. 한마디로 현상적 자기에 대한 탐색은 초월적 자기를 향해 가는 징검다리이지 방해물이 아니라는 말이다. 따라서 영적 전통의 수행자들에게도 현상적 자기를 위한 심리학적 돌봄이 필요하다. 초월 이전에 현상적 자기의 그림자(부정적 감정과 개인적 욕망, 트라우마 등)를 면밀히 살펴보고, 치유하는 과정이 그것이다. 현대 심리학이 그 방법론을 제공할 수 있을 것이다.

의식 발달의 원리
: 후퇴 없는 전진은 없다

인간존재의 발달이나 진화를 간략하게 요약하면, 그것은 거친 것에서부터 밀도가 낮고 가벼운 것으로, 물질적인 것에서 정신적인 것으로, 위로 상승하는 방향으로 진행된다. 그러나 발달 과정을 좀 더 내밀하게 관찰하면 그렇게 단순하거나 일방적이지 않다는 사실을 발견하게 된다. 의식의 발달은 서로 반대되는 원리가 포함되어 있다. 동일시와 탈동일시, 양극성과 대극의 합일, 상승과 하강, 발달과 퇴행, 분화와 통합 등이 바로 그것이다.

　장담하건대 이 상반되는 원리가 인간의 진화 과정에 모두 필요하다. 여기에서는 전통적 이론과 각각의 심리학이 의식 발달의 원리를 어떻게 설명하는지 소개할 것이다.

성장은 동일시와 탈동일시가
반복되는 것이다

고전요가심리학에서부터 현대 심리학에 이르기까지 동일시와 탈동일시는 발달의 매우 중요한 원리다. 이 둘은 발달 과정에서 거의 하나의 짝으로 나타난다. 동일시된 것은 반드시 탈동일시의 과정을 거쳐야 하고, 탈동일시 이후에는 더 높은 단계와의 동일시가 진행된다.

탈동일시의 가장 대표적인 예는 상키야 철학의 '독존'일 것이다. 푸루샤는 프라크리티가 만들어 낸 물질적 세상이나 심리적 현상과 자신을 동일시함으로써 세상을 경험하게 되고, 그 동일시에서 벗어남으로써 그러니까 탈동일시함으로써 독존을 성취한다.

인도 전통의 요가와 탄트라 수행자는 궁극의 목표인 깨달음에 이르기 위해 푸루샤 또는 참자아와 동일시하고, 참자아를 오염시키는 불순물과 탈동일시하는 수련을 병행했다. 당시에는 수행자가 자신의 정체성을 어느 차원과 동일시하고 있는지 아는 게 중요했다. 자신을 몸이나 마음과 동일시하는지, 아니면 시간과 공간을 초월한 참자아와 동일시하는지가 해탈의 여부를 판단할 중요한 기준이었다. 무엇보다 불멸의 참자아는 인간의 감각으로는 인식 불가능한 존재일 뿐 아니라 인식 대상도 아니기 때문에 오직 동일시를 통해서만 깨달아질 수 있다고 보았다.[1]

이 때문에 전통적인 요가심리학에서는 보다 높은 상위 의식과 자신을 동일시하는 수련을 중요하게 여겼다. 실제로 시바파 탄트라가 수행했던 우파야(upāya)라고 하는 영적 수련 중에서 첫 번째가 참자아와의 동일시였다. 또한 탄트라의 최종 목표가 존재의 고통에서 해방되는 게 아니라 명상의 대상이었던 신이 되는 것이었기 때문에 이 점에서도 동일시는 필요했다. 수행자는 신의 형상이나 얼굴, 색, 특성 등을 상세하게 시각화해서 그것과 하나가 되기를 시도했다. 차크라도 일종의 동일시를 위한 이미지였다. 요기들은 스승이 전해 준 신의 형상이나 상징물을 대상으로 명상했는데 그때 사용한 이미지가 바로 차크라였다.[2]

반면에 참자아가 아닌 것과의 동일시는 고통의 원인으로 간주되었기 때문에 탈동일시를 시도했다. 인도 사상과 철학에 등장하는 존재의 다양한 층위에 대한 방대한 언급은 모두 그것들로부터 탈동일시하기 위한 노력이었다고 해도 과언이 아니다. 판차 코샤, 세 가지 몸, 세 가지 의식 상태는 모두 참자아에서 가짜 자아를 가려내기 위해, 즉 탈동일시를 위해 세분화되었다. 15세기 베단타 문헌인 『판차다쉬Pañca-daśī』에는 40여 구절의 판차 코샤 관련 내용이 존재한다. 여기서 다섯 겹의 덮개는 참자아를 가리는 것으로, 수행자가 참자아에서 이 덮개들을 분별해 낼 때 비로소 최고의 상태에 이르게 된다고 말하고 있다.[3] 특히 다섯 덮개의 가장 안쪽에 있는 지복의 층, 아난다마야 코샤는 참자아의 본질적 상태와 아주 유사해서 종종 그 단계를 참자아로 착각하지만, 그 층도 참자아가 아니다. 참자아는 판차 코샤를 모두 초월한 곳에, 시공간과 생사를 해탈한 자리에 존재하기 때문이다.

따라서 인도인들의 이러한 분류 작업의 목적은 현상적, 심리적 요소로부터 참자아를 구분해 내기 위해서였다. 존재하는 현상적, 심리적 요소들은 마치 실재하는 것처럼, 그리고 스스로가 참자아인 것처럼 인간존재를 착각하게 만들기 때문에 매우 주의 깊게 분별해 내야 하며, 그러기 위해서는 참자아가 아닌 것에 대해서도 (그것이 환영에 지나지 않는 것일지라도) 정확한 이해가 필요했다.

인도 수행자들은 명상을 통해 이렇게 스스로에게 묻고 탐구하고 대답했다. 몸이 나인가? 몸은 내가 아니다. 프라나가 나인가? 프라나는 내가 아니다. 마음이 나인가? 마음은 내가 아니다. 감정이 나인가? 감정은 내가 아니다 등등. 이렇게 참자아가 아닌 것들을 부정해 나가는 수행법이 바로 부정법(method of negation) 네티 네티(neti neti)다. 심지어 참자아를 설명하는 언어일지라도 그것은 그저 언어이지 참자아 그 자체는 아니므로 부정되었다. 이렇게 참자아가 아닌 것들을 정묘한 차원까지 가려내면 궁극에는 참자아가 드러날 것이라고 그들은 믿었던 것이다.

탈동일시는 나의 정체성이 나의 전부가 아니라는 것을 인식하는 것

현대요가심리학이나 통합심리학도 동일시와 탈동일시를 반복하는 의식 성장을 이야기한다. 윌버의 발달론을 예로 들어 보자. 통합심리학의 현상적 자기(self)는 하나의 의식 수준이 가진 특성과 동일시해서 그에 맞는 자기 정체성을 만들어 내지만 보다 매력적인 다음 단계를 만나면 이전 단계와의 탈동일시를 시도한다. 자기(self)의 발달 과정을 정리해 보면 다음과 같다.

① 제1과정: 자기(self)가 진화함으로써 한 수준으로 올라가게 되면 그 수준과 자신을 동일시해서 하나처럼 느낀다.

② 제2과정: 자기(self)가 동일시하던 수준에서 이동을 시작하면 동일시했던 수준과 자신을 차별화하거나 탈동일시해서 결국 초월하게 된다.

③ 제3과정: 자기(self)는 더 상위의 수준과 자신을 동일시하고 그 수준에 자신의 중심을 위치시킴으로써 더 높고 넓은 곳을 포함하고 통합한다.[4]

이 같은 탈동일시는 결과적으로 자기(self)의 정체성을 변화시킨다. 우리는 늘 어제와 다른 나, 오늘보다 성숙한 내가 되기를 바라지만 내면 깊은 곳에서는 자신이 전혀 다른 사람이 될까 봐 두려움을 느낀다. 정체성의 변화는 그것이 진화나 성장의 방향일지라도 개인에게는 위기감을 느끼게 하는 일이다. 일종의 작은 죽음이기 때문이다. 그래서 윌버는 이것을 '삶과 죽음의 힘겨운 투쟁'이라고 표현했다.

여기서 주목해야 할 내용이 있다. 각 단계의 의식 수준에는 본래적인 자기감각이 없다는 점이 그것이다. 다시 말해 윌버가 말하는 9단계의 의식 수준에는 '나'라고 하는 의식 주체가 없다. 자기(self)와 의식의 기본 구조는 서로 분리되어 있기 때문이다. 그런데 우리는 '이게 나야.'라거나 '이 수준이 나야.'라고 생각하거나 표현하길 좋아한다. 이런 자기감각은 특정 의식 수준과 동일시한 자기(self)의 느낌일 뿐이지 의식 수준이 스스로 느끼는 게 아니다. 윌버의 표현을 빌자면 '의식의 기본 구조와 그 구조를 항해하는 자(self)가 별개의 사건'이기 때문에 '의식의 스펙트럼에 상응하지만 독립된 자기(self)의 스펙트럼'이 존재할 뿐이다. 이처럼 각각의 의식 수준에는 그 수준을 자기 것이라고 느끼는, 그러나 사실상 분리된 자기감각이 존재한다.

따라서 깨달은 현자들은 의식의 어느 한 단계에 접속되더라도 그 단계와 자신을 배타적으로 동일시하거나 그것에 속박되지 않는다. 자기(self)와 의식 수준이 분리되어 있다는 사실을 알기 때문이다. 불교가 말하는 '무아' 역시 이 같은 상태다. 무아란 자아가 존재하지 않는 상태를 말하는 게 아니라 특정한 의식 수준과 자기(self)를 동일시하지 않는 상태를 의미한다. 의식 수준에서 탈동일시된 상태라는 것이다.[5]

반대로 평범한 우리는 어떤 특정한 측면, 특정한 수준과 늘 동일시되어 있다. 나는 열등하다, 억울한 사람이다, 불행하다 등등으로 말이다. 사실 우리는 어느 한 측면만으로 자신을 설명할 수 없다.

우리는 열등한 측면도 남들보다 우월한 측면도 가지고 있다. 억울한 일을 당했지만 누군가를 억울하게 하기도 했고, 준 것보다 받은 게 많은 경우도 있었을 것이다. 또한 그 누구도 불행으로 점철된 삶을 살지는 않는다. 우리의 삶은 행복하기도 했겠지만, 어떤 이유에서인지 불행에 더 초점을 맞추게 되었을 것이다. 따라서 탈동일시는 기존의 정체성을 버리는 일이 아니라 그것이 자신의 일부에 지나지 않는다는 사실을 인식하는 것이다. "우리의 인격은 우리가 아니며, 단지 우리가 가진 일부일 뿐이라는 사실을 확인하게 되는 것"[6]이 바로 탈동일시다.

자아초월적 단계로 발달해 가는 과정에서도 마찬가지다. 자아초월적 발달은 개체에 한정된 협소한 인격과 탈동일시해서 보다 포괄적인 인식 상태와 동일시하는 과정이다. 우리가 '나'라고 경험하는 개별 인격은 우리의 정체성의 근원이 아니다. 그것은 이 세상에서 기능하고 표현되는 일종의 수단이며, '나'라고 하는 존재의 일부분에 지나지 않는다. 완전히 동일시되어 나 자신이라고 여겼던 것이 이처럼 나의 일부, 즉 나의 여러 측면 중 하나일 뿐이라는 사실을 자각하게 되면, 그 지점에서 탈동일시가 일어난다.

개별 인격의 과정과 초월적 인격의 과정을 항해하던 자기(self)는 최종 단계에 이르면 진화의 사다리에서 떨어져 나간다. 의식 수준이 높아질수록 자기감각이 희미해져서 의식 수준과의 동일시가 느슨해지다가 결국 분리되는 것이다. 그리고 마침내 '영'이 드러난다. 윌버가 말하는 자기(self)는 이처럼 끊임없이 정체성이 변화하다가 종국에는 소멸되는 특성을 갖고 있다.

이처럼 동일시와 탈동일시는 모두 의식의 진화를 위한 수단으로, 어느 한 시기에는 필요하고 다음 시기에는 필요하지 않은 상대적인 가치를 가지고 있다. 동일시와 탈동일시가 모두 의식 발달에 필요하다는 사실을 전제한 뒤 한 사람의 발달 과정을 조금 떨어져서 바라보면 그의 현재 고통에 대해 너그러워진다. 그가 어느 단계와 동일시하면서 그 단계가 갖고 있는 문제와 고군분투하는 것은 과도기적인 증상이면서 동시에 필연적인 과정이다.

나 자신에 대해서도 마찬가지다. 나의 반복된 고민도 내가 선 단계에서는 피할 수 없는 것이며, 그 고민이 충분히 무르익을 때 다음 단계가 저절로 드러날 것이다. 물론 현재의 고민이 마치 절대적인 문제인 것처럼 현실감 있게 경험할 필요가 있다(동일시). 다만 현재 내가 경험하는 것이 전부가 아닐 수도 있다는 생각을 늘 염두에 두고서 말이다. 이것이 바로 탈동일시의 시작일 것이다.

통합은 분화가 전제되어야 한다

심리학에서 탈동일시와 동일시는 각각 분화와 통합이라는 개념과 맥락을 같이한다. 그러나 양자가 완전히 똑같지는 않다. 먼저 탈동일시와 분화는 하나에서 둘로 갈라진다는 점에서 같지만, 탈동일시는 대체로 주체의 관점에서 서술된 개념이다. 즉 발달의 주체가 대상과 융합된 상태에서 벗어나는 것을 탈동일시라고 할 수 있다.

반면에 분화는 주체와 대상에 대한 특별한 구분 없이 그저 하나가 다수로 분리되는 것을 의미하는 경우가 많다. 예를 들어 유아의 초기 감정 상태는 쾌(즐거움)와 불쾌(불편감)라고 하는 두 가지로 시작되지만 성장할수록 다양한 감정으로 분화된다. 쾌는 다양한 긍정적 감정, 즉 만족스러움, 친밀감, 뿌듯함, 행복감, 편안함 등으로 분화되고, 불쾌 역시 여러 부정적 감정으로 분화된다. 분노, 공포, 불안, 죄책감, 울적함, 아쉬움, 야속함 등이 그것이다.

차크라 체계에서는 차크라의 꽃잎 수가 의식의 분화 과정을 상징하는 것으로 추측해 볼 수 있다. 물라다라에서 4장으로 시작된 꽃잎의 수는 6장, 10장, 12장, 그리고 비슏디에서 16장으로 늘어났다가 아즈나 차크라에 이르러 2장의 꽃잎으로 줄어든다. 이것은 마치 분화된 것들이 곧 하나로 통합될 것임을, 통합이 임박했음을 보여 주는 상징이다. 사하스라라의 상징은 천 개의 꽃잎으로 이루어진 한 송이의 꽃이다. 그것은 1000으로 상징되는 수없이 많은 분화된 조각들의 통합을 의미한다고 할 수 있다.

윌버가 제시했던 '전초오류(pre-trans fallacy)'는 의식의 분화가 인간의 성숙을 가늠하는 결정적인 기준이라는 사실을 알려 준다. 전초오류는, 의식이 분화되지 못한 아기가 느끼는 평화를 인간존재의 근원적인 전체성으로 착각해서 인간이 회복해야 할 상태라고 여기는 것을 말한다. 윌버는 전(前) 개인 단계의 유아가 느끼는 지복감을 참자아와의 합일 경험에서 오는 초개인 단계의 지복감과 혼동해서는 안 된다고 주장했다. 유아가 느끼는 지복감의 상태인 플레로마(pleroma)는 그야말로 미분화된 상태다. 진정한 의식 발달은 충분한 분화 과정을 거친 뒤에 다시 통합되는 초개인적 상태로 나아가는 것을 의미한다.

여러분은 어린 시절의 순수함을 찬미하고 심지어 신격화하는 이야기를 많이 들었을 것이다. 오래전 읽었던 불교 에세이 중에 이런 내용이 있었다. 어린아이 한 명을 맡아 기르던 한 스님이 있었다. 그런데 이 스님이 외출을 하게 되어 다른 스님에게 아이를 잠시 부탁했다. 아이를 돌보게 된 스님은 이 아이가 예의도 모르는 천방지축이라고 생각했다. 스님은 아이에게 존댓말과 인사하는 법을 가르쳤다. 드디어 외출했던 스님이 돌아왔는데, 아이가 자신에게 깍듯하게 인사를 하는 게 아닌가. 스님은 안타까움에 무릎을 쳤다. 좋고 싫음이나 옳고 그름에 대한 아무 편견이 없던 아이의 순수함을 훼손했다고 생각했기 때문이다.

그러나 아이의 순수함은 아직 미분화된 의식의 특성일 뿐이다. 발달심리학의 관점에서는 주 양육자와 동일시하던 낭만적인 자아상에서 자신을 분리해 내야 다음 단계로 이행이 가능해진다. 아이는 어른과 자신이 다른 존재임을 인식해야 하고, 예의를 배움으로써 거리 두기를 할 수 있어야 한다. 그리고 결국은 형식에 얽매인 예의의 문제점을 발견한다. 불교에서는 분별심과 차별하는 마음을 가장 경계하지만, 의식이 발달할수록 인간은 분별하고 비교하고 시시비비를 가리게 된다. 인류가 이룩한 문명도 인간의 이 같은 인식 과정, 즉 구분하고 비교하고 차이를 발견하는 식의 전두엽 활동으로 가능해졌다.

진정한 통합이란…

충분히 분화되었다는 것은 진정한 통합이 가능해졌다는 의미이기도 하다. 사전적 의미를 보자면 동일시는 '대상과 자신을 의식적으로나 무의식적으로 같은 존재로 여기는 것 또는 하나로 얽히는 것'을 말하고, 통합은 '인격의 구성 요소가 조화로운 구조를 이루는 일'을 뜻한다. 정리하자면 통합은 '분화된 부분들의 조화로운 하나 됨'이다.

전통적 개념이지만 베단타의 불이일원론이 아주 좋은 예가 될 수 있다. 즉 현상적 자기와 초월적 자기는 현상적으로는 다르게 보이지만 본질적으로 같아서 궁극적으로 하나라고 보는 것이 불이일원론이다. 모든 것이 오직 하나라고 보는 일원론과 달리 불이일원론은 둘이 아닌 하나를 이야기한다. 즉 하나 속에 존재하는 분화된 둘을 인정하는 것이다. 앞서 반복해 설명했듯이 탄트라 사상의 시바와 샥티도 좋은 예다.

현대에 와서는 윌버가 소개한 사상한이 분화를 통한 통합의 대표적인 본보기다. 사상한에서 존재는 네 영역(내면과 외면, 개인과 집단)으로 나뉘고, 각 영역마다 진화의 단계를 가지고 있다. 그리고 이 모든 것들은 서로 긴밀히 연결되어 있어서 하위 수준을 포함하면서 초월하는 대둥지의 체계로 이루어져 있다. 이를 통해 정묘 에너지로서의 차크라도 인간존재 안에서 자신의 위치를 갖게 되었다. 그것은 더 이상 신비하고 낯선 무엇이 아니라 의식의 바깥 면, 즉 우상상한에 위치한 에너지에 해당된다.

이처럼 발달은 "어떤 곳에서 일어나든… 총체적인 것이며, 분화가 결여된 상태로부터 점차 증가하는 분화, 명료함 그리고 위계적 통합으로 진행해 가는 것"[7]이다.

정리하자면 탈동일시와 그에 따른 분화는 의식 발달에 있어서 필연적인 과정이다. 현대인들이 다양한 감정을 경험하고 수많은 생각 속에서 길을 잃는 것은 인간 의식이 분화되는 과정에서 경험하는 불가피한 고통일 수 있다. 과학과 문명의 발전과 함께 사회가 파편화하고 단절되었다고 사람들은 낙담하지만, 이 또한 인류의 의식 발달에 따른 불편하지만 자연스러운 과정일지도 모르겠다.

다만 세분화된 것들에 대한 전체적인 그림, 통합적 안목이 아직 우리에게 없는 것이 문제가 된다. 전체를 바라보는 안목이 없을 때 분화가 아닌 분열이 일어난다. 전체 중에서 어떤 부분만 선택적으로 자신과 동일시하고 나머지를 적대시하기 때문이다. 이렇게 되면 우리 자신과 화해할 수 없는 내면의 적이 만들어지고, 우리는 격렬한 내적 갈등으로 소진되어 간다. 이 상태를 감당할 수 없는 사람들은 자신의 적대적인 부분을 외부로 투사해서 사회적으로 적대적인 집단을 만들어 낸다. 개인의 심리적 문제를 사회에 옮기는 과정이 바로 이것이다.

양극성과 대극의 통합

현상계의 양극성은 분명 고통의 원인이지만 이 둘을 통합할 때 진화는 가속화한다. 물질과 정신의 통합을 상징화한 샥티와 시바의 결합, 해(하)와 달(타)이라는 의미를 가진 하타 요가, 좌도 탄트라의 남녀 성행위 등이 모두 양극성을 이용해 진화의 사다리를 만들고자 한 노력의 산물이다. 상키야 철학이 말하는 푸루샤의 해탈, 즉 독존은 프라크리티가 양극성으로 이루어진 현상계를 만들어 냄으로써 가능하다.

현상계는 필연적으로 대극성을 띠고 있으며 인간은 이로 인해 고통과 괴로움을 경험한다. 그러므로 인간의 고통과 괴로움은 피할 수 없는 문제이며, 다만 고통의 강도를 약화시킬 수 있을 뿐이다. 아자야가 말했듯이 하위 차크라일수록 대극성은 생존과 연결되어 있어서 더 고통스럽다. 죽느냐 사느냐, 버림받느냐 버리느냐,

1부 차크라와 의식의 발달

또는 지배하느냐 지배당하느냐 등의 문제로 인생의 드라마를 경험하기 때문이다. 그런데 아이러니하게도 바로 그 고통이 인간을 성장하게 한다. 양극성의 고통에서 벗어나기 위해서는 진화의 사다리에 오를 수밖에 없기 때문이다.

더 나아가 융은 정신적 대극성이 인간 정신의 기본 조건이라고 보았다. 대극의 가장 대표적인 두 요소가 의식과 무의식이다. 그리고 대부분의 인간은 대극의 체험이 있어야 전체성도 경험할 수 있다. 대극성을 통합해 새로운 인격(Self)으로 거듭나기 위해서는 먼저 현실의 대극적 삶을 충분히 체험할 필요가 있다는 것이다. 그러지 않으면 의식의 힘으로는 어찌할 수 없는 운명적 힘이 존재한다는 사실을 이해할 수 없기 때문이다.[8]

> … 대극의 존재와 대극의 갈등을 삶 본연의 요청으로 받아들이고 대극을 철저하게 체험해 나감으로써 정신의 전체성, 즉 자기(Self)에 도달한다. 그 결과는 대극 간의 적당한 타협이거나 하나가 다른 것에 자리를 양보하는 것이 아니라 대극을 뛰어넘는 하나의 경지, 융이 초월적 기능이라고 부른 것에 의한 새로운 의식성의 탄생이다.[9]

융은 차크라 체계에서 쿤달리니를 남성 수행자(요기)의 몸에 존재하는 대극적 요소, 즉 아니마로 보았다. 과거 쿤달리니 요가는 요기들을 위한 수련이었고, 차크라 체계 역시 요기의 몸을 모델로 만들어졌을 거라는 게 융의 생각이다.[10] 수련 과정에서 요기들이 경험하게 되는 내면의 낯선 힘을 그들은 여성적인 것으로 경험했을 것이다. 인간은 낯선 것, 이질적인 것을 대극적인 것으로 여기기 때문이다. 어쨌든 이것이 바로 아니마다. 아니마는 남성의 내면에 있는 여성성이며, 더 정확히는 페르소나의 대극적 정신 요소다. 그리고 인간을 참자아로 안내하는 것이 바로 이 대극적 요소다.

에난티오드로미, 즉 대극의 반전이라고 하는 정신적 현상 역시 대극성에 기초해 있다. 한 차크라에서 다른 차크라로 이동하는 것, 즉 물라다라의 원소인 흙이 스와디스타나의 물로, 그리고 물이 불로 이행하는 것이 대극의 반전으로 가능해진다. 대극의 반전은 의식의 상승으로 이어지며 상승이 정점에 이르면 하강을 통해 지상의 삶으로 내려오게 해 준다. 이처럼 존재가 가진 양극성은 때로 의식의 발달을 촉진하는 기폭제로 작용할 수 있다.

살아가면서 우리는 종종 심리적으로 그리고 외부적으로 팽팽한 대극의 긴장을 경험한다. 이를테면 내적으로는 누군가를 향한 분노를 잠재우기 위해 자기 비난의 힘을 키웠을 수 있다. 사회가 요구하는 수동적인 여성성과 지나치게 동일시된 경우에는 이것을 보상하기 위해 내면의 아니무스 역시 그 힘을 키운다. 그 남성성은 부부 관계에서 남편과의 갈등으로 드러나거나 같은 여성들을 비하하는 방식으로 나타날 수 있다. 어떤 식으로든 양극성이 심화되고 대극의 긴장감을 경험하게 되면 누구나 고통을 느낀다.

그런데 이 불편감과 그로 인한 긴장 때문에 우리는 우리 자신을 돌아보게 된다. 팽팽해진 시선으로 나와 상대를 관찰하게 되는 것이다. 자각과 주의 집중, 그리고 알아차림이 이루어지면 우리는 결국 알게 된다. 우리가 경험하는 고통이 외부에서 온 게 아니라 우리 내부에서 비롯되었다는 사실을 말이다. 따라서 대극의 긴장은 의식의 발달과 진화에 있어서 그 시발점이 될 수 있다. 대극의 통합에 이르기 위한 조건이 무르익은 것이다. 의식 발달 과정에서 만나는 대극성은 이처럼 고통의 원인이면서 동시에 발달의 동인이 된다.

상승과 하강, 발달과 퇴행

자신이 점점 더 나아지고 있다거나 퇴보한다고 느껴질 때 그것이 자아의식이 내리는 판단은 아닌지 돌아볼 필요가 있다. 발달은 우리가 아는 것처럼 그렇게 단순한 일직선상의 전진이나 상승이 아니다. 발달은 상승이나 진화와 반대되는 방향, 즉 하강이나 퇴행을 필연적으로 포함하거나 전제하기 때문이다. 그러니 섣부른 판단으로 일희일비하지 않으면서 자신의 경험을 좀 더 끈기 있게 지켜보는 게 필요하다.

의식의 진화를 상징하는 쿤달리니의 상승은 단순한 일직선으로 진행되지 않는다. 의식의 수준에 따라 쿤달리니의 출발점이 다르고, 단번에 상승하는 것도 아니다. 특히 수련 초기에는 쿤달리니가 각성되었다가 다시 잠들거나, 상승했다가 물라다라로 되돌아가는 경우도 있다. 또 어떤 경우에는 특정 차크라에 평생 정체되어 있기도 한다. 우리가 알고 있는 쿤달리니의 전형적인 상승은 사실 이론적으로나 가능한 이야기일 수도 있다.[11]

특히 인간의 진화가 하강으로 완성되어야 한다는 사티아난다의 주장은 상당히 설득력이 있다. 상승한 쿤달리니가 사하스라라에 도착해 시바와 합일하는 것이 일반적으로 알려진 진화의 완성이지만 쿤달리니 요가의 목적은 인간의 힘을 상승시켜서 신이 되는 게 아니라 그 힘을 지상의 삶에서 사용하는 데 있다는 것이다. 합일 상태의 지복감만으로 세상을 살아갈 수는 없기 때문이다. 그래서 합일 후에는 물질적 샥티가 위대한 정신성을 현실로 데려와야 한다.

그렇다면 샥티와 시바의 하강은 심리학적으로 어떤 의미를 갖고 있을까. 그것은 현실적 감각을 가진 자아의식이 무의식이나 상위 의식을 충분히 이해하고 관리할 수 있어야 한다는 것을 말한다. 또 그것은 뇌의 각성으로 얻게 된 우주적 지혜를 현실에서 사용하는 것을 의미하기도 한다. 각 차크라가 각성되어 뇌의 해당 부위를 자극하게 되면, 인간이 가진 잠재적 능력, 즉 우주적 지식과 힘, 그

리고 재능이 깨어난다. 우주적 지혜의 저수지가 현실에서 물꼬를 트게 된다는 것이다.[12]

융에게 있어 하강은 인생의 후반기에 의식이 무의식으로 향하는 것을 말한다. 인간이 자신의 내면을 깊이 있게 탐색할 때 '의식 수준의 저하'가 나타날 수 있고, 극단적으로는 정신분열과 같은 의식의 붕괴를 초래할 수도 있다. 또 일시적으로 우울증이나 공황장애, 이유를 알 수 없는 분노나 갈등 같은 것을 경험하기도 한다. 그러나 퇴행처럼 보이는 여러 장애와 어려움, 그리고 삶의 방해물들은 사실 의식의 외향적이고 일방적인 특성을 보상하려는 무의식의 작용이다. 무의식은 인생의 길목을 가로막고 우리를 고통에 빠뜨린 뒤 이렇게 이야기한다. 이제 세상과의 씨름을 멈추고 내면을 돌아봐야 할 때라고 말이다. 그리고 의식을 무의식의 바다로 끌어들인다. 현상적으로 그것은 의식의 침체기로 보이지만 실제로 의식은 그 기간에 휴식하고 자양분을 흡수한다.

어디로 가든 잘못된 것은 없다

차크라 체계에서 무의식의 하강은 물라다라를 지나 물의 영역인 스와디스타나에 이르는 과정이다. 바다를 상징하는 스와디스타나 차크라는 의식이 익사당하거나 파괴당할 위험을 안고 있지만 새로운 인격의 재탄생이 가능한 곳이기도 하다. 따라서 더 높은 의식(정묘한 차원)의 관점에서 보면 하강이 곧 상승이고 발전이 된다. 일반적으로 사람들은 무의식의 세계(스와디스타나 차크라)로 들어가거나 마니푸라 차크라의 정서, 그리고 아나하타의 감정을 경험할 때 동물적인 차원으로 퇴행하는 거라고 생각한다. 하지만 차크라 체계에서는 스와디스타나의 경험이 물라다라의 세계보다 더 상위에 있다. 스와디스타나의 경험을 통해 자아의식의 감옥에서 벗어날 수 있기 때문이다. 따라서 무의식으로의 하강은 현실에서는 퇴행으로 보이지만 전체의 관점에서 보면 진화다.

월버가 사용하는 하강과 상승, 또는 퇴화와 진화라는 개념 역시 우리가 통상적으로 알고 있는 발달의 개념과는 완전히 다르다. 하강과 퇴화는 초월적 자기가 물질로 현현하는 과정이며, 상승과 진화는 물질화된 존재가 자신의 본질을 찾아 나가는 과정을 의미한다. 월버의 이 같은 개념들은 상키야 철학이나 탄트라 사상이 말하는 세계의 전개를 연상시킨다. 세계의 전개는, 정묘한 정신 영역에서 물질로 현현하는 전 과정을 의미한다. 그리고 세계의 전개가 거꾸로 진행되는 과정이 요가 철학에서는 삼매의 단계면서 동시에 의식의 상승 과정이다.

결론적으로 이들 이론은 영의 하강과 퇴화를 통해 현상계가 생성되고, 상승을 통해 영성이 드러난다는 사실을 이야기하고 있다. 따라서 그것이 하강이나 퇴화든 아니면 상승이든 모두 영의 바탕 위에서 이루어지는 일이라는 것을 우리는 알 필요가 있다. 어느 방향으로 가든 잘못된 것은 없으며, 우리는 모두 본질적으로 초월적

1부 차크라와 의식의 발달

자기다.

성장을 위해 우리가 할 일은…

윌버는 의식의 발달을 '매우 혼란스러운 사건'이라고 표현했다. 의식의 매 단계에 분명한 경계선이 표시되어 있는 게 아니다. 그것은 마치 '파동'처럼 유동적이고, 무지개 색깔처럼 끝없이 농담이 펼쳐지는 데다, 다양한 발달 라인의 파동까지 겹친다.

뿐만 아니라 의식의 발달은 대개 순조롭거나 순탄하지 않기 때문에 우리는 언제든 퇴행하거나 하강할 수도, 재통합되거나 되돌아갈 수도 있다. 의식이 발달하는 원리도 혼란스럽기는 마찬가지다. 동일시와 탈동일시, 양극성의 대립과 그것의 통합, 그리고 상승과 하강, 진화와 퇴화 같은, 상반되어 보이는 방향으로 진행되기 때문이다. 다시 말하지만 의식의 발달은 상승이나 전진과 같은 일방적 방향성을 갖고 있는 게 아니다. 진행과 퇴행, 양극성이 공존하는 과정이며, 탈동일시와 동일시가 반복되는 과정이다.

융도 유사한 이야기를 했다. 의식 성장의 길은 대극으로 이어진 구불구불한 길이며 자아의식과 현실의 삶을 포함하는 미로와 같은 길이라는 것이다. 자아의식이 바라본 의식 성장의 길은 끊임없이 갈라지고 서로 대립하면서 우리를 혼란스럽게 한다.

의식 성장을 간절하게 원하는 사람들로서는 난감한 일이다. 자신이 성장하고 있는 건지 확신하기 어려운 데다 퇴행적 경험까지 수시로 나타나기 때문이다. 하지만 보다 넓은 시각으로 바라보면, 그러니까 참자아의 관점에서 보면, 우리가 어디를 향해 가든, 이전과 비교해서 어디에 서 있든 영성의 손바닥 안에 있으며 발달의 과정 중에 있다. 불행한 경험도 행복한 경험도 우리를 의식의 진화로 이끌 수 있다. 무엇보다 자신의 모든 경험을 의식의 성장을 위한 불쏘시개로 쓰겠다는 각오만 되어 있다면 퇴행조차 '이보 전진을 위한 일보 후퇴'인 것이 분명하다.

그러기 위해서는 조건이 있다. 자신의 경험을 실패라거나 잘못된 것이라고 쉽게 판단하면서 자책하거나 절망하지 말아야 한다. 자신의 경험을 그것이 고통이든 즐거움이든 평등하게 받아들여야 한다. 그 어떤 경험이든 있는 그대로 받아들이겠다고 마음먹으면 미로 속에서도 비교적 평온한 마음을 유지할 수 있다.

사실 의식 진화의 과정에서 경험하는 것들이 무엇인지 판단하기가 쉽지는 않다. 이 장에서 살펴봤듯이 발달의 과정은 매우 다양하고 복잡하기 때문이다. 반면에 우리의 시야는 다들 공감하겠지만 너무 좁다. 우리는 내일 일어날 일도 전혀 알 수 없다. 우리가 가진 등대의 불빛도 한계가 많다. 우리를 안내하는 불빛은 대부분 사회의 이데올로기, 문화, 영적 안내자, 그리고 책 속의 스승들이 하는 말인데, 그런 것들은 너무 보편적이고 집단적이어서 나 개인의 현주소와 갈 길에 대해 구체적으로 설명해 주지 못한다. 심지어 잘못된 방향으로 안내하는 경우도 많이 봐 왔다.

우리가 할 수 있는 일은, 영적 회귀본능에 따라서 암흑 속에서라도 한 걸음, 한 걸음 발을 내딛는 것이다. 쉽게 좌절하지 않고 실패했다고 판단하지 않으면서 말이다. 그리고 자신이 가 봤던 곳들을 기억하면서 (그곳이 퇴행한 자리였을지라도) 그 경험으로 자신의 시야를 넓혀야 한다. 그 경험들을 등대 삼아 결국은 자신의 지도를 자신이 완성해야 한다.

의식 발달에 순서가 있는가

차크라 연구자들은 발달이 전개되는 양상을 대체로 두 가지 관점에서 이야기한다. 물라다라에서 사하스라라까지 차크라가 배열된 순서에 따라 순차적으로 각성된다고 보는 관점이 그 첫 번째다. 현대요가심리학자인 아자야와 분석심리학의 융, 그리고 통합심리학의 윌버가 이에 해당한다. 이들은 이전 차크라의 발달이 선행되어야 다음 차크라로 이행할 수 있다고 주장한다. 두 번째는 차크라의 배열 순서와 상관없이 6개의 차크라 중에서 어떤 것이라도 먼저 각성될 수 있다고 보는 입장이다. 사티아난다와 정신생리학의 일부 연구자들이 이 같은 관점을 가지고 있다.

순차적 발달

현대 발달심리학은 인간 발달이 일정한 순서에 따라 진행된다고 본다. 프로이트의 심리성적 발달, 에릭슨(Erik H. Erikson)의 심리사회적 발달, 그리고 피아제(Jean Piaget)의 인지 발달은 모두 일정한 순서를 가지고 있다. 예를 들어 피아제의 경우 네 단계의 인지 발달 과정(감각운동기→전조작기→구체적 조작기→형식적 조작기)을 제시하는데, 각 단계에 도달하는 시기는 개인별로 차이가 있지만, 발달의 순서는 바뀌지 않는다고 말했다.

순차적 발달을 주장하는 차크라 연구자들도 이 같은 서구의 발달심리학과 맥을 같이한다. 우리가 대체로 알고 있는 차크라의 각성은 물라다라에서 시작되어 정수리의 사하스라라에 이르기까지 순차적으로 이루어진다. 각성된 쿤달리니가 수슘나 나디를 따라 일정하게 배열된 차크라를 건너뛰는 일 없이 통과하기 때문이다.

이 책에서 정신생리학적 연구로 소개한 벤토프의 쿤달리니 각성도 순차적 경로를 거친다. 심장에서 시작된 진동의 파장이 뇌 그리고 뇌실과 두뇌 피질을 차례로 자극하며, 이때 피질의 각 부위와 연관된 신체 영역이 감각을 느끼게 된다. 차크라의 각성을 뇌의 진동에 의한 것으로 봤기 때문에 순차성은 필연적이다. 진동은 가장 가까운 영역부터 자극하며 퍼져 나가기 때문이다.

아자야와 융도 순차적인 발달을 이야기한다. 먼저 아자야는 차크라 체계를 '진화의 사다리'라고 이름 붙였다. 사다리를 오르기 위해서는 가장 아랫단부터 한 칸씩 차례로 발을 디뎌야 한다. 스와디스타나의 단계에 오르기 위해서는 반드시 물라다라 차크라의 수준을 지나야 하며, 의식이 비슷디에 있다는 것은 아나하타까지의 의식 수준을 모두 거쳐 왔다는 것을 의미한다. 융이 말했듯이 차크라의 다섯 원소가 흙 → 물 → 불 → 공기 → 에테르의 순서로 이동하는 것도 물질에서 정신으로의 순차적인 진행 과정을 보여준다.

순차적인 의식발달론을 주창한 가장 대표적인 인물은 윌버일 것이다. 그가 말하는 9단계 또는 10단계 의식의 기본 수준은 순차적인 발달 모델로, 그 순서가 뒤바뀌거나 어느 단계를 건너뛸 수 없다. 이전 단계를 기반으로 다음 단계가 만들어지기 때문이다. 윌버의 말을 빌자면 "문장이 있기 전에 단어들이 있어야 하고, 문단이 있기 전에 문장들이 있어야 하는 것과 마찬가지"로 발달도 필연적으로 이전 단계를 전제로 한다. 물론 기본 수준을 중심으로 해서 펼쳐지는 발달 라인(도덕성·정서·인지 등)은 각기 다른 속도와 역동, 시간 계획에 따라 발달한다. 예를 들어 어떤 사람은 인지적 발달 라인이 매우 빨리 발달했지만, 도덕성의 발달은 느릴 수 있다. 하지만 각각의 라인이 가진 순서는 거꾸로 되거나 바뀔 수 없어서 모든 발달단계가 순차적 발달 과정을 밟아 나간다.

비순차적 발달

반면에 차크라를 중추신경계나 내분비샘과 연결시켜 설명하는 연구자들은 개별 차크라의 활성화와 각성에 대해 이야기한다. 대표적으로 사티아난다[*]의 주장을 예로 들 수 있다. 각각의 차크라는 뇌의 서로 다른 부분과 독립적으로 연결되어 있기 때문에 차크라의 각성은 개별적이며 독립적으로 일어난다는 것이다. 따라서 일부 차크라만 각성될 수도 있고, 특히 하위 차크라를 제외한 상위 차크라에서만 각성이 일어날 수도 있다. 이런 경우 개인은 각성된 차크라에 상응하는 뇌가 자극되어 특별한 능력을 발휘할 수 있게 된다.

이처럼 각성의 순서가 바뀔 수 있다고 봤기 때문에 사티아난다는 차크라 수련을 시작할 때 아즈나 차크라를 제일 먼저 각성시켜야 한다고 주장했다. 관찰하는 능력과 이성적 힘을 가진 아즈나 차크라가 먼저 각성되어야 하위 차크라의 부정적 카르마가 활성화되어도 그것에 휘둘리지 않고 오직 지켜볼 수 있기 때문이다. 부정적 카르마란 물라다라의 폭력성이나 스와디스타나의 성적인 욕구, 그리고 마니푸라의 권력욕이나 지배욕 등이 만들어 내는 문제들이다. 어쨌든 아즈나 차크라를 먼저 각성시켜야 한다는 사티아난다의 주장은 차크라를 개별적, 선택적으로 각성시킬 수 있다는 전제 아래서 가능한 일이다.

이렇게 개별 차크라가 독립적으로 각성될 수 있다고 하더라도 궁극적으로는 모든 차크라를 조화롭게 발달시켜야 한다. 모든 차크라의 조화로운 발달이야말로 의식의 진화를 성공적으로 완성시키는 길이기 때문이다. 만약 하위 차크라를 도외시한 채 상위 차크라만 활성화시킬 경우 일시적으로는 영적 단계에 도달한 듯 보이지만 곧 하위 차크라의 덫에 걸려 추락할 수도 있다.[3]

내분비샘과 차크라의 관계를 연구한 사람들도 같은 입장이다. 각각의 내분비샘은 서로 밀접하게 관련되어 작용하며, 특히 아즈나 차크라에 상응하는 송과선과 뇌하수체는 모든 내분비샘에 영향을 미치는 중심적 역할을 한다. 내분비샘은 특히, 독립적으로 호르몬을 생산하는 체계가 아니라 복잡하게 연결되어 균형을 잡는 체계다. 따라서 연구자들은 특정 차크라가 독립된 내분비샘과 연관되어 있다고 전제하면서도 다른 한편으로는 차크라들 간의 밀접한 연관성과 영향력을 강조한다. 이들도 순차적 발달을 주장하는 연구자들만큼 차크라의 전체적 발달이 필수적임을 인식한 것이다. 이들이 말하는 의식의 발달이나 성장은 결국 특정한 순서가 없는 의식의 확장이다.

이들의 주장은 차크라의 성격심리학적 가능성을 보여 준다. 각 차크라가 사람마다 서로 다른 정도로 각성되어 있다면 성격적 특성으로 볼 수도 있기 때문이다. 차크라를 성격심리학의 차원에서 연구하는 흥미로운 작업이 이루어지기를 기대해 본다.

1부 차크라와 의식의 발달

차크라가 순차적으로 발달한다는 입장에서 보면 인간 의식의 최종 단계인 참자아에 도달한다는 것은 결국 그 이전의 모든 차크라를 활성화시켰다는 것을 의미한다. 따라서 순차적 발달의 관점을 가진 차크라 심리학은 먼저 하위 차크라를 활성화시키기 위한 방법을 모색해야 한다. 발달의 시작은 하위 차크라에서 이루어지기 때문이다. 또한 일정한 단계를 따라 의식을 성장시킬 수 있도록 안내할 내적 지도가 마련되어야 하며, 각 차크라에서 생길 수 있는 발달의 여러 장애에 대한 연구도 필요하다.

개별 차크라의 독립적 각성이 가능하다는 관점에서 보면 인간은 저마다 다른 차크라가 활성화된 상태다. 이 경우 온전한 발달은 나머지 차크라들을 활성화시켜서 조화와 균형을 이루는 것이다. 따라서 차크라들 간의 조화와 균형적 발달을 촉구하는 수련 방법이나 치료 방법이 필요할 것이다.

무엇을 향해 가는가

: 전일성

존재의 전일성을 이야기하기 전에 노파심에서 전제해야 할 게 있다. 전일성은 주입되거나 강요되어서는 안 된다. 개인의 경계선이 미약한 사람들, 즉 아이들이나 심리적으로 취약한 이들에게 '우리는 모두 하나'를 강조한다면 집단을 위해 개인을 희생하게 만드는 전체주의로 작용할 수도 있다. 현상적 자기가 건상하게 발달하면 전일성에 대한 체험적 이해는 자연스럽게 따라온다. 그러니 정답부터 암기하는 습관은 버리자.

　아마도 우리 대부분은 의식 발달의 궁극적 목표에 이를 수 없을 것이다. '이번 생은 글렀어.'라는 우스갯말처럼…. 다만 생을 마칠 때까지 어떤 방향을 향해서 개미처럼 걷고 또 걸을 것이다. 앞서 윌버와 융이 말한 것처럼 미로와 같이 어지럽고 혼란스러운 의식 성장의 길을 말이다. 그렇다면 우리는 어느 방향을 향해 가고 있는 것일까? 자아의식의 협소한 관점에서는 지금 내가 선 자리를 알 수 없으니 방향을 가늠할 수도 없다.

이제까지의 논의를 종합해 본다면 우리의 의식이 향하는 방향은 전일성이다. 모든 존재는 전일성으로 가는 길을 따라 걷고 있다는 것이다. 사전적 의미에서 그것은 '하나의 전체로서 완전히 통일을 이루고 있는 성질'이다. 그렇다면 각 이론은 전일성에 대해 어떻게 설명하고 있는지 지금부터 그 이야기를 해 보겠다.

전일성의 세 가지 의미

신성

전일성을 신성이나 영성의 특성으로 보는 주장이 있다. 실제로 전일적(holistic)이라는 단어의 어원은 영적인 의미를 가진 '신성한(holy)'이다. holy를 파생시킨 그리스어 홀로스(holos)는 사물의 온전성(entirety)이나 완전함(completeness)을 뜻하기도 한다.[1] 따라서 전일성은 부분들이 모여 완벽한 조화를 이루는 상태, 즉 인간적 갈등을 넘어선 이상적이며 신적인 세계의 특성을 의미한다.

'신성한'이라는 뜻을 가진 전일성은 신성, 다른 말로는 초월적 자기의 일원론적 패러다임에서 나온다. 일원론적 모델에서는 오직 단일성(unity)만 존재하기 때문에 인간의 모든 측면은 온전한 하나, 즉 단일성에 의해 안내되고 통합된다. 이때 신성은 인간과 분리되거나 대립하지 않으며, 인간과 하나인 또는 인간 안(초월적 자기에는 안과 밖이라는 개념이 없지만)에 존재하는 것으로서 존재의 진정한 주체. 신성이나 영성이 인간과 분리된 존재가 아니기 때문에 그것은 그저 드러나고 인식되기만 하면 된다. 이 관점에서 보면 모든 존재는 이미 전일적이고 온전하다. 이 책에서 소개한 네 가지 이론이 모두 인간 안에 존재하거나 인간을 포함하는 영성에 대해 이야기했다.

온전성과 전체성

두 번째 전일성의 의미는 융이 말하는 온전성(ganzheit)과 전체성이다. 전체성은 인간의 대극성과 관련한 모든 것을 포함하는 단어다. 즉 드러난 것과 감추어져 있는 것, 대극성, 현실의 삶과 정신적인 것, 의식과 무의식 등이 그것이다. 이 모든 것들을 의식화함으로써 인간은 궁극적으로 "통일체적 세계 혹은 하나의 세계(unus mundus)에 대한 체험"[2]이 가능해진다. 집단무의식에 있는 모든 원형들의 통일적 결합 상태를 경험하게 되는 것이다. 이 같은 결합 상태를 이부영은 태양계에 비유했다. 마치 태양계처럼 자기(Self)를 중심으로 수많은 원형들이 질서정연하게 배열된 상태가 그것

이다.[3]

그런데 전체성에는 긍정적이고 이상적인 측면뿐 아니라 이제까지 인류가 위험하다고 여기면서 외면했던 측면도 포함된다는 사실에 주목할 필요가 있다. 이것이 바로 온전성이다. 온전성은 순백의 완전무결함이 아니라 불완전함이나 결함을 포함하는 개념이다. 이것이 바로 인간이 추구해야 할 방향이라는 것이다. 온전성에 포함된 결함을 융은 '육체 속에 박힌 가시'로 표현했다.

> 삶이 그 완성을 위해 필요로 하는 것은 완전무결함이 아니라 온전성이다. 이를 위해서는 '육체 속의 가시'(신약성서 「고린도후서」 12장 7절), 즉 결함을 감내할 필요가 있으며, 그렇지 못한 경우 어떤 전진도 비약도 있을 수 없다.[4]

흥미로운 것은, 온전성에 포함시켜야 할 결함이 여성적인 요소와 육체라는 점이다. 인류가 위험하게 여기면서 외면해 왔던 자연, 모성, 또는 육체성을 기독교의 삼위일체설에 포함시켜서 사위체가 되도록 해야 한다고 본 것이다.[5]

참고로 말하자면, 인류가 위험하게 여겼던 부분을 통합해야 한다는 이 같은 주장은 융의 개인적인 의견이 아니다. 그것은 서구의 비밀스러운 종교 전통인 연금술이나 그노시즘이 오래전부터 전해 온 내용이었다.

이쯤에서, 기존의 차크라 체계에 여성주의적 관점을 통합시켜야 한다고 주장하는 연구 하나를 소개해야겠다. 우리가 알고 있는 7개의 차크라 체계는 남성 위주의 가부장제 역사 속에서 형성되고 계승되었기 때문에 모성 기반의 센터들이 제외된 상태다. 게다가 남성성을 우위에 두는 위계적인 관점을 갖고 있다. 즉 여성적 측면(정서적인 측면)의 차크라를 하위에 두고, 남성적 측면(정신적 측면)의 차크라를 상위에 위치시킴으로써 남성적 측면을 더 우월하게 여겼다는 것이다. 이런 배치는 모든 인간이 가지고 있는 여성성에 부정적인 영향을 미칠 수밖에 없다. 자기 안의 여성성을 저평가하게 될 것이기 때문이다.

따라서 이 연구는 여성적, 모성적 차원의 차크라를 기존 차크라 체계에 포함시켜 대중화해야 한다고 주장한다. 가슴 차크라는 원래 중앙(흉선)의 오팔 차크라와 가슴 왼쪽의 녹색 차크라, 그리고 오른쪽의 분홍색 여성 차크라로 나뉘어 있었다. 그 밖에도 음경/음핵 부위의 불 차크라, 배꼽의 금색 차크라, 입/혀/뇌간의 코발트 차크라 등 12개 차크라기 존재한다. 모성 기반의 차크라를 포함하는 이 같은 차크라 체계는 인간존재를 통합적으로 이해하게 해 주며, 남성성을 중심으로 하는 위계질서 없이도 서로를 상승적으로 지지할 수 있다는 사실을 알려 준다.[6]

확장성

세 번째, 그러므로 전일성은 티끌 없음이 아니고 차별 없이 끌어안고 확장하는 것이다. 이에 관해서는 융과 윌버의 설명이 매우 적절하다. 융은 모든 차크라의 경험을 포함하는 확장된 의식이야말로 가장 높은 수준의 의식이라고 보았다. 쿤달리니가 상승할수록 더 많은 차크라를 경험하게 되고 의식은 그만큼 확장되기 때문이다. 이 과정을 통해 인간은 이 세계에 자기 자신이 아닌 것은 아무것도 없다는 사실을 깨닫는 궁극에 이르게 된다.

> 누군가가 자아의식이 아닌 완전한 의식의 상태인 아즈나 센터에 도달했다고 가정해 보자. 그것은 모든 것을 포함하는 매우 확장된 의식일 것이다. 그 의식은 '그것이 그대이다(That is Thou)'일 뿐 아니라 그것 이상—모든 나무, 모든 돌, 모든 산들바람, 모든 쥐꼬리, 즉 당신 자신이 모든 것임을 안다. 즉 당신 자신이 아닌 것은 아무것도 없다. 이와 같이 확장된 의식 속에서 모든 차크라들은 동시에 경험될 것이다. 그것이 의식의 가장 높은 상태기 때문이며, 그것이 이전의 경험을 포함하지 못한다면 가장 높은 수준이 아닐 것이기 때문이다.[7]

That is Thou나 I am that이라는 문장은 이 세상 모든 것이 나이며, 나 아닌 것이 없다는 깨달음에 관한 것이다. 물론 이런 관점은 초월적 자기의 것이다. 전일성의 관점에서 보자면 가장 높은 의식은 가장 확장된 의식이며, 가장 확장된 의식 상태에서는 이 세상의 모든 것이 결국 자기 자신임을 알게 된다. 가장 신성한 것에서부터 이 세상의 보잘것없는 나무, 돌, 바람, 심지어 쥐의 꼬리에 이르기까지 자기 자신이 아닌 것이 없다는 사실을 말이다.

융에 의하면 우리가 성장한다는 것은 낮은 차원을 극복하거나 버리고 높은 차원으로 올라가야 하는 게 아니다. 성장한다는 것은 낮은 차원을 기억하고 수용하면서 더 넓어지는 것이다.

윌버가 말하는 의식의 발달도 마찬가지다. 하위 수준을 버리거나 벗어나는 수직적 상승이 아니고 이전의 것을 포함하는 전일적 확장이다. 모든 존재는 상위 수준이 하위 수준을 포함하고 초월하는 방식으로 구조화되었기 때문이다. 신체가 물질을 포함하면서 초월하고 다시 마음이 신체를 포함하면서 초월한다. 궁극에 이르기까지 '확장'되는 것이다. 이렇게 계속 포함하면서 초월하게 되면 영에 이르러서는 이 세상 모든 것이 다 포함된다. 그러니까 영은 하위 수준에서 벗어난 차원이 아니라 가장 하위의 것, 우리가 가장 하찮게 여겼던 것들조차 포함하는 궁극의 차원이다.

인간의 의식 발달이 궁극에 이르면 이때 존재는 온 우주 그 자체가 된다. 존재가 진화할수록 더 넓은 우주를 포괄하기 때문에 진화된 존재는 그만큼 통합적이고 전일하다. 그것은 모든 존재의 바탕이면서 그것들을 연결시키는 사랑이다.

그러므로 영은 모든 것을 넘어서고 모든 것을 포용하는 최고의 파동인 동시에 모든 파동의 영원한 바탕(순수하게 내재하는)이다. 대둥지는 사랑 ─ 에로스, 아가페, 카루나(karuṇā, 연민-저자 주), 마이트리(maitrī, 자애-저자 주)─ 이든 무엇이라고 부르든 그것의 다차원적인 격자라고 할 수 있다. 이 때문에 온 우주의 어떤 구석도 관심이 닿지 않는 곳이 없으며, 은총의 신비에서 소외된 곳이 없다.[8]

영, 즉 참자아에 관한 윌버의 표현은 정말 아름답다. 이렇게 모든 것을 초월하고 포용할 수 있기를 우리는 오랜 시간 간절히 바랐으며, 또 그렇게 되기 위해 분투했다. 그런데 이 지점에서 정확히 해야 할 것이 있다. 우리가 뭔가를 포용하기 위해 또 다른 것을 희생하고 있지는 않은지 섬세하게 돌아봐야 한다. 의식의 발달을 추구하는 사람들은 정신성을 선택하면서 하위 차원의 본능과 욕망을 희생시킨다. 이타적이라고 평가받는 사람들은 자기 밖의 대상을 포용하느라 개인적 욕구와 본능을 희생한다. 반대로 이기적인 사람들은 자신을 위해 세상을 희생시키고 있을 것이다. 이원성의 원리가 적용되는 이 세상에서는 자칫하면 하나를 얻기 위해 하나를 잃는 게임을 반복하게 된다.

그러나 전일성은 자아의식과 참자아 중 그 어느 것도 소외시키지 않는 개념이다. 그것은 또 낮은 차원의 욕망과 고도의 지성을 함께 포함하는 것이며, 그 어떤 것도 차별하지 않고 대하는 태도다. 그런데 사람들은 의식이 성장하면 개인적인 욕구나 현실적인 삶에 대한 애착이 없어야 하며 모든 고통에서 초연해야 한다고 생각한다. 파충류 뇌의 투쟁 본능이나 포유류 뇌의 다양한 정서성을 용납하지 못하는 것이다. 따라서 초월적 성장을 추구하는 사람들 중에는 현실적인 삶의 기반을 포기해야 한다고 생각하는 이들도 있다. 현실은 우리의 본능과 욕망을 자극하는 곳이기 때문이다.

인간에게 필연적으로 요구되는 전일적 발달을 거부하고 초월의 길만 고집하게 되면, 발달 과정에서 '이원성의 위기(crisis of duality)'에 맞닥뜨리게 된다. 개인적 발달과 자아초월적 발달의 불균형이 찾아오는 것이다.[9] 이렇게 될 때 현실적 삶은 붕괴되고 자아의식은 여러 가지 병리적 문제를 앓게 될 수 있다. 전일성의 관점에서 보면 가장 하위 차원의 차크라에서부터 상위 차원까지 소홀히 대해야 할 것은 없다. 사실 하위나 상위라고 하는 판단도 자아의식이 만든 기준이며, 더 큰 시야로 보면 각각의 차원은 존재에게 모두 중요하다.

우리가 지구상의 그 어떤 존재도 함부로 대하면 안 되는 것처럼, 그리고 함부로 평가하거나 비난하지 않아야 하는 것처럼 우리 자신의 심리적 측면을 대할 때도 마찬가지다. 그 어떤 의식도 낮거나 높다고 함부로 평가할 수 없다. 죽이거나 숨겨야 할 부분도 없다. 전일적 상태에서는 동물적 본능에서 신성에 이르기까지 다양한 정신의 측면이 각자 자신의 자리에서 자신의 역할로 우리를 떠받친다. 나라고 하는 존재는 그들과 함께하는 자다.

2부

1부의 내용이 차크라의 총론에 해당한다면 2부는 7개의 차크라에 대한 이해를 돕기 위해 마련했다. 먼저 각각의 차크라에 대해 인도의 전통적 해석은 무엇인지부터 간단하게 설명할 것이다. 그런 다음 이 책에서 소개한 각 이론의 심리학자들이 해당 차크라에 대해 어떻게 설명하는지 살펴볼 것이다. 흥미롭게도 그들은 힌두 전통의 차크라에 대해 깊이 있게 이해한 상태에서 자신의 관점으로 차크라를 설명하고 있다.

하지만 윌버의 경우에는 조금 복잡하다. 그는 자신이 만든 의식의 기본 수준 10단계를 기준으로, 차크라를 비롯해 전통의 지혜가 말하는 의식의 단계들을 적용했기 때문이다. 더욱이 그는 저작물이 출판된 시기에 따라 발달 수준에 상응하는 차크라가 조금씩 달라지기도 했다. 따라서 이 책에서는 통합심리학에서 제시한 차크라의 단계(167쪽 〈표8〉 참조)를 기준으로 소개하려고 한다.

차크라 백과

물라다라 차크라

전통적 해석
: 정신적 기둥 또는 토대

위치 항문과 생식기 사이

물질 원소 흙

의미 정신적 기둥이나 토대, 지지대, 뿌리 연꽃

모양 4개의 연꽃잎을 가졌으며, 한가운데 대지를 나타내는 노란색의 사각형과 꼭지점이 아래로 향한 삼각형이 위치해 있다. 그리고 삼각형 안에 스와얌부 링가(svayambhu linga)가 있다. 스와얌부 링가는 '스스로 존재하는 자' 또는 '자기가 자신의 원인이며 결과

그림14 | 물라다라 차크라[1]

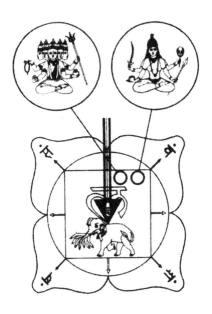

가 되는 자존(自存)'을 의미한다. 이 링가의 바로 위에 고동 껍질처럼 나선형을 한 뱀 모양의 쿤딜리니가 잠들어 있다. 또 이 차크라에 존재하는 남신은 어린 브라마로서 네 방향을 볼 수 있는 4개의 머리와 4개의 팔을 가졌으며, 여신은 순수 지성의 계시를 운반하는 다키니다.

상징 동물 위대한 마음, 위대한 창조성의 매개체인 코끼리

신통력 말에 능통해지고, 모든 질병에서 벗어나며, 영혼이 지극한

기쁨으로 가득 차게 된다. 또한 모든 질병에서 자유로워진다.[2]

정신적 특성　인간의 전반적인 삶과 낮은 차원의 삼스카라(saṃskāra, 잠세력), 카르마 등이 관련되어 있다. 삼스카라는 과거의 경험에 의해서 우리의 심층의식이나 잠재의식 안에 들어온 잠재의 인상이나 기억 등을 말한다. 삼스카라가 기억과 같은 심리적 기능이나 작용과 관련된다면, 카르마는 행위와 관계가 있다. 행위로 인해 발생하는 삼스카라가 바로 카르마다.[3]

　물라다라는 인간적 진화가 시작되는 곳이고, 자연의 법칙에서 벗어난 곳이기 때문에 진화하기 위한 인간적 노력이 필요하다.[4]

정신생리학의 해석
: 배설과 성적 기능

물라다라에 해당하는 신경총은 미저골 신경총이며, 고환에서 만들어지는 남성의 테스토스테론과 여성의 에스트로겐 및 프로게스테론 등이 물라다라와 관련된다. 그래서 물라다라는 배설작용과 성적 기능의 전반을 조절한다.[5]

　전통적으로는 가장 하위에 위치한 물라다라가 상위 차크라인 아즈나 차크라와 밀접한 관계에 있다고 전해진다. 물라다라 차크라에 집중하면 아즈나 차크라가 그 영향을 받기 때문에 물라다라가

'아즈나 차크라의 각성을 위한 직접적인 스위치'의 역할을 한다.[6]

현대요가심리학의 해석
: 동물적 차원의 생존 본능

물라다라 차크라의 키워드는 '생존'이다. 이 단계의 지배를 받는 사람들은 유물론에 입각해 있기 때문에 자신을 자기 신체와 동일시하며, 생존을 위협받는 상황에 대처하는 데 몰두해 있다. 따라서 기본적인 심리 양상은 '동물적인 차원의 생존 본능'으로 요약된다. 즉 자신을 보존하기 위한 본능적 행동과 반응, 야생동물의 성향, 신체 소멸에 대한 공포가 여기에 포함된다. 예를 들어 파충류 뇌의 투쟁-도피 반응이나 자신의 공격으로 잔뜩 얼어 있는 먹잇감을 어르면서 허세를 부리는 태도 등이 있다.[7]

이 차크라의 심리적인 문제는 공격받고 상처받는 것에 대한 지속적인 두려움이거나, 반대로 상대를 해치고 상처 입히려는 공격적 성향이다. 이런 성향은 상대를 죽이지 않으면 그가 자신을 공격할 거라는 비합리적인 공포에서 비롯된다. 결국 '공격자 대 피공격자'라는 극단적인 이분법에 의해서 원초적인 선악 개념이 생겨난다. 감정 역시 즐거움과 공포의 느낌으로 양분되어 있어서 공포를 느낄 때는 파괴적인 충동에 사로잡히게 된다.

2부 차크라 백과

그렇기 때문에 이 차크라에서는 편집증과 같은 극단적인 수준의 병리적 문제가 만들어질 수 있다. 이런 문제를 가진 사람은 부정적이고 파괴적인 자신의 성향을 타인에게 투사하기 때문에 조심해야 할 것은 자신이 아니라 상대라고 생각한다. 이런 인격의 부정적인 부분이 통합되지 않아서 계속 세상으로부터 거절당하면 다시 공포와 방어의 악순환을 반복하게 된다. 이 모든 증상은 물라다라 차크라의 흙의 원소가 결핍되어서 견고한 안정감을 느낄 수 없기 때문에 나타난다.

신체적인 이상은 대장과 관련된다. 이 또한 흙과 관련된 물질을 항문으로 배설하는 것에 문제가 생기기 때문이다. 그래서 원시적이고 근원적인 공포를 잘 느끼는 사람들은 대장 궤양이나 만성적 설사 같은 병에 걸린다.

사회적, 집단적 차원에서는, 미개한 원시사회·전쟁과 감옥·폭력 조직·홍수·태풍·심각한 자동차 사고 같은 특수한 상황에서 물라다라 단계의 지배를 받는다. 전쟁과 재난 등에 상시적으로 시달리는 현대사회의 일반적인 삶도 그 상태를 벗어나지 못한다. 심지어 사람들은 물라다라 단계와 관련된 것들을 일상에서 추구하기도 한다. 의학·범죄·전쟁·재난 영화 같은 것들을 보고 서바이벌 게임이나 자동차 경주·행글라이딩·아찔한 놀이 기구를 찾아다니면서 말이다.[8] 이런 경향은 모두 인간이 물라다라 차크라에 머물러 있기 때문에 만들어지고 반복되는 것이다.

분석심리학의 해석
: 육체나 물질과 동일시된 의식의 세계

융에 의하면 물라다라 차크라는 '완전히 정상적인 시민' 또는 '평범하게 살고 있는 현대 유럽인들'의 의식 상태다. 뿌리를 의미하는 물라다라는 인간이 서 있는 땅이면서 동시에 인간존재의 뿌리가 되는 육체를 말한다. 자아의식의 세계도 이에 속한다. 따라서 이 차원에서 인간은 개별적이고 육체적인 존재에 지나지 않는다.

정신적으로, 자아의식은 깨어 있지만 무의식(링감[lingam, 남근신]과 쿤달리니 같은 신들)은 작은 싹에 불과하거나 잠들어 있는 상태이기 때문에 인간은 극히 미미한 자아의식의 세계만 경험할 수 있다. 분석심리학은 무의식을 바다에, 자아의식을 망망대해에 떠 있는 작은 섬에 비유하는데, 물라다라 차원의 인간은 작은 섬만 인식한 상태에서 그것이 세계의 전부라고 믿으며 살아가는 것이다.

우리가 무의식에 대해 알지 못하고 오직 의식에 의지해서 살아간다는 것은 역설적이게도 완전히 무의식적인 상태라는 것을 의미한다. 무의식에 대해 모르면 그것에 의해 잠식되거나 사로잡힐 수 있기 때문이다. 그래서 이 단계의 인간은 충동이나 본능, 또는 무의식이 만들어 내는 관계의 제물이 되곤 한다. 증오와 혐오, 미움, 그리고 맹목적인 사랑 등이 그것이다. 이처럼 무의식 속에 미미하게 존재하는 자아의식은 충동이나 본능 등 무의식의 강력한 영향으로 사라져 버릴 위험에 처할 수 있다.

　이 차크라의 상징에서 사각형은 인간의 땅, 지구를 의미하며, 동물은 땅의 세계를 지탱하는 코끼리다. 인도인들에게 코끼리는 길들인 동물이기 때문에 길들여진 리비도를 상징한다. '길들여진 리비도'란 자아의식과 비교적 가까운 충동을 의미한다. 따라서 물라다라의 코끼리는 인간의 의식을 지탱하는 거대한 충동, 즉 의식의 세계를 구축하도록 인간을 강제하는 힘을 상징한다.[9]

　이 차크라는 숫자 4가 강조된다. 사각형뿐 아니라 4개의 꽃잎, 4개의 문자, 4개의 화살표, 4개의 코끼리 다리가 그것이다. 특히 지구를 상징하는 사각형이 하나의 원에 둘러싸여 있는데 이것은 모든 것을 포함하는 전체(원)에 지구가 통합되어 있다는 뜻이다. 이것은 전체 정신 속의 자아의식을 의미한다.[10]

통합심리학의 해석
: 미분화된, 동물적 충동의 단계

물라다라 차크라는 윌버의 10단계 의식의 발달 수준 중에서 첫 번째 단계인 감각물리적 단계, 즉 감각운동 수준에 상응한다. 이것은 유기체의 가장 단순한 물질적 기층으로, 판차 코샤의 안나마야 코샤, 피아제의 감각운동기에 해당한다. 따라서 이 시기의 신생아가 처음 갖는 감각과 지각 능력은 감각운동성 수준의 지성이다. 감각 운동기(출생 후~2세)는 피아제의 인지 발달 4단계 중에서 첫 번째 단계로서, 이 시기 유아의 행동은 감각 자극에 대한 운동 반응이 대부분이기 때문에 감각운동기로 불린다.

물라다라는 가장 낮은 위치에 존재하지만 윌버는 물라다라가 가진 잠재성에 주목한다. 쿤달리니라는 뱀이 그곳에 존재하기 때문이다. 물라다라는 의식의 스펙트럼이 보여 주는 인간의 모든 의식 수준이 잠들어 있는, 가능성과 잠재력의 영역이다. 사하스라라에 이르는 상위 의식의 시작이 바로 이 차크라에서 시작되기 때문이다. 하지만 이 차크라가 항문과 성기 부위에 위치해 있다는 점에서 상위 의식의 잠재력은 아직 물질적이고 본능적이며, 동물적인 기능에 머물러 있다. 그래서 윌버는 물라다라를 '존재의 가장 낮은 기부', '첫 차크라', '물질적', '플레로마적', '미이원론적(adualism)', '우로보로스적', '영양분이 제공되는', '내장과 관련된 음식 충동' 등의 개념으로 설명했다.

플레로마는 원래 종교적 신비주의에서 신의 은총으로 충만한 상태를 설명할 때 사용하던 개념이었다. 하지만 융심리학에서는 원시적인 의식 상태, 즉 자신과 대상, 그리고 내적 경험과 외적인 자연 세계가 미분화되어 혼란스러운 상태를 말한다. 우로보로스는 자기 꼬리를 물고 있어서 머리와 꼬리가 분리되지 않은 뱀의 형상을 말하며, 원, 자궁, 모성 등을 상징하는 개념이다. 따라서 우로

보로스 시기의 아이는 모성적 특성이 두드러지는 반면, 자아는 아직 작고 무력하며 대부분 무의식적이다. 이 시기 아이들은 대부분 동물처럼 본능적인 것에 빠져 있고, 무의식이나 생리적 지배를 받는다. 윌버는 이처럼 플레로마와 우로보로스가 모두 인간존재의 가장 초기 단계에 경험되는 것이어서 최초의 자연적 합일 상태라고 보았다.[11]

스와디스타나 차크라

전통적 해석
: 성적 욕망

<u>위치</u> 수슘나 내부의 생식기 뿌리. 미저골

<u>물질 원소</u> 물

<u>의미</u> 자신의 거주처. 애초에는 쿤달리니의 자리가 이곳이었으나 추락해서 물라다라로 내려갔다고 알려져 있다.[1]

<u>모양과 상징 동물</u> 6개의 진홍색 꽃잎 모양을 하고 있으며, 내부에는 희고 빛나는 초승달 모양의 물기를 머금은 영역이 있고, 그 위에 바다괴물인 마카라와 비자 밤이 위치해 있다. 이 차크라에는 하리

그림15 | 스와디스타나 차크라²

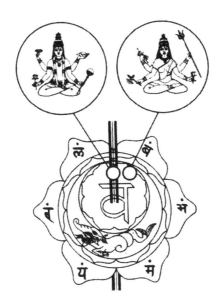

라고 불리는 파란빛의 남신 비슈누와 무기를 손에 들고 푸른빛으로 빛나는 여신 라키니(Rākini)가 있다.³

<u>신통력</u> "사랑의 여신들이 애정을 다투게 되고, 여러 경전들을 거침없이 암송하고, 모든 질병에서 해방"⁴된다. 또 아함카라의 결점에서 벗어나 "요기들의 왕이요, 무지의 짙은 어둠을 비추는 태양이 된다."⁵고 알려져 있다. 아함카라는 일종의 자아의식으로서 정욕, 분노, 탐욕, 환영, 교만, 질투 등의 결점을 갖는다.

<u>생리학</u>   이 차크라의 성적 에너지는 성욕과 관련되어 있으며, 조수

의 주기에 따라 영향을 받기 때문에 결코 사라지지 않는다. 이 차크라를 주관하는 비슈누 또한 사랑에 빠진 성애의 신이다. 따라서 이 에너지가 낮은 차원에 있을 때는 혼란과 동요를 일으키지만, 의식이 보다 진화하게 되면 박티 요가(Bhakti Yoga, 헌신의 요가)나 영적 경험 등으로 변화한다.[6]

<u>정신적 특성</u> 인간의 무의식 차원을 의미한다는 점에서 물라다라와 같지만, 차이점은 그것이 의식상으로 표출되는가에 있다. 즉 물라다라의 무의식은 다양한 감정으로 표출되기 때문에 이를 알아차리고 문제를 해결해 나갈 수 있다. 그러나 스와디스타나의 무의식은 의식적 알아차림이 없다. 따라서 스와디스타나의 삼스카라와 카르마는 인간의 의식적인 활동에 교묘하게 작용해서 영향을 미치지만, 우리는 그것을 인지하지 못한다.

쿤달리니가 스와디스타나 차크라에 머물고 있으면, 마지막 삼스카라와 카르마의 정화 과정이 일어난다. 이때에는 온갖 종류의 타마스(물질계의 3요소 중에 무지·모호성·무거움에 해당하는 특성)적인 특성들, 즉 화가 나거나, 무섭거나, 성적인 공상과 열정으로 가득 찰 수 있다. 무기력, 나태, 우울함을 경험하거나 꾸물거리는 경향이 아주 강해져서 마냥 자고만 싶어진다. 위대한 성자들이 이 단계에서 강한 혼란과 유혹을 만났다고 알려져 있다.[7]

정신생리학의 해석
: 에스트로겐과 테스토스테론

스와디스타나 차크라는 성적 특질, 감각적 쾌락, 생식, 액체의 배출, 전립선 등과 연관되어 있으며, 특히 여성의 자궁이 가진 생식 능력이나 에스트로겐, 안드로스테론 등과 관련된다.[1] 스와디스타나와 연관된 이들 호르몬은 이차성징 발달에 핵심적인 역할을 하기 때문에 성적인 변화, 음성의 높낮이, 몸의 윤곽, 수염 등에 결정적인 영향을 미친다. 또한 에스트로겐과 테스토스테론은 여성다움이나 남성다움의 핵심인 감정적 특질을 만든다.

현대요가심리학의 해석
: 쾌락 원리

탐욕이나 성적 충동, 감각적 쾌락과 관련된다. 에너지의 중심이 스와디스타나 차크라에 있는 사람은 감각적 즐거움, 특히 성적인 경험에 열중해서 자신이 만나는 사람들을 성적인 대상으로만 보려는 경향이 있다.

물론 물라다라 차크라도 성과 연관이 있다. 물라다라의 장애로 성폭력 범죄를 저지르는 경우가 있기 때문이다. 그러나 물라다라의 성적 측면이 개인적인 생존과 자기 보호에 집중되어 있다면, 스와디스타나는 종족의 생존과 관련된 성이다. 일종의 생명 창조와 관련된 것이라고 할 수 있다. 따라서 스와디스타나는 물라다라처럼 본능적인 충동이지만 원시적이지는 않다.

아자야는 프로이트 심리학이 이 차크라의 관점에서 만들어진 이론이라고 주장한다. 프로이트는 인간의 본성이 성 충동으로 이루어져 있으며, 모든 심리적 문제가 성적 본성의 장애와 관련되어 있다고 믿었기 때문이다. 실제로 이 차크라의 에너지는 아주 강력해서 무조건 억압하려고 하면 개인의 욕구와 인격에 끈질기게 영향을 미칠 수 있다. 따라서 요가는 이 차크라의 에너지를 두 가지 방식으로 다룬다.

첫 번째는 자기 탐색과 성장을 목적으로, 이 차크라에 에너지를 계속 통과시켜서 성과 관능성을 경험하게 하는 것이다. 이것은 통상 좌도 탄트라 수련에 해당한다. 자신의 잠재의식과 원초적 본능을 경험하고 타인의 내면을 관찰하게 함으로써 외적인 대상에 대한 애착에서 벗어나도록 히는 것이다.

두 번째는 이 차크라보다 더 높은 단계에 초점을 맞추는 것이다. 정신분석에서 말하는 '승화'처럼, 성적인 에너지의 방향을 명상 등의 자기 탐색이나 생산적이고 창조적인 예술 활동으로 향하도록 한다. 에너지를 성이나 감정으로 함부로 분출시키지 않고, 적절하게 조절하고 집중해서 내적으로 흐르게 한 뒤에 의식의 더 높은 곳으로 끌어올리는 방법이 그것이다.

스와디스타나 수준에 있는 사람은 쾌락 원리에 지배되기 때문에 모든 감각 채널을 동원해서 쾌락의 경험을 얻고, 불쾌한 경험은 피하려고 한다. 이 영역에서는 자신을 몸과 동일시하고, 신체적인 감각이 우선이라고 생각하기 때문에 물질적이고 향락적인 삶을 살아가며 노화와 죽음, 감각의 상실을 두려워한다. 또한 쾌락의 원천을 연인, 음식, 각성제 같은 외부 대상에게서 얻으려고 하기 때문에 결과적으로는 안전이나 품위, 우정을 위협할 뿐 아니라 사회적 인정, 더 나아가서 자신의 인생마저 희생시킬 수 있다. 이렇게 해서 쾌락의 중독 상태로 나아가게 된다. 따라서 아자야는 외적으로 추구하던 감각적 쾌락을 모두 포기하고 몸 전체를 이완하는 요가 수련을 통해서 내면에서 보다 높은 차원의 쾌락을 경험할 것을 권한다.[9]

분석심리학의 해석
: 정화와 세례의 샘

융은 스와디스타나를 재탄생이나 재탄생을 위한 세례의 샘이라고 해석했다. 거듭 태어난다는 것은 의식의 성장을 의미하지만, 기존 인격의 파괴가 선행되어야 한다. 그래서 스와디스타나는 재탄생과 파괴의 차크라다. 융은 이 같은 상징을 설명하기 위해 다음과 같이 자신의 논리를 펼친다.

스와디스타나 차크라는 분석심리학의 무의식 개념과 비교된다. 실제로 이 차크라의 얀트라에 존재하는 물(바다)과 물속 괴물인 마카라는 모두 분석심리학에서 무의식적 요소에 해당한다. 서구의 신비 의식에서는 물이 세례의 샘을 상징한다. 세례는 원래 기독교 전통에서 개인의 종교 입문에 앞서 물로 죄악을 씻는 상징적인 의식이다. 정신적인 정화를 시도하는 것이다. 융은, 이런 차원에서 세례가 의식 발달과 관련 있으며 심리학적으로는 분석 상담에 해당한다고 보았다. 어떤 내담자가 세례를 의미하는 꿈, 예를 들어 물이나 욕실로 들어가는 꿈을 꿨다면, 그가 무의식을 정화하기 위해 분석을 받고 있다는 사실을 보여 준다. 아무튼 세례는 재생이나 파괴의 원천으로서 '상징적인 익사', '재생의 자궁'으로 표현될 수 있다. 물라다라적 존재로 살아가던 우리가 그곳을 벗어나 성장하려면 세례의 물에 들어가야 하며, 위험을 감수하고 물속에 사는 괴물 마카라와 직면해서 물을 통과해야 한다는 것이다.

물속에 사는 괴물은 무의식의 여러 모습을 의미한다. 그것은 억압된 성욕이나 관계에 집착하는 태도 같은 것일 수도 있고, 부모와의 동일시를 의미할 수도 있다. 이 같은 심리적 문제를 겪으면서 인간은 자신의 내면으로 관심을 돌리게 된다. 따라서 세례는 거듭 태어남을 의미하는 축복이면서 동시에 위험한 일이다. 거듭 태어나는 것은 이제까지의 삶의 방식이 죽는다는 것을 의미하기 때문이다. 바닷속 괴물 마카라는 바로 그 위험과 죽음에 관한 이야기다.

쿤달리니가 깨어날 때 물라다라의 세계에 살던 인간은 이제까지와는 다른 정서를 느끼게 되고, 뭔가를 하도록 추동하는 강제적 힘을 경험한다. 이 힘에서 벗어나기 어렵기 때문에 결국 인간은 쿤달리니에 이끌려 무의식의 세계로 들어서게 된다. 이때 쿤달리니는 한 사람이 영웅의 길을 떠나 모험의 길에 들어섰을 때 도망갈 수 없도록 만드는 용이나 아름다운 여인에 비유된다. 따라서 쿤달리니는 아니마이며, 스와디스타나 역시 세례, 물, 자궁 등을 의미하는 여성성의 상징이 된다.[10]

스와디스타나 차크라는 양극성 차크라로 불린다. 물라다라가 일상생활이 펼쳐지는 의식의 세계라면 스와디스타나는 정반대로 무의식의 세계다. 따라서 스와디스타나에서는, 물라다라에서 나타난 방식과는 정반대의 모습으로 등장한다. 물라다라 차크라에서 의식 세계를 지탱하던 거대한 코끼리가 스와디스타나에서는 물속의 괴물 마카라로 변한 것처럼 말이다. 이처럼 물라다라에서 우리를 지탱했던 의식의 힘이 다음 센터에 도달해서는 최악의 적으로 드러날 수 있다. 예를 들어 사회적으로는 매너 좋은 남성이 집에서는 폭군이 된다든지, 어린아이에게 더없이 자애로웠던 어머니가 아이가 성장해서 독립하려고 할 때는 그것을 가로막고 자식을 다시 집어삼키는 게걸스러운 어머니로 변하는 경우가 그것

이다.[11]

무의식에 사는 괴물의 영향으로 드러나는 또 다른 심리적 사례는, 융도 이야기했지만, 관계에 집착하는 태도일 것이다. 이에 대한 이해를 돕기 위해서 본(Frances Vaughan)의 주장을 소개해 보겠다. 그에 의하면 스와디스타나 단계는 '너와 나 의식(you and me consciousness)'으로 설명된다. 이 단계에서는 '관계'가 가장 중요한 가치가 된다. 주요 동기는 인정에 대한 욕구나 타인의 사랑이다. 특히 부모나 연인 또는 나보다 더 우월하다고 여겨지는 사람의 인정과 사랑이 중요하다.[12]

사랑과 인정이 중요한 만큼 사랑의 상실은 죽음과 동일시된다. 그래서 사랑에 대한 욕구에는 강한 두려움이 내포되어 있으며, 관계에 의존하면서도 동시에 이 의존성에 깊이 분노한다. 윤리는 살아남기 위해 그리고 사회적으로 받아들여진다는 확신을 느끼기 위해 지켜지며, 또한 애증의 대상인 사람에게 거절당하지 않기 위해 지켜지기도 한다. 이 단계에서는 관계와 관련한 사회적인 스캔들이 관심거리가 된다. 또 관계를 중심으로 자신의 정체성을 규정하기도 한다. 많은 경우 여성들이 이에 해당하는데 이를테면 전통적인 성 역할에 국한시켜서 자신을 누군가의 딸이나 아내, 어머니 등으로 규정하는 것이다.

통합심리학의 해석
: 정서·성적 차크라

스와디스타나 차크라는 윌버의 10단계 의식의 수준에서 두 번째 단계인 '환상-정서' 수준에 해당하고 '정서-성적 차크라'로 명명된다. 1~3세의 유아에게 주로 나타나는 환상-정서 수준은 감정적이면서 성적인 단계고 충동과 리비도, 생체 에너지의 단계다. 또한 이 수준을 '분리-개별화'의 단계로 보기도 했는데, 이때 아이는 자신의 몸과 동일시하면서 정체성과 자기 경계선을 만들기 시작하기 때문이다. 만약 이 시기에 자기 경계선을 제대로 만들지 못하면 경계선 증후군이나 자기애적 장애를 경험할 수 있다. 전자는 자신을 매우 불안정하게 인식하고, 후자는 세계가 자신의 연장이라고 생각하는 증상을 보인다.[13]

이 시기에도 여전히 감각운동에 의존하는 인지 양식을 갖고 있어서 쾌락과 만족을 추구하고 긴장과 불쾌감을 피하는 쾌락 원리에 근거해 행동한다. 또한 심상으로 생각할 수 있는 능력이 생겨서 좋은 나와 나쁜 나 같은 심상을 만든다.

윌버는 특히 스와디스타나 차크라와 마니푸라 차크라를 설명하기 위해서 용과 뱀의 형상을 가진 그리스 신화의 거인 티폰 (typhon)을 제시했다. 티폰은 일반적으로 최초의 호모사피엔스(네안데르탈인과 크로마뇽인)를 지칭하며, 신체와 본능의 지배를 받는 의식구조를 가지고 있다. 이것은 물라다라를 나타내던 우로보로스의 단계에서 인간으로 진화하는 과도기를 상징한다. 하지만 주위 환경에서 자신을 완전히 분리하지 못한 반융합 상태이기 때문에 유아는 여전히 자신이 생각하거나 바라는 대로 세계가 변할 거라고 기대하며, 대상의 실제적 특성과 자신의 상상도 아직 명확하게 구별하지 못한다. 이런 세계관을 마술적이라고 한다.[14]

2부 차크라 백과

마니푸라 차크라

전통적 해석
: 활력과 의지력, 성취의 중추

<u>위치</u> 배꼽의 뿌리

<u>물질 원소</u> 불

<u>의미</u> 보석의 도시

<u>모양</u> 어두운 비구름의 색 또는 노란색으로 알려진 10개의 꽃잎을 가졌다. 연꽃잎 안에는 卍자(svastika) 표시가 달린 역삼각형의 붉은색 불의 영역이 있고, 그 안에 붉은 불의 비자 람(ram)을 등에 태운 불의 신, 숫양이 있다. 이 차크라에 존재하는 남신은 시바의 다

그림16 | 마니푸라 차크라[1]

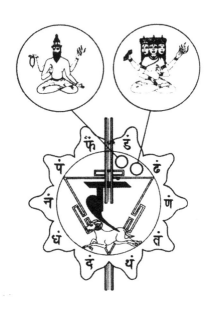

른 이름인 루드라로, 3개의 눈을 가진 나이 든 모습으로 은혜를 베
풀고 걱정을 쫓아내는 자세를 취하고 있다. 여신은 4개의 팔과 검
은색 피부를 가진 자비를 베푸는 라키니(Lākinī)다.[2]

상징 동물 숫양은 역동성과 불굴의 인내를 의미한다. 또한 활력, 에
너지, 의지력, 성취의 중추로, 지구상의 모든 생명을 자라게 하는
태양의 열과 힘에 비유된다.[3]

신통력 이 차크라를 명상함으로써 세상을 창조하고 파괴하는 힘
을 얻게 되고, 항상 행복을 베풀어서 고통과 질병이 사라지고, 모

든 원하는 것들을 이루게 되며, 특별한 힘을 얻게 된다.[4]

정신적 특성　의식의 발달 과정에서, 인간의 단계, 또는 인간이 이르는 마지막 단계로 알려져 있다. 사티아난다는 "진지한 수행자들에게서 쿤달리니가 대개는 마니푸라에 있는 것을 나는 보아 왔다."고 주장했다. 실제로 불교와 탄트라 전통에 의하면, 쿤달리니가 각성하는 자리는 물라다라나 스와디스타나가 아니라 마니푸라다. 이전의 두 차크라가 동물적 수준이라면 마니푸라는 인간적 수준이기 때문에 의식이 발달한 사람은 통상 이 자리에 쿤달리니가 있고, 또 이 자리에서 각성될 때 의식의 퇴행이 이루어지지 않는다.

　뿐만 아니라 이 차크라에 쿤달리니가 있을 때 영적인 차원에 대한 알아차림도 일어난다. 상위 차크라의 지고한 의식 상태를 흘끗 보게 되는 것이다. 이렇게 자아의식이 무한한 상태와 접촉하면 인간의 모든 차이가 사소해 보이기 때문에 편견과 콤플렉스가 줄어든다. 천국의 아름다움과 완벽함이 의식되면서 상상력도 향상된다. 완벽한 생각, 숭고한 사고, 행복, 언어와 같은 인간의 의식 활동으로 세계를 창조하고 파괴할 수 있게 된다.[5]

정신생리학의 해석
: 췌장과 부신의 활력

부신과 췌장이 마니푸라 차크라와 관련된다. 췌장을 이 차크라에 해당하는 내분비기관으로 보는 것은 마니푸라를 음식물의 소화, 에너지의 발생과 유지의 측면에서 보기 때문이다. 특히 투쟁-도피의 샘으로 알려진 부신은 마니푸라와 가장 관련성이 높은 내분비 샘으로 간주된다. 스트레스를 받거나 위기에 대처하려고 신체 에너지를 연소시킬 때 부신 호르몬인 아드레날린이 생성되기 때문이다. 아드레날린은 활동을 위한 호르몬으로, 이 호르몬이 분비될 때 사람들은 마니푸라의 위치인 복부에서 열기를 느낀다.[6]

현대요가심리학의 해석
: 자아의식의 활력과 지배력

마니푸라는 '활기'와 관련된 것으로 알려져 있다. 인간의 에너지는 보통 마니푸라 차크라인 태양 신경총 센터에 저장되는데 이 차크라가 적절하게 활성화하면 활력 있고 자신감을 갖게 된다. 내면의 불꽃이 적당하게 조절될 때는 음식물을 잘 소화시키고, 건강하며, 쉽게 지치지 않고 일정한 에너지 수준을 유지할 수 있는 것이다.

만약 불꽃이 잘못 조절되면 궤양과 같은 소화계 질환에 걸릴 수 있다. 불꽃이 과도하거나 약하면 얼굴이 붉어지고, 체온이 상승하며, 짜증 내는 성격이 나타날 수도 있다.[7] 인간의 내면적 태양으로 상징되는 마니푸라의 불은 한 개인의 신체적, 심리적 문제와 직결된다는 점에서 중요하다.

또한 이 영역은 자아에 해당된다. 마니푸라 차크라에 이른 인간은 자기 신체를 넘어서 자신이 소유하는 것과 책임질 수 있는 것으로 자아정체성을 확장한다. 이 차크라에 있는 사람은 목표 지향적이고 지배나 힘에 관심을 갖기 때문에 자신의 영역을 유지, 확장하고 지배력을 행사하는 데 몰두한다. 타인을 능가하는 힘과 명성, 인정을 얻는 것으로 자신을, 그리고 자신의 정체성을 증명하려고 하기 때문이다.

추구할 게 많은 이 수준의 사람들은 지금 이 순간에 존재하는 게 어렵다. 영적인 경험조차 자아를 만족시키기 위해 달성해야 할 목표나 성과물쯤으로 여긴다. 자기가 취약하다고 느끼는 것을 싫어하기 때문에 이 사람들이 상담자를 찾아올 가능성은 거의 없다.

마니푸라 인간형의 또 다른 극단에는 소심하고 불안하며 세상과의 투쟁에 부적절해서 지지와 격려, 그리고 치료사의 안내를 원하는 사람들이 있다. 그들은 다른 사람의 인정을 얻으려고 늘 전전긍긍하며, 자신이 부족하다는 걸 들키면 외면당할까 봐 두려워한다. 그 두려움 때문에 자신의 내적인 감정을 표현하지도 행동하지도 않는다. 이것이 바로 '얼어 있다'고 표현되는 태도다. 안타깝게도 이런 유형은 좋은 평가를 얻는 데 실패해서 다른 사람들에게 실제로 무시당할 수도 있다. 이 단계의 사람들이 자기 영역을 침해당하거나 위협받을 때 보이는 반응은 분노지만, 자신에 대한 통제력을 잃을까 봐 두려워서 분노를 억압할 수도 있다. 이 사람들이 바로 소심하고 불안한 사람들이다.[8]

마니푸라 차크라의 이기적인 의식이 만들어 내는 신체적 이상은 복부 장애와 간 기능장애다. 자존심이 강하고 다른 사람들이 가진 것을 시기·선망하는 사람들, 그럼에도 자기 영역을 지키는 데 어려움이 있는 사람들은 궤양과 같은 위장 장애를 경험할 가능성이 많다.

또 자신의 영역을 지키기 위해 상대를 적이나 지배의 대상으로 보는 사람, 지배가 불가능해지면 자주 화를 내는 사람은 간 질환을 경험할 수 있다. 위장 장애의 원인 역시 간 기능장애인데 그것은 자아에 고착된 이들에게서 발견된다. 배꼽보다 상위 차크라인 목 센터(이곳은 초월적 센터다.)에서 영양분을 섭취했다 하더라도 간 기능에 이상이 생기면 이를 흡수할 수 없게 된다. 자아를 넘어선 상위 단계를 알지 못하는 사람들은 자신이 수혈 받는 '하늘의 영양분'을 자아의 인간적인 능력 덕분이라고 믿어 의심치 않는다. 개인 의식인 자아가 진짜 주인인 참자아로부터 공급받은 영양분을 자신의 것이라고 주장함으로써 결과적으로 참자아의 보물 창고를 약탈하고 있다는 것이다. 이들의 주요 감정은 적개심, 적대감, 질투 등이다.

천식 역시 마니푸라의 장애로 발생하지만 장 기능장애와는 반대의 원인을 갖고 있다. 천식 환자는 자기주장을 잘하지 못하는 사람들이어서 상대의 압박에 도망치지도, 자신의 영역을 보호하기 위해 싸우지도 않는다. 마니푸라 영역의 부신이, 활기를 주는 아드레날린과 천식을 치료하는 코르티손을 충분히 분비하지 못하기 때문이다. 신경성 식욕부진과 식욕항진도 이 차크라와 관련 있다. 식욕부진은 자신이 부족하다고 느껴서 타인의 도움을 부인하는 사람들에게 나타나며 항진은 타인의 양육에 굶주린 사람에게서 나타난다.[9]

젤처(Charles T. Zeltzer)[10]는 이 세 번째 차크라를 '전쟁 차크라'라고 이름 붙였다. 사회에 만연한 테러리즘이 이 차크라의 심리 상태에서 비롯되었기 때문이다. 즉 이 차크라에서는 자아 이외에 어떤 것도 경험할 수 없기 때문에 무의식에 대한 믿음이 없고, 그 대신 자아가 신과 동일시되어 자아 자신을 신의 대변자로 생각한다. 자아가 신과 완전히 동일시되면 자신의 관점과 일치할 때만 선하고 올바르며, 그렇지 않으면 신의 의지에 반하는 악한 것으로 간주한다. 결과적으로 지상에서 벌어지고 있는 가장 잔인한 범죄행위가 신의 행위로 둔갑하는 것이다. 따라서 이 차크라는 충동과 분노, 격정, 폭력, 학대, 경쟁에 대한 강박과 권력 등에 관련된 복부 심리학(belly psychology)이다.

그러나 마니푸라 단계가 긍정적으로 발달했을 경우에는 '우리 모두(we all)'라는 의식의 단계가 되기도 한다. 이 단계에서 인간은 특정한 지위나 이념에 대해서 사람들로부터 지지받고 싶어 하는 특성을 가지기 때문에 훌륭한 행정가가 된다. 이들은 논리와 이성에 높은 가치를 두고 일을 원활하게 진행한다. 이 단계의 자존감은 사적 소유나 성적인 정복 같은 게 아니라 명예나 경력, 조직에서의 지위 같은 것을 쌓음으로써 높아진다. 이 단계의 영웅적 자아는 무의식적 힘들과 싸워 독립을 쟁취했기 때문에 자연과 본능적 힘을 누르고 사회의 법과 질서, 논리, 이성, 가치를 만들어 낸 승리의 자아라고 할 수 있다.[11]

이 단계의 대표적인 현대 심리학자로 아들러를 꼽을 수 있다. 아들러는 자아 심리학자로 자아의 발달을 인간의 척도라고 생각한다. 그는 자아의식에 초점을 맞추기 때문에 자아 원형에 사로잡힌 인간의 심리를 매우 예리하게 분석했으며, 치료법은 자아를 확고히 정립하고, 당당한 태도를 가지며, 능력과 경쟁력을 갖출 수 있도록 돕는 것이다.[12]

분석심리학의 해석
: 의식의 탄생

융은 불의 센터인 마니푸라 차크라를 상징적으로 "태양이 뜨는 장소"[13]로 표현했다. 앞서 언급한 스와디스타나에서의 세례 후에 첫 번째 빛을 만나는데 이것이 바로 마니푸라의 빛이다. 이 과정을 통해 인간은 비로소 다시 태어나는 재생을 경험한다. 가톨릭 세례 의식이나 기독교 신약, 그리고 전 세계 신화에서 물을 통과한 후에 만나게 되는 불은 인간에게 태양의 신성, 즉 정신성과 같은 의미가 있다.

　마니푸라의 불의 세계는 물의 영역인 스와디스타나와 대극의 반전을 이룬다. 스와디스타나로 상징되는 무의식이 느슨해지면서 욕망, 열정과 같은 정서가 드러나는데 그 결과 우리는 불같이 뜨거운 정서를 경험하게 된다. 불 같은 정서는 강한 에너지지만 이런 정서를 경험할 때는 매우 고통을 느끼게 된다. 이런 이유 때문에 우리는 정서적인 경험을 회피하고 싶어 한다. 하지만 융은 우리가 이 불 속에 있어야 한다고 주장한다. 불은 언제나 빛과 함께 존재하기 때문이다. 심리학적으로 빛은 인간의 의식성을 상징한다. 스와디스타나에 이어 마니푸라의 정서성까지 인간을 고통스럽게 하는 경험들은 의식을 더욱 강화시킨다. 이 과정을 통해 마니푸라가 인간의 의식성 또는 정신의 첫 번째 단계가 된다. 자아의식이 비로

소이 단계에서 탄생하는 것이다.

마니푸라를 상징하는 숫양은 점성학적으로 양자리인데 이 또한 강렬한 정서성을 의미한다. 양자리는 보통 열정이나 충동, 성급함, 폭력 등을 상징하는 불타는 행성, 화성에 해당하기 때문이다. 하지만 숫양이 아무리 격렬한 정서성을 상징한다고 해도 물라다라나 스와디스타나와는 비교도 되지 않을 만큼 작은 존재다. 코끼리나 마카라에 비하면 숫양은 아주 작은 제물이기 때문에 물라다라나 스와디스타나보다 훨씬 덜 위협적이라는 것이다.

다시 말해, 열정과 같은 정서가 아무리 뜨겁다 하더라도 일단 의식화시킬 수 있다면 무의식적인 것보다는 덜 위험하다. 무의식적인 것만큼 위험한 것은 없기 때문이다. 융은 이렇게 우리에게 당부한다. 정서를 억압하거나 외면해서 무의식이 되지 않도록 해야 한다. 열정이 무의식이 된다는 것은 열정으로 고통받는 것보다 더 나쁜 것이며, 자신의 욕구나 열정을 자각하게 되면 최악의 위험은 면하게 된다고 말이다.[14]

정서성을 의미하는 불과 의식의 빛이 서로 관련되어 있다고 융이 강조하는 데는 이유가 있다. 열정이나 충동을 비롯해 걱정, 절망, 좌절감 같은 강렬한 정서를 경험할 때 인간은 고통을 느끼면서 동시에 그것을 의식의 빛으로 비추게 된다. 자신의 격렬한 감정을 성찰하게 되는 것이다. 따라서 마니푸라적 정서를 충분히 경험하는 것은 매우 중요하다. 이런 경험을 통해 무의식으로부터 의식은 분화되고, 자신의 의지나 힘만으로는 통제할 수 없는 정신적 객체 (Self)가 존재한다는 사실을 감지하게 된다. 그렇게 될 때 비로소 제 4의 차크라, 즉 아나하타로 상승할 수 있게 된다.[15]

또한 마니푸라 차크라를 연금술적 차원에서 해석할 수도 있다. 융은 이 차크라의 얀트라에 그려진 T자 모양과 역삼각형을 손잡이가 달린 냄비로 보았다. 그래서 마니푸라는 불과 냄비가 있는 부엌의 상징이다. 냄비와 불, 부엌은 모두 원재료를 가열하고 조리해서 그 질적 변형을 이뤄 내는 도구이고 공간이다. 서양 연금술의 오래된 문헌에는 사물을 변형시켜 신성의 물질을 만들어 내는 장소로 부엌이 자주 등장한다. 섭취한 음식을 소화시키고 변화시킨다는 점에서 마니푸라의 신체 기관인 위장도 부엌과 같은 역할을 한다. 인체 내에서 마니푸라는 사물을 변형시키는 일종의 연금술적 장소인 것이다. 이 연금술의 과정을 거치면서 질료가 변형되어 아나하타에서는 전혀 새로운 물질인 공기가 나타난다.

통합심리학의 해석
: 의도적 마음, 힘

윌버는 자신의 저서 『아이 투 아이』에서 마니푸라 차크라를 "공격적 권력 수준"으로, 그리고 『통합심리학』에서는 "의도적 마음, 힘"

으로 지칭했다. 그가 만든 10단계 발달 수준에서는 대략 표상심(3
~6세)과 구체적 조작기(7~12세)의 초기가 이에 해당된다.

표상심 단계는 피아제가 말하는 전조작기다. 이 시기에는 상징
과 개념을 언어로 표현할 수 있으며, 사물의 추상적인 종류를 표
현할 수도 있다. 더불어 아이의 정체성은 신체적 자기에서 심리적
자기로 변화된다. 특히 언어를 통해 과거와 미래를 생각하게 되면
서 과거를 후회하거나 죄의식을 느끼고 미래에 대한 불안을 경험
한다. 그런데 죄의식이나 불안 때문에 자신의 성이나 공격성, 힘과
같은 것들을 억압하면 무의식이 형성된다. 이것이 바로 '그림자'
다. 그러나 이 시기는 여전히 자기중심적이고 자기애적이기 때문
에 타인의 관점에서 생각하지 못하고, 신체적 자기(self)에서 완전
히 분리된 상태도 아니다.

마니푸라는 표상심 단계를 지나 구체적 조작기 초기까지 발달
한다. 구체적 조작기에는 타인의 입장에서 사고할 수 있으며, 규칙
에 근거해 일을 수행할 수 있게 된다. 이로써 아이는 역할과 규칙
이 있는 세계의 일원이 되어 간다. 규칙에 따른 조작적 사고(집합적
포함, 곱셈, 계층화 등)도 가능해지고, 자기중심적인 관점에서 사회 중
심적인 관점으로 도덕감각이 발달해서 행동이나 역할을 언어적으
로 규정하고 행동하려는 일종의 각본이 생겨나기 시작한다.

그러나 규칙과 역할에 대한 단순한 순응만 있을 뿐이지 그것에
대해 성찰하거나 의문을 갖지는 못한다. 가능성이나 가설을 이해

하지 못해서 '만약 ~이라면'과 같은 문장을 이해하지 못하기 때문이다. 이 단계를 극복하지 못할 경우에는 성인이 되어서도 각본을 신화처럼 맹목적으로 지키려고 하는 각본 병리(script pathology)가 나타날 수 있다.

또한 이 시기는 신화적 세계관이 지배적이다. 세계의 질서를 지배하는 신을 기쁘게 해서 세계를 움직일 수 있다고 생각하기 때문에 신에게 청원하거나 기도해야 한다고 믿는다. 하지만 이런 행위만으로 자신의 바람을 이룰 수 없다는 사실을 알게 되면 정성스러운 의식을 추가하게 된다. 역사적으로는 '인신 공양'이 대표적인 사례다.[16]

아나하타 차크라

전통적 해석
: 운명을 넘어섬

위치 심장 뒤

물질 원소 바유(공기)

의미 끊이지 않는 소리의 원천, '건드리지 않는다'의 의미를 갖고 있다. 이는 현을 뜯지 않고 울리는 초월적인 소리와 관련 있다. 이 센터가 성공적으로 각성되면 수행자는 멈추지 않고 울리는 심장의 박동과 같은 초월적인 소리를 내면의 귀로 듣게 된다.[1]

모양 12개의 마음 작용을 의미하는 문자가 새겨진 12개의 꽃잎

그림17 | 아나하타 차크라²

안에 연기 빛을 띤 육각형의 만다라가 있는데 이곳이 공기의 영역
이다. 육각형 안에는 아나하타 차크라의 비자 얌이 영양 위에 있
다. 은혜를 내리고 공포를 없애는 손짓을 하는, 두 팔을 가진 남신
피나키와 자비를 베풀며 활기를 주는 카키니 여신이 있다.³

상징 동물　민첩성의 상징인 영양. 영양은 아주 가볍게 뛰어다니기
때문에 망상의 그물에 잘 걸려들지만, 영민하고 섬세하며 영감으
로 가득 찬 아나하타형 인간을 나타낸다. 부정적인 내면의 소리를
민감하게 감지하고 피하기 위해서는 영양과 같은 민첩성이 요구

된다는 주장도 있다.[4]

신통력 이 차크라를 명상하면 연설의 신이 되고, 세상을 유지·파괴·창조하는 신과 같이 되며, 각종 신통력을 얻게 된다.[5]

심령적 증상 가슴의 잦은 통증이나 빨라지는 맥박 같은 불규칙한 심장 작용이 있을 수 있다. 그리고 다른 영역에서 들려오는 음성이나 소리를 느끼거나 투시, 투청, 염력의 능력이 나타나기도 하며 남들의 느낌에 매우 민감하고 촉감이 발달한다.

정신적 특성 아나하타에는 소망을 성취하는 능력을 상징하는 소망 성취나무가 있다고 알려져 있다. 따라서 수행자는 숙명을 넘어설 수 있다는 사실을 깨닫게 되며, 이때 비로소 자신의 의식의 힘을 믿는 수행자가 된다. 이 능력을 각성하려면 희망으로 충만한 낙관적이고 긍정적인 사람이 되어야 하며, 능력이 각성된 사람은 부정적인 생각과 자기 의심을 갖지 않도록 각별히 조심해야 한다. 보편성을 기르는 것도 중요하다. '온 세상이 내 안에 있으며, 나는 또한 모든 사람 안에 있다.'는 생각을 갖는 것이다.[6]

정신생리학의 해석
: 흉선과 프로락틴

아나하타 차크라는 중앙, 흉골 바로 뒤에 위치한 흉선(가슴샘)과 관련된다. 흉선은 면역 체계에 관여하는 기관이지만, 2세까지 급속하게 자라다가 사춘기 이후에 퇴화한다. 이것은 또 불로장생의 샘으로 불리기도 하는데, 적절한 시기에 퇴화하지 못하면 신체의 성숙을 막기 때문이다. 따라서 흉선과 심장 차크라가 있는 센터는 평범한 인류부터 고등어 떼까지 모든 생물이 진정한 부활을 경험하는 곳으로 알려져 있다.[7]

아나하타 차크라에 관련된 호르몬은 뇌하수체에서 생성되는 프로락틴이다. 잘 알려져 있듯이 프로락틴은 임신과 젖분비를 촉진한다. 또한 프로락틴은 감정을 유발하는 호르몬이기도 하다. 이것은 깊은 정서를 표현하는 지점과 연결되어 있으며, 조울증이나 재발성 우울증 같은 정서장애와도 관계가 있다.

현대요가심리학의 해석
: 대가를 바라지 않는 사랑

아나하타 차크라는 횡격막 위의 첫 번째 차크라로서 상위 의식의 첫 번째 단계다. 특히 아나하타가 요가심리학에서 중요하게 다뤄지는 이유는 그것이 대극적 요소가 만나는 자리이기 때문이다. 먼저 가슴 차크라는 하위 차크라(물라다라·스와디스타나·마니푸라)와 상위 차크라(비슛디·아즈나·사하스라라)가 만나는 지점이다. 하위 차크라가 생존에 필요한 보다 물질적이고 본능적인 차원이라면, 상위 차크라는 보다 진화된 차원으로 본성을 향해 점차적으로 초월해 나가는 성향을 가진다. 이처럼 대극적 요소인 본능과 정신 영역을 통합하고 균형을 잡아 주는 중요한 센터가 바로 아나하타다. 물론 존재의 모든 부분이 전일적으로 작동하려면 두 영역을 다 중시해야 한다. 아래에서 올라오는 여러 불편한 감정에 관심을 가지면서, 다른 한편으로는, 정신과 영혼의 차원에서 내려오는 것들을 이해하고 다루는 역할이 그것이다. 그때 비로소 치유와 잠재력의 발현이 온전히 가능해진다.[8]

동시에 이 차크라는 시바와 샥티, 왼쪽과 오른쪽의 대극적 요소가 만나는 자리이기도 하다. 여기서 시바는 의식성을, 샥티는 창조성을 의미하며, 왼쪽은 수동성·음의 성질로, 오른쪽은 능동성·양의 성질로 상징된다.

신화학자 캠벨(Joseph J. Campbell)은 이와 유사하지만 조금 다른 의견을 내놓았다. 아나하타 차크라의 2개의 삼각형 중에서 꼭지점이 위를 향하고 있는 삼각형은 정신적인 열망이며, 아래를 향하는 삼각형은 육체적 갈망을 나타낸다는 것이다.[9] 다시 말해 전자는 정신적 깨달음과 에너지 상승을 위한 노력을, 후자는 육체적 타성을 의미한다. 정신적인 깨달음과 에너지의 상승을 위해서 육체적 타성을 억제할 수 있는 상징체계가 바로 겹쳐진 2개의 삼각형이며, 이것이 바로 변환의 중심이다.

현대요가심리학에서 이 차크라는 '양육의 센터(the center of nur-turance)'로 불린다. 가슴 부위의 폐와 심장은 혈액과 산소를 공급해서 영양분을 내보내고 그것들이 순환하도록 해 준다. 심장은 또한 정서와 감정의 상징이기도 하다. 강렬한 정서를 느낄 때 심장과 가슴 부위에서 물리적 감각을 경험하곤 한다. 아나하타 차크라의 이런 감정과 공감 능력은 세 번째 차크라인 마니푸라에 의해서 가능하다. 자아에 한정된 강렬한 마니푸라의 정서성이 아나하타 차크라에 이르면 따뜻한 공감 능력으로 정화되는 것이다.[10]

아나하타의 대표적인 정서는 사랑이다. 하지만 이것은 스와디스타나의 감각적 욕망이나 대가를 원하는 사랑, 불완전함을 채워 줄 대상을 찾는 사랑과는 다르다. 아나하타의 사랑은 대가와 보상에 무관심하다. 이전 단계에서는 자신의 욕구에 집중했다면 아나하타에서는 상대의 욕구에 관심을 갖는다. 아나하타에 있는 사람은 나와 남을 구별하지 않기 때문에, 상대에게 주는 것이 곧 자기 자신에게 주는 것이라고 생각한다. 이처럼 아나하타의 사랑은 개인을 넘어 타인과의 관계를 인식하게 된다.[11]

하지만 가슴 차크라가 하위 차크라의 본능적 충동으로 오염되면 생존이나 성적 충동, 혹은 식욕 등과 관련해 강렬한 정서를 경험하게 된다. 반면에 에너지가 하위 차크라에 집중되어서 가슴 차크라가 활성화되지 않는다면 느낌이 없고 차갑고 메마른 사람, 타인에 대해 관심이 없는 사람과 같이 사회병리적인 존재가 될 수 있다.

아나하타 단계의 사회는 복지나 개인의 자기실현에 관심을 갖는다. 인본주의 패러다임이 우선시되어서 사람들은 인간의 안녕을 중시하고 잠재력을 키우는 데 열의를 느낀다. 심리학자로는 로저스가 공감적 이해와 무조건적인 긍정적 관심을 강조하면서 이 차크라에 기초한 인간중심 심리치료를 개발했다.

그러나 이 단계의 사람들에게도 불완전함과 불만족이 있다. 이들도 여전히 이원적인 세상을 경험하며 자신의 도움과 위로, 자비를 필요로 하는 사람들을 찾는다. 연민을 느끼고 사랑을 베풀고자 하는 욕구를 만족시키기 위해서는 불안이나 고통과 같은 부정적인 측면이 이 세상에 존재해야 하는 것이다. 이런 한계를 초월하려면 보다 진화된 차크라의 도움이 있어야 한다. '나'의 연민, '나'의 사랑이라는 주관적 관점에서 벗어나 그 사랑이 자신이 아닌, 보다 근원적인 곳에서 흘러나왔다는 사실을 인식해야 한다.[12]

분석심리학의 해석
: 정신적인 삶의 시작

융의 관점에서는 인간의 정신성이 시작되는 경계가 바로 횡격막이며, 아나하타에서 비로소 정신적인 삶이 시작된다. 횡격막은 보고 만질 수 있는 것과 그렇지 않은 것을 가르는 경계선이다. 예를 들어 마니푸라의 원소인 불은 눈으로 볼 수 있고 어느 정도는 만져지지만, 아나하타의 공기는 불보다 부드럽고 감지하기 어려우며 위로 상승한다. 이것이 바로 정신, 또는 영혼이 가진 특성이다.

신화적으로 보면 지표면 아래 마니푸라에서 타오르던 태양이 지표면, 또는 수평선 위의 아나하타로 떠오른다. 땅 위로 올라온 태양을 비롯해 바람이나 공기 등은 다 정신적인 요소를 상징한다. 어원적으로 보면, 바람(wind)이나 숨(spiritus)은 정신(spirit)과 동일한 의미를 가진 단어다. 라틴어 스피라레(spirare)는 '바람이 부는', 또는 호흡을 의미하는 동사로, 아니무스인 정신은 그리스어 아네모스(anemos), 즉 '바람'에서 나왔다.[13] 그래서 바람이나 공기, 그리고 인체 내에서 경험되는 숨은 모두 원시사회에서 인간을 상승시키는 신성한 힘을 가진 신으로 숭배되었다. 숨이 드나드는 폐를 포함하는 가슴(아나하타) 역시 정신적 신성함과 무관할 수 없다.

융은 가슴에서 느끼는 감정(feeling)을 마니푸라의 정서(emotion)와 구별했다. 마니푸라 이하에서 느끼는 정서는 아나하타에서 보다 정묘해져서 감각적으로는 잘 느껴지지 않는 감정으로 변환되었다는 것이다. 그래서 감정과 생각은 무의식의 영향을 받는 정서와 달리 정신적 특성을 갖는다. 감정은 심장의 특성이고 공기(air)는 생각을 의미한다. 물론 아나하타는 여전히 횡격막 아래의 하위 차원과도 연결되어 있기 때문에 어느 정도는 육체적 특성을 갖고 있다. 그러므로 아나하타는 정신성이 이제 막 시작한 자리일 뿐이다.

심리학적으로 보면 아나하타에 오른 사람은 마니푸라의 욕망이나 정서와 동일시하던 것에서 벗어나 자신의 감정에 대해 성찰하기 시작한다. 이 단계에 이른 인간은 대상에 대해 추론하고 생각하며 숙고한다. 정서성이 철회되어 더 이상 거친 충동에 맹목적으로 따르지 않게 된 것이다. 다시 말해 충동적 기분과의 동일시에서 벗어나서 그 기분을 느끼는 자신의 모습에 의문을 갖는다. 융은 이것을 "주시하는 능력"이라고 불렀다. 자신을 정서와 분리시킴으로써 자기(Self)를 발견하게 되는 이 시도가 바로 개별화의 시작이며, 푸루샤라고 부를 수 있는 자기(Self)의 싹이다. 융은 상키야 철학의 푸루샤를 정신적인 실체, 인간의 정수, 최고의 인간으로 정의한다.

탄트라 요가에 따르면 푸루샤는 아나하타에서 처음 나타난다. 즉 인간의 정수, 최고의 인간, 소위 말하는 근본적 인간이 가시화되는 것이다. 따라서 푸루샤는 생각, 가치, 감정이라는 정신의 실체와 동일한 것이다.[14]

따라서 생각이나 느낌을 전환시켜서 현실적인 문제를 해결하는 사람이 있다면 그는 아나하타 수준에 들어선 사람이다. 마음의 문제가 외적인 대상과 상관없이 발생하고 사라진다는 사실을 경험했기 때문이다. 마음이 독립적이고 자율적인 힘을 가졌다는 것을 인정한 것이다. 융은 한 남성을 예로 들어 이 단계를 설명했다. 그는 한 여자를 좋아하면서 그녀와 관계된 남자를 모두 질투했다. 그러나 상담을 통해 자신이 그녀의 남자들과 동일시되어 있었다는 사실을 깨닫고 마니푸라적 감정에서 빠져나왔다. 물리적이고 외적인 환경은 아무것도 변한 게 없지만, 그는 오로지 생각을 변화시켜서 질투에서 벗어났다. 이제 그는 아나하타 차크라에 이르게 된 것이다.[15]

융이 말하는 아나하타의 동물은 가젤(영양의 일종)이다. 가젤이나 영양은 숫양과 같이 흙 위에서 살아가지만, 숫양처럼 길들여진 것도 아니고 희생 제물도 아니다. 그것은 전혀 공격적이지 않으며, 수줍음 많고, 눈 깜짝할 사이에 사라질 수 있는 매우 빠른 발을 가지고 있다. 엄청난 도약으로 날아가 버리기 때문에 마치 날개를 가진 것 같아 보인다. 가젤은 새와 같고 공기만큼 가벼워서 대지의 동물이지만 중력의 힘에서 자유로워 보인다. 그래서 이 동물이 정신적 차원인 생각과 느낌을 상징하기에 적합하다. 바로 이런 정신의 특성 때문에 의사들은 신체적 질병에서 심인성 요인을 발견하기 어려워한다. 육체적 문제는 남아 있어도 그 문제를 만들어 낸 생각은 이미 사라져 버렸기 때문이다.

정신이 이처럼 인식하기 어려운 특성을 가졌음에도 자아의식이 통제할 수 없는 어떤 정신적 요소, 즉 심인성 요인이 존재한다는 사실을 알아챈 사람이 있다면, 그는 푸루샤를 처음 인식하게 되었으며, 아나하타 차크라로 상승했다는 것을 의미한다. 인간은 자아의식 차원의 의지만으로는 살아갈 수 없으며, 자아의식이 어찌할 수 없는 정신[집단무의식, 또는 자기(Self)]이 개인에게 강력하게 영향력을 행사한다는 사실을 인정하게 된 것이기 때문이다.

그러나 아나하타의 단계가 완전히 외적인 대상에서 벗어난 것은 아니다. 이 단계의 사고와 느낌은 여전히 외적인 대상과 동일시되어 있다. 예를 들어 생각은 미학이나 철학, 또는 과학적인 특정 영역과 동일시되고, 마음은 사람이나 사물과 동일시된다. 우리가 화난 이유가 어떤 외부 조건 때문이라는 사고방식을 아직 갖고 있는 것이다.

융은 현재 인류가 대체로 아나하타 수준에 도달한 상태라고 보았다. 전쟁이 심리적인 이유만으로도 일어날 수 있으며, 오늘날 언론이 어떻게 심리적으로 여론을 형성하는지 사람들은 알게 됐다. 그러나 아직 비슛디 차크라에 들어서지는 못했다. 인류는 여전히 물질과 물리력으로 구축된 이 세계가 실제라고 믿고 있기 때문이다.

통합심리학의 해석
: 형식적 조작기

윌버는 이 차크라를 '사랑과 소속감'이나 '공동체 마음, 사랑'으로 명명했다. 그의 10단계 기본 수준에서 보자면 형식-반성 수준, 즉 구체적 조작기 후반과 형식적 조작기에 해당한다. 판차 코샤 중에서는 여전히 마노마야 코샤의 영역 안에 있다.

형식적 조작기는 사고뿐 아니라 사고에 대해서도 사고할 수 있는 첫 단계이다. 그래서 내면에 대한 성찰과 자기반성이 가능할 뿐 아니라, 불분명한 가능성을 상상하고, 가설에 의거한 추론과 연역적 사고도 가능하다. 구체적 조작기와 달리, 이 시기의 개인은 규칙이나 역할에 무조건적으로 복종하지 않고, 무엇이 보편적으로 더 올바르고 공정한지 생각한다. 따라서 이전 단계의 자아 중심성은 사회 중심성을 넘어 세계 중심성으로 확장된다. 이때는 "자신뿐 아니라 모든 사람에게 공정한 것이 무엇인가를 생각하는 시기"[16]이기 때문이다.

이런 마음은 청소년기에 발생하며 사춘기의 자의식과 거친 이상주의의 기초가 된다. '나는 누구인가?'라는 물음과 함께 자신의 정체성을 만들어 나가기 때문에 이 단계의 문제는 정체성의 위기라고도 할 수 있다. 또한 합리적 세계관과 과학적 유물론이 이 시기를 지배하면서 신을 믿을 수 없게 되고, 과학적인 방식으로 자신이 필요한 것을 직접 추구한다. 이것은 발달에 있어 큰 진보지만, 다른 한편으로는 부정적이기도 하다. 세계가 물질적으로 이해되면서 아무 가치도 없다고 생각하게 되기 때문이다.[17]

비슛디 차크라

전통적 해석
: 정화

위치　목 부위

물질 원소　에테르(아카사)

의미　순수성 또는 정화. 에테르의 특성은 순수함과 청정이다. 수행자가 이 차크라에서 함사(Hamsa, 내적 자아 또는 아트만)를 알아차리면 청정해지기 때문에 이 차크라를 비슛디, 즉 순수함으로 지칭했다.[1] 비슛디 차크라 안에는 시바-샥티의 양성체인 백설의 사다 시바와 수행자에게 대해탈의 통로인 샥티 사키니가 거주한다.

그림18 | 비슛디 차크라[2]

<u>모양과 상징 동물</u>   16개의 회자주색 꽃잎에 둘러싸여 있으며, 그 안에는 보름달처럼 하얀 원형의 에테르 영역이 있다. 그 안에 흰색의 비자 함(ham)이 코끼리 위에 앉아 있다.

<u>신통력</u>   이 차크라를 명상하면, 브라만의 완전한 지혜를 얻어 더욱 지혜로워지고, 흔들리지 않는 평화를 얻게 된다. 또 과거, 현재, 미래의 세 시기를 보고 질병과 슬픔에서 벗어나 장수하며, 모든 위험을 파괴하는 자가 된다.[3]

<u>생리학</u>   비슛디는 생명의 영원성과 관련된다. 비슛디가 각성되면,

정수리 뒤쪽의 빈두에서 떨어지는 암리타, 즉 불로불사주를 받아 생명을 영원히 유지할 수 있다. 이때는 음식을 먹지 않아도 몸의 활력을 유지할 수 있다. 그러나 비슛디가 활동하지 않으면 암리타는 바로 마니푸라로 흘러들어 신체를 늙게 만들고 죽음으로 이끄는 독이 된다.

정신적 특성　빈두에서 떨어지는 암리타가 비슛디에서 독과 약으로 나뉜다는 것은 비슛디가 이원성의 세상으로 가는 통로라는 사실을 말해 준다. 힌두 우주론에서는 빈두가 비현현의 세계와 현현의 세계, 다시 말해 우리의 감각으로 인지되지 않는 비물질계와 우리가 사는 물질계 사이의 경계를 의미한다. 따라서 빈두를 통과해 우리가 사는 이원성의 세계로 진입하면 모든 것은 개체화하고 형상화되며, 다른 방향은 우주의 빈 공간으로 가는 입구다.[4]

빈두의 암리타를 약으로 만드는 정화법은 독을 제거하는 게 아니라 약과 독, 또는 선과 악의 이원적 개념을 뛰어넘는 것이다. 따라서 비슛디의 역할은 선과 악의 개념을 초월하는 데 있다. 비슛디 차크라가 각성되면 악하고 부정적인 면들조차 존재의 전체적인 계획 속에서 펼쳐진다는 사실을 이해하게 되며, 그렇게 되면 악조차도 쉽게 소화시킬 수 있다. 이처럼 선과 악의 개념들이 떨어져 나갈 때 악한 힘도 무력해진다. 이 자각 상태에서는 인생의 부정적인 경험들이 지복의 상태로 흡수되고 변형될 수 있다.[5]

심령적 증상　비슛디가 각성되면 다른 사람의 생각에 의식의 채널을 맞춰서 상대의 느낌이나 생각을 받아들인다. 청각이 예민해지는 것인데, 이것은 귀가 아니라 마음으로 듣는 것을 의미한다.[6]

정신생리학의 해석
: 갑상선과 티록신

정신생리학적 관점에서 볼 때 비슛디는 갑상선이라는 내분비기관과 관련된다. 특히 갑상선이 분비하는 호르몬인 티록신은 신진대사율, 즉 인체로 흡수된 물질의 변화와 순환 속도를 조절한다. 이 티록신이 활성화될수록 심장이 빨리 뛰고 몸이 마르며 성욕이 증가하고 정신 활동이 더 증가한다.

마니푸라에 상응하는 부신이 단기 스트레스를 처리하는 반면, 갑상선은 장기 스트레스를 담당한다. 즉 정신적인 고민거리에 빠지면 마음속 중얼거림 같은 증상이 계속 일어나는데, 이럴 때 스트레스는 심장까지 영향을 미친다. 이것이 장기 스트레스가 가진 최악의 측면 중 하나이며, 비슛디 차크라의 부정적인 측면이기도 하다. 그러나 명상을 비롯해 다양한 방법을 통해 스트레스를 극복하고, 평화롭고 성숙하게 나이 들 수 있는 방법을 익히게 되는데 이런 의미에서 갑상선은 '불멸'과 연결된다.[7]

현대요가심리학의 해석
: 신의 사랑에 내맡김

목 센터인 비슛디 차크라는 그 신체적 위치를 볼 때 양육을 위해 음식과 공기를 받아들이는 곳이다. 따라서 그곳은 수용과 관련된 에너지가 집중된 곳이라고 할 수 있다. 현대요가심리학은 목 차크라가 수용을 배우는 곳이며, 존재의 근원에 대해 확고한 신뢰감이나 자연스러운 연결감을 갖는 것과도 관련되어 있다고 본다.

　더 나아가 비슛디는 신의 사랑을 경험하고 돌봄을 받는 곳이다. 아나하타 차크라가 타인을 보살피고 사랑을 베푸는 곳이라면 비슛디에서는 초월적인 근원에게서 돌봄을 받는 경험을 한다. 가슴 센터가 휴머니즘을 경험하는 곳이라면 목 센터는 유신론을 경험하는 곳이다. 비슛디에서 이 같은 신성의 돌봄을 경험한 사람은 사소한 것에도 신성이 존재한다는 사실을 경험하고 자각하게 되며 신의 형상에 매혹되기도 한다.[8]

　신의 돌봄을 받는 비슛디 차크라의 특성은 현대 심리학, 특히 정신분석학의 구강기적 특성과 유사하다. 프로이트가 말하는 구강기는 인간 발달의 첫 번째 단계로 가장 원초적인 양식으로 간주된다. 그러나 현대요가심리학은 비슛디의 특성과 구강기를 하위 의식과 상위 의식으로 분리한다. 구강기의 하위 의식은 물라다라에 고착되었을 때 나타나는 문제로 구강기의 유아가 보이는 특성이다. 구강의 욕구를 만족시키려고 엄마의 젖가슴에 집착하는 무의식적이고 충동적인 특성, 그리고 욕구가 좌절되었을 때 느끼는 동요와 공격성, 삼켜지는 것에 대한 두려움 등이 대표적인 예다.

반면에 비슛디는 현실의 어머니가 아니라 인간을 양육하는 보다 근원적이고 정묘한 차원과의 관계에 관한 것이다. 비슛디 단계에 있는 사람은 우주적 부모로부터 무조건적인 사랑과 자비, 이해가 흘러나오고 있으며, 더 나아가 그 신의 사랑이 자신을 통로로 삼아 흐른다는 사실을 경험한다. 이 같은 신성의 사랑을 통해서 인간은 타인을 진정으로 사랑할 수 있게 된다. 구강기의 유아가 엄마의 젖가슴에 애착을 보이는 것은 인간존재가 근원을 향해 갖는 신뢰와 헌신성을 왜곡해서 모방한 것에 불과하다.[9]

아나하타와 비슛디 단계의 사랑도 구분할 필요가 있다. 아나하타의 사랑은 이원적이라서 도움을 줄 불쌍하고 불행한 대상을 필요로 하며, 그들에게 사랑과 자비를 베푸는 행위에 대해 자부심을 느낀다. 그러나 비슛디의 사랑은 절대적인 신의 사랑이다. 내가 실천한 사랑의 행위도 결국은 나를 통해 표현된 신의 사랑이 된다. 비슛디 차원에서는 나도 상대도 모두 신의 사랑을 받는 존재들이다.

목 센터는 또 자신을 표현할 수 있는 창조적 영역이기도 하다. 아자아에 의하면 위대한 예술가들의 창조성 역시 존재의 근원에게서 나온 영감의 표현이다. 예술가들이 영감을 받아 작업할 때는 개인적 한계에 갇힌 자아를 넘어선 어떤 것과 연결된다는 느낌을 경험한다. 현대 심리학은 예술성을 무의식에서 나오는 것이라고 말하지만, 현대요가심리학에 의하면 이것은 신성의 표현이고 창조다. 아자야는 이러한 비슈디의 경험 양식을 '내맡김(surrender)'으로 표현한다. 이것은 항복하는 게 아니라 신성에게 내맡기는 것이다. 우리는 우리 내면에 이같이 신성한 존재가 있다는 사실을 알고, 그것과 관계 맺는 방식을 배워야 하며, 이를 통해서 우리 안의 초월적인 어떤 정수를 경험하도록 노력해야 한다.

비슈디 양식에 기반한 심리학은 융의 분석심리학이다. 융은 궁극적인 것이 우리의 정신 안에 존재한다고 전제하면서 심리학을 연구했기 때문에 정신적 현상을 초월적 차원으로 이해할 수 있게 되었으며, 융 이외에 이 단계에 이른 현대 심리학자는 없다.

분석심리학의 해석
: 정신적 실재에 대한 인식

비슈디 단계에서는 모든 정신적인 현상이 외적이고 물질적인 것과 전혀 무관하게 일어날 수 있다는 사실을 알게 된다. 우리가 자주 느끼는 분노는 사실 우리의 그림자가 드러났기 때문에 생긴 것이다. 우리가 의식의 저 아래 묻어 두었던 공격성, 비난, 혐오를 상대에게 투사한 결과다. 이 사실을 완전히 인식했다면, 그래서 자신에게 있어 최악의 적은 바로 자기 안에 있다는 사실을 인정하게 되었다면, 그는 아나하타를 떠난 것이다. 따라서 이 단계는 외적으로 벌어진 일 때문에 자신이 어떤 특정한 생각을 한 게 아니라 오히려 외적인 세계가 인간이 상상한 결과라고 생각하는 단계다. 이제 개인은 세상의 문제를 자신의 문제로 환원하고 바라볼 수 있게 된다. 그러니까 물질적인 절대적 실체가 있어서 그것을 인지하는 게 아니고, 우리가 세상을 그렇게 판단하고 개념화하는 것이다. 원효가 해골 물을 마시고 난 뒤 일체유심조(一切唯心造)를 깨달았던 것처럼 말이다.

비슛디 차크라의 세계는 이처럼 추상적인 관념과 가치의 세계이며, 정신이 그 자체로 존재하는 세계다. 더 나아가서는 정신적 실재만이 유일한 실재이고, 물질은 거대한 정신적 실재를 둘러싼 얇은 표면이며 환영에 지나지 않는다는 사실을 인식하게 되는 세계다. 그때 모든 것을 아우르는 자기(Self)가 비로소 궁극적인 실재로서 인식된다.[10]

비슛디 차크라를 상징하는 동물은 '완전한 힘, 능가할 수 없는 동물의 신성하고 강력한 힘'을 의미하는 코끼리다. 물라다라의 코끼리가 땅(물질계)을 지탱하는 힘이었다면, 비슛디의 코끼리는 공기처럼 가벼운 인간의 생각을 지탱한다. 마치 땅이 우리를 떠받치듯 생각이 우리의 세계를 떠받치고 있다는 사실을 코끼리라고 하는 막강한 힘을 가진 동물로 표현한 것이다.

예를 들면 실체가 없는 신적인 체험이 비슛디에서 일어날 수 있다. 신을 부정하든 저항하든 상관없이, 정신적인 힘이 개인에게 신적인 체험을 강제할 수 있다. 이때 정신적인 힘은 거침없고 강력한 힘으로 작용하는데 이것이 바로 비슛디에 있는 코끼리의 힘이다. 융은 이러한 코끼리의 강력한 힘을 "비슛디적 현실에 대한 체험"[11]이라고 지칭한다. 하지만 융은 에테르를 원소로 하는 비슛디가 현대인의 의식 수준은 아니라고 보았다. 비슛디의 세계는 미래의 세계로, 그곳은 단지 추측된 세상일 뿐이다.

통합심리학의 해석
: 인간 발달의 최고 수준

윌버는 이 차크라를 '언어적-합리적 마음'으로 명명했으며, 아나하타 차크라와 함께 마노마야 코샤로 보았다. 윌버의 발달 수준에서는 형식적 조작 후기인 비전-논리 단계(19~21세)에 상응한다.[12]

이 단계는 현대 심리학이 말하는 인간 발달의 최고 수준이다. 따라서 이 단계에 이른 사람은 보다 통합적인 사고가 가능해진다. 개념을 종합하고 아이디어를 연결시켜서 진리를 서로 엮는 능력이 발달하기 때문에 관념들의 거대한 관계망을 파악할 수 있게 된다. 관념들이 어떻게 상호 영향을 미치는지, 그 관련성이 무엇인지 이해하는 게 이 시기의 능력이다.

특히 이 단계를 켄타우로스(centaur) 단계라고 부르기도 한다. 몸과 마음이 조화롭게 하나가 되어 통합적인 자아감을 갖기 때문이다. 켄타우로스는 애초에 에릭슨이 사용한 개념으로, 인간의 마음이 동물적 차원의 육체와 조화롭게 기능하는, 성숙한 마음과 신체의 통합을 의미한다.

켄타우로스적 특성을 획득하는 것은 심리적 차원에서는 영웅적인 일이다. 하지만 발달단계의 전 과정이 그렇듯 이 단계에도 부정적인 문제가 존재한다. 죽음과 같은 유한성과 도덕적 완전성, 신뢰성, 인생의 의미와 같은 실존적인 차원의 문제를 경험하게 되며, 이 문제를 해결하지 못하면 무상함 속에서 느끼는 실존적 우울함이나 고독감, 자아 상실이나 실존적 불안 등이 찾아올 수 있다.

이 시기의 세계관은 인본주의적, 실존적 세계관이다. 즉 번뇌로 귀결되는 욕망의 추구, 경쟁에서 성공한 후에 오는 공허함 등에 대해 성찰하면서 인간 자아의 신성한 본성에 대해 생각하게 되는 것이다. 이런 사유가 깊어진 사람은, 합리성으로 설명할 수 없는 무엇이 이 세상에 존재한다고 생각하며, 이것이 자아초월적 의식의 발달단계로 이어진다.[13]

아즈나 차크라

전통적 해석
: 관찰 중추

위치 뇌의 중심

의미 아즈나라는 말은 문자적으로 '알다', '복종하다', '따르다'를 뜻하는 산스크리트에서 파생되었다. 따라서 아즈나는 목격 중추이면서 명령 중추로 알려져 있다.

모양 2개의 꽃잎을 가지며, 투명하거나 회색, 또는 흰빛을 띠는 것으로 알려져 있다. 이 연꽃 안에는 6개의 팔에 책과 해골, 작은 북, 염주를 잡은 샥티 하키니와 정묘한 마음인 마나스가 존재한다. 여

그림19 | 아즈나 차크라[1]

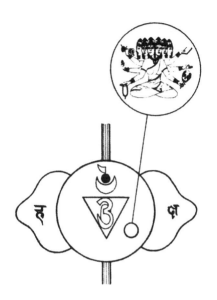

성의 생식기를 의미하는 삼각형의 요니(yoni) 안에는 이타라라고 불리는 남근 모양의 시바가 있으며, 그 위에 비자 옴이 위치해 있다.[2] 이타라 시바 링감은 아스트랄체의 상징으로, 각성되고 예리한 자신에 대한 자각을 의미한다. 비자 옴은 절대자를 상징하는 힌두 사상의 핵심 만트라다.

신통력 이 차크라를 명상하는 사람은 모든 경전에 능통해지며, 브라만과의 합일을 깨닫고 삼세의 창조자·파괴자·수호자가 된다.[3]

정신적 특성 아즈나 차크라는 이다, 핑갈라와 함께 수슘나가 만나는 최종 합류점으로 알려져 있다. 이 세 가지 기운이 한 곳에 모이면 개인의식이 변용되면서 자기 자신이라는 자각이 사라진다. 또한 자각이 확장되고 순일해지면서 우리가 살고 있는 현상계의 이원성을 초월하게 된다.

아즈나의 이성과 이해력은 이 차크라가 인간의 내면과 외부에서 일어나는 모든 사건을 초연하게 관찰하는 "목격 중추"[4]라는 점에서 가능해진다. 이것이 계발되면 보이는 것 이면의 숨겨진 본질까지 알게 되며, 또한 이것이 각성되면 모든 상징이 가진 의미와 의의가 직관적으로 인식되어서 예지자가 되거나 삶에 관한 인과법칙을 이해하게 된다. 이때 보는 기관은 눈이 아니고 '마음'이다. 마음은 정묘한 방식으로 지식을 얻고, 직관적인 감각을 통해 지식을 인식한다. 직관적 이해인 것이다. 그래서 이 차크라는 '명령 중추'로 알려져 있기도 하다. 수행자는 직관을 통해 외부의 스승과 마음으로 소통할 수 있으며, 또한 내면에 존재하는 스승의 목소리를 들을 수도 있다.[5]

정신생리학의 이해
: 송과선과 뇌하수체

아즈나 차크라가 송과선과 밀접하게 연관되어 있다는 것은 잘 알려진 사실이다. 송과선은 뇌 중심에 자리 잡고 있으며, 뇌와 신체에 영향을 미치는 신경호르몬을 주로 생성한다.

송과선은 서구에서 대체로 퇴화된 기관으로 인식되고 있다. 그러나 양서류와 파충류의 송과선은 두개골 바로 밑과 뇌의 가장 윗부분에 위치해 있으며, 송과선 내에 감광 세포를 가지고 있어서 빛에 민감한 제3의 눈이 된다. 인간의 경우는 주요 시신경과는 다른 보조적인 시신경 섬유들이 송과선으로 뻗어 있기 때문에 송과선이 일반적인 시지각과는 상관없는 '보는 감각'일 가능성이 높다고 연구자들은 추측한다.[6]

아즈나 차크라의 얀트라에서 볼 수 있는 2개의 잎이 송과선과 뇌하수체의 결합을 의미한다고 보는 연구들이 있다. 호르몬을 생성해서 전체 내분비계를 작동시키는 뇌하수체와 내분비계의 작동을 멈추는 기능을 하는 송과선은 서로 교대로 일하는 상보적인 역할을 하기 때문이다.

또한 송과선에 영적인 특성이 있다는 주장도 있다. 즉 송과선은 피놀린으로 불리는 신경조절물질인 베타카볼린을 합성하는데, 이 물질은 세로토닌의 파괴를 막으며 환각, 우울증, 조증 등의 정신병과 관련된 것으로 알려졌다.[7] 세로토닌은 행복감을 느끼게 해 주는 물질로 잘 알려져 있다. 수치가 적절하게 유지되면 평안함과 안정을 느끼도록 뇌를 진정시켜 주고, 면역 세포와 엔돌핀에도 영향을 미친다. 피놀린은 프시(psi) 체험을 일으키는 것으로 알려져 있다.

실제로 이것은 치료를 위해서 그리고 유체 이탈이나 투시, 예지와 같은 심령현상을 위해 아마존 부족이 사용하는 아마존의 넝쿨, 바니스테리오프시스 카피(Banisteriopsis caapi)의 성분과 화학적 구조가 매우 유사하다.[8] 바로 이런 점들이 아즈나 차크라를 영적인 센터라고 보게 한다.

아즈나가 '명령 차크라'라는 점을 생리학적으로 설명하기 위해서는 송과선과 관련된 멜라토닌과 세로토닌을 강조한다. 이 둘은 24시간의 주기 리듬을 비롯해 인간의 생체리듬을 통제한다. 특히 세로토닌은 뇌에 광범위한 영향을 미치는데 일종의 정신병 같은 정신 상태나 기분, 감정 등과 그로 인해 발생하는 거식증, 폭식증 등의 식이장애와 깊은 관련이 있다. 멜라토닌은 수면을 유도해서 불면증을 없애 주고, 생체시계를 재설정하고 노화 과정에 영향을 미치는 것으로 알려져 있다. 그 외에도 면역 체계를 강화하고 세포가 산화되는 것을 막아 암·심장 질환·백내장·알츠하이머 등 최소 60여 개의 퇴행성 질환에 유익한 기능을 한다.

이 세로토닌과 멜라토닌을 번갈아 활성화시키면서 낮과 밤의 주기 리듬을 통제하는 것이 바로 송과선이다. 이것이 바로 송과선을 명령 차크라로 보는 이유라고 할 수 있다.[9]

그런가 하면 사티아난다는 대뇌의 중심에 있는 송과선과 시상이 아즈나 차크라와 연결되어 있다고 보았다. 이다의 작용인 감각 및 감정과 핑갈라의 작용인 운동 및 지능이 만나는 영역이 아즈나인데, 생리학적으로 보면 시상이 아즈나의 역할과 유사하다. 시상은 감각 정보를 받아들이고 대뇌피질로 정보를 보내는 역할을 하며, 감각과 운동의 상호작용, 그리고 뇌의 좌우측을 포괄하는 역할을 한다는 점에서 그렇다.

그 밖에도 뇌에는 숨골에서부터 송과선·시상 부위까지 위쪽으로 뻗어 있는 중추들이 있는데, 이것이 모두 아즈나 차크라의 통제를 받는다. 특히 아즈나가 물라다라와 밀접한 관계가 있다는 점은 주목할 만하다. 물라다라에 상응하는 숨골이 아즈나의 영향력 아래 있으며, 아즈나가 주로 숨골에서부터 작용하기 때문이다.

따라서 척추에서 깨어나는 차크라들은 이 여섯 번째 차크라인 아즈나의 관리 아래 있으며, 반대로 각성된 차크라들은 아즈나의 각성과 활동 수준에 영향을 미친다. 그러나 안타깝게도 대부분의 사람들에게 아즈나 센터, 즉 시상·송과선 부위는 잠들어 있다.

현대요가심리학의 해석
: 내면을 보는 능력

아즈나 차크라는 현대요가심리학에서 '보는 것', 그중에서도 내적인 성찰 또는 내면을 보는 능력과 관련된다고 여겨진다. 아즈나는 이처럼 육체적인 눈으로 볼 수 없는 것을 보기 때문에 '제3의 눈'으로 알려져 있다. 따라서 현대요가심리학도 '직관'의 중요성을 강조하면서 그것을 '보다 깊은 비전(vision)', 혹은 지혜를 얻는 '직관적인 방법'이라고 설명한다.

직관은 무의식에 쉽게 오염되는 '육감(hunch)'과는 다르다. 진정한 직관은 의식의 보다 높은 차원으로, 폭넓은 정보에 접근 가능한 알아차림의 기능이다. 또한 직관은 보다 높은 지혜의 원천을 가지고 있어서 이를 통해 자기실현이 가능하다. 전자는 창조적 직관이며, 후자는 우리의 내면으로 향하게 하는 더 높은 차원의 직관이라고 할 수 있다.

아즈나 차크라 단계에 있는 사람은 이전 차크라가 만들어 낸 드라마와 거리를 두면서 자신을 관찰할 수 있게 된다. 현상계와 자신을 동일시하지 않는 목격자, 즉 객관적 관찰자로서 의식이 이 영역에 완전히 몰입해 있다면 그는 보는 자, 현자, 예언가로 불릴 수 있다. 평범한 지식에서 벗어나서 숨겨진 우주의 법칙과 원리를 볼 수 있는 더욱 큰 이해력을 얻게 되는 것이다.[10]

이런 아즈나의 심령 능력은 종종 의식이 하위 수준에 있는 사람에게 오용되거나 악용될 수 있다. 많은 사람들이 자신의 권력을 강화하거나 개인적 욕망을 만족시키려고, 또는 자신의 취약한 모습을 숨기기 위해 아즈나의 통찰력이나 지적인 능력을 사용한다. 주목받거나 사랑받기 위해서, 혹은 관계에서 주도권을 잡기 위해서도 사용한다. 이런 문제를 피하기 위해서는 자신의 마음과 생각,

　　　　　　　　　　　　　　　　　　2부 차크라 백과

감정, 열망 등과 동일시하지 않고, 그것들을 주시하는 능력을 먼저 발달시켜야 한다. 또 지적인 정보를 취합하는 데 마음을 빼앗기지 말고, 고요하고 조용한 관찰자가 되어야 한다.

이 단계에서는 현재 일어나는 생각이나 감정, 그리고 열망과 거리를 두도록 할 뿐 아니라 과거의 기억과 동일시하는 것도 경계한다. 개인의 문제는 현재의 존재 방식을 재구조화함으로써 해결될 수 있다고 보기 때문이다. 인간의 마음은 대부분 특정 정보만 받아들이고 특정 방식으로만 생각하도록 되어 있다. 이 같은 왜곡된 사고 작용을 멈추기 위해서는 마음을 내면으로 돌려 고요하게 만들어야 한다. 마음이 고요해지면 생각이나 감정, 욕망 등에 방해받지 않는 매우 확장된 의식을 경험하게 된다.

따라서 아즈나의 단계에서는 명상 수련이 강조된다. 명상은 마음속 움직임을 중립적으로 바라보게 만들 뿐 아니라 외적인 삶까지 집중력을 가지고 관찰할 수 있게 해 준다. 이를 통해 일상생활을 보다 효과적으로 영위할 수 있게 되는 것이다.

분석심리학의 해석
: 자아의식과 신의 합일

아즈나 차크라는 인류가 아직 도달하지 못한 단계이기 때문에 융은 그것에 대해 구체적으로 설명하는 것이 불가능하다고 전제했다. 대신 상징학을 빌어 아즈나 차크라의 특성을 설명했다.

아즈나 차크라의 얀트라에는 어떤 동물도 그려져 있지 않다. 그곳에는 더 이상 심리적인 요인이 존재하지 않으며, 따라서 심리적으로 저항하는 힘도 없다. 대신에 물라다라에 있던 링감은 아즈나에서 새로운 형태, 즉 흰색으로 다시 나타난다. 물라다라에 잠재해 있던 신이 이곳에서 완전히 깨어나서 유일한 실재가 된 것이다. 그러므로 아즈나 차크라는 "신의 힘과의 신비로운 결합의 센터"[11]다. 이곳에서 자아의식은 자신의 짝인 비자아적이고 비개인적인 정신과 결합되어 정신적 실재 그 자체가 된다. 개인은 이 정신적 실재 속으로 완전히 사라져서 "정신적인 것이 더 이상 우리 안의 내용물이 아니며, 우리가 정신적인 것의 내용이 된다."[12] 이제 개인과 신의 의지는 완전히 하나가 되어 개인은 더 이상 신을 지각할 수 없게 되는데, 그가 하는 것이 곧 신이 하는 것이기 때문이다.

통합심리학의 해석
: 심령적 마음

월버는 아즈나와 사하스라라 차크라를 '정묘계'라고 하는 의식의 상위 영역으로 보았고, 그중에서도 아즈나를 '하위 정묘', 사하스

　　　　　　　　　　　　　　2부 차크라 백과

라라를 '상위 정묘'로 분류했다. 이 정묘계는 기존의 서구 심리학이 인정하지 않거나 병리적이라고 판단한 정신의 영역이다. 이 단계의 사람들이 경험하는 것을 정신병적 증상으로 치부했던 것이다. 그래서 서구의 발달심리학 중에서 이 단계를 설명하는 이론은 거의 없다.

그러나 동서양의 신비가들과 영원의 철학은 인간의 최고 발달 단계인 켄타우로스 수준을 넘어선 단계가 존재한다는 것을 계속 주장했다. 즉 "인간 본성의 더 나아간 도달점"[13]으로, 영적인 경험을 하는 자아초월적인 단계가 있다는 것이다. 특히 제3의 눈으로 불리는 아즈나 차크라는, 초자연적 사건을 경험하면서 이전까지 자기 자신이라고 여기며 동일시했던 마음과 몸으로부터 자유로워지기 시작한다. 윌버는 이 차크라를 "심령적(psychic) 마음"[14]이라고 불렀다. 이 단계에서는 이 세상의 배후에 존재하는 신성을 느끼고, 그 신성과 접촉하게 된다. 이때 신성은 신화적 신성이 아니라 자신의 내적 신성을 말한다.

이른바 우주 의식의 번쩍임을 체험할 수도 있고, 초능력이 계발될지도 모릅니다. 깊은 통찰로 가득 찬 직관을 계발할 수도 있겠지요. 그러나 대부분의 경우, 자신의 의식이 개인적인 심신에 한정되는 것이 아님을 깨닫습니다. 자신의 의식이 특정한 유기체를 초월한다, 혹은 유기체를 떠나도 살아 있다는 직관이 싹틉니

다…. 당신은 자신의 초월적인 영혼, 즉 '보는 자'의 존재와 접촉하거나 직관하기 '시작'합니다.[15]

월버가 이 단계를 본격적인 정묘 단계와 구별해서 하위 정묘로 분류한 것은 이 차크라에서 자주 일어나는 초자연적 사건이 초월적 영역 중에서는 최하위에 속하는 현상이기 때문이다. 그래서 이 단계를 심령적이라고 부른 것이다. 아즈나 차크라에서 나타나는 심령적 현상들은 파탄잘리의 『요가수트라』가 말하는 싯디(신통력)에 해당한다. 이 경전 3장은 요가 수행자가 얻을 수 있는 신통력에 대해 자세하게 설명했다. 예를 들어, 미지의 존재에 의해서 만들어진 단어 또는 소리에 대한 의미를 얻을 수 있는 지혜, 과거 생에 대한 지혜, 수행자의 몸이 보이지 않게 하는 능력, 소리·촉감·맛·냄새를 사라지게 하는 능력, 죽음의 시간에 대한 지혜, 우정과 정서적인 힘을 전달하는 능력, 동물들의 힘을 얻는 능력, 정묘하고 숨겨져 있으며 멀리 있는 것에 대한 지혜를 얻는 능력, 태양계의 지혜, 별들의 배열에 의한 지혜, 몸의 구성에 대한 지혜 등이 그것이다.[16]

사하스라라 차크라

전통적 해석
: 시바와 샥티의 합일

<u>위치</u>　정수리. 수슘나 나디의 끝

<u>의미</u>　문자적 의미는 1000이지만 '시바의 거처', '하리-하라(Hari-Hara)의 장소', '데비의 최상의 거처', "프라크리티-푸루샤의 순수한 장소"[1]로 명명된다.

<u>모양</u>　아래로 향한 1000개의 연꽃잎. 꽃잎 안에는 보름달처럼 환하고 깨끗하며 촉촉한 찬드라 만다라(candra maṇḍala)가 있고 이것 안에 위대한 공함(mahā vāyu)이 빛나고 있다. 이곳에는 파라마 시바

그림20 | 사하스라라 차크라[2]

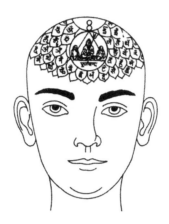

가 존재하는데 이는 브라만을 의미하며 개인에게는 아트만에 해
당된다. 여신 니르바나 샥티는 삼세의 어머니며, 만물의 생명이다.

신통력　사하스라라를 아는 자는 결코 윤회하지 않으며 자신이 바
라는 모든 것을 할 수 있고, 그의 의지에 반하는 것을 막아 내는 완
전한 힘을 갖게 된다.[3]

정신적 특성　사하스라라에서 쿤달리니와 시바의 결합이 이루어지
면, 개별 자아로서의 자각이 사라지고 전체성의 일원적 자각만 존
재한다. 그때는 보는 자와 보이는 대상, 경험하는 자와 경험 대상
이 둘이 아닌 하나다. 대극적 관계에 있던 샥티와 시바는 사하스라
라 차크라에서 이미 그 성질이 달라져 있다. 따라서 사티아난다는

사하스라라 차크라를 "모든 것이자 아무것도 아니며, 모든 개념을 초월하되 모든 개념의 근원"[4]이라고 묘사했다. 또한 그것은 의식과 프라나의 통합이며, 확장된 자각의 극치고, 논리를 초월하는 전체성이기도 하다.

이 차크라는 무분별삼매(nirvikalpa samādhi)의 단계에 비유되기도 한다. 무분별삼매는 파탄잘리의 『요가수트라』에 소개된 삼매의 최종 단계다. 이 단계에서 인간은 자신이 초월적 실재와 완전히 동일하다는 궁극적 깨달음에 이르게 된다. 참고로 삼매는 『요가수트라』에서 말하는 의식의 진화 과정으로, 모두 세 단계가 있다. 즉 분별삼매(savikalpa samādhi, 대상에 대한 마음 작용이 있는 삼매), 무상삼매(asaṁprajñāta samādhi, 삼스카라는 존재하지만, 대상에 대한 관념이 모두 사라져 마음 작용이 정지된 상태), 그리고 무분별삼매(어떤 형상이나 파동도 없는 의식 상태)가 그것이다.[5]

현대요가심리학의 해석
: 비이원 의식의 경험

어린아이가 자라면서 이성적 능력과 자아 기능이 발달하면 직관력이 떨어지면서 부드러웠던 정수리가 딱딱해진다. 그런데 가장 높은 의식 상태인 삼매에 이르게 되면 정수리가 다시 열리게 된다고 요가는 말해 왔다.

정수리는 의식이 가장 진화했을 때 에너지가 집중되는 중요한 곳이다. 따라서 정수리 센터에 대한 숭배는 요가뿐 아니라 다양한 종교의 상징학에 나타난다. 왕의 머리에 왕관을 씌우는 것은 그가 가장 진화된 의식의 소유자라는 사실을 상징적으로 보여 주기 위함이다. 기독교의 수사들은 머리 중앙을 원형으로 깎는 전통이 있었으며, 유대 전통의 정수리 부분을 덮는 모자인 키파나 머리 부분의 아우라가 그려진 그림 등이 그 예가 된다.[6]

사하스라라에 이르면 더 이상 심리적 원형이 존재하지 않는다. 따라서 멜로드라마나 시나리오가 없다. 절대적인 진리나 근원적인 실재가 밖에 있다고 믿으면서 찾아다니는 숨바꼭질 게임을 지금까지 지속해 왔다는 사실을 자각하면 게임은 끝난다.

가장 높은 의식 상태인 이 차크라에서는 의식이 가진 모든 분별이 무너지고, 자각은 한계를 알 수 없을 만큼 확장되며, 경험하는 자와 경험 대상의 분별도 멈춘다. 마음의 틀이나 제한적 형상, 양극성, 시간과 공간, 원인과 결과 등을 모두 초월하기 때문이다. 더 이루고 더 알 것이 없으며 모든 것의 전부로서 자기 자신을 알게 된다. 즉 자신이 아트만 또는 단일 의식이라는 사실을 자각하는 것이다. 하위 단계의 맥락에서는 이 영역을 이해하기 어렵기 때문에 1000개의 연꽃잎이라는 고도의 상징적 표현으로 묘사된다.

이처럼 사하스라라 차크라가 이해하기 어려운 영역이라 하더라도 현대 심리학이 이 단계를 이해하기 위해 노력하는 게 매우 중요하다.[7] 마음을 잘 이해하고, 경험의 모든 측면을 일원적 관점으로 통합시킬 수 있는 열쇠가 바로 이 차크라에 있기 때문이다. 무엇보다 인간에게 있어 이 차크라는 가장 근원적 본성의 자리기 때문에 심리학 이론이 완전해지기 위해서는 사하스라라 차크라에 대한 이해와 탐구가 반드시 필요하다.

그래서 현대요가심리학은 사하스라라에 이르는 것을 목표로 한다. 낮은 차크라에서 경험하는 의식은 자기실현을 위한 준비 단계에 해당한다. 하위 차크라에서 인간은 안전이나 즐거움, 지위, 봉사와 헌신 등 각 차크라의 의식구조에 따라 주체와 대상을 상정하는 숨바꼭질 게임에 몰두한다. 그러나 아즈나 차크라에 이르면 자신이 무엇 때문에 게임을 하고 있는지 알게 되고, 사하스라라에서는 그 게임이 끝난다.

사하스라라의 비이원 의식을 경험하기 위한 몇 가지 수련 방법이 있다. 첫 번째로는 즈나나 요가(Jñāna-Yoga)와 라야 요가(Laya Yoga)의 부정법이 그것이다. 버릴 게 더 이상 없을 때까지, 특정한 가치나 제한된 개념과 자신을 동일시하는 것을 계속 부정하는 방법이다. 또 다른 하나는 침묵이다. 침묵을 유지하는 수련에는 외부 자극을 통제하는 것과 홀로 있기, 그리고 고요함을 지속시키기 등이 있다. 요가는 전통적으로 외부 자극을 통제하는 수련을 해 왔다. 외부 세계로 향해 있던 자신의 감각을 철회하고, 생각이나 감정, 욕구와의 동일시를 중단하면, 인간은 정적 안에서 평화와 만족을 경험한다. 즉 침묵과 홀로 있기 수련이 세상의 멜로드라마에서 자신을 분리시켜 고요한 내면과 접촉하게 하는 것이다.[8]

침묵과 고립은 세상의 멜로드라마에서 자신을 분리시키는 수단이다. 개인의 내적인 혼란은 의식의 전경으로 나온다. 그는 개인무의식과 집단무의식의 공연을 주시하면서 고요하게 남아 있어야 한다. 매혹적이고도 마력을 가진 형상과 줄거리 둘 다로부터 거리 두는 것을 배워야 한다. 만약 개인이 고요와 침묵 속에 남아 있다면 그는 현상계의 쉼 없이 소란하고 항상 변화하는 형상을 넘어서서 순수하고 형상 없는 존재의 안식처로 들어갈 것이다. 의식의 이러한 상태는 모든 존재의 바탕이 되는데, 모든 형상이 이로부터 나왔기 때문이다.[9]

분석심리학의 해석
: 경험을 넘어선 철학적 개념

융에게 사하스라라 차크라는 철학적 개념에 불과했다. 아즈나 차크라에서는 여전히 신과 개인의 이분법적 체험이 존재하지만, 사하스라라에서는 신도 대상도 없다. 따라서 어떤 체험도 없이 오로지 브라만뿐이라는 철학적 결론만 남는다. 따라서 융은 이 단계가 사람들에게 현실적인 도움이 되지 않는다고 보았다. 그는 이 센터에 대해 다음과 같이 짧게 언급했다.

그것은 그 어떤 가능한 경험도 넘어서 있다. 아즈나에서는 여전히 신이라고 하는 대상과는 분명히 다른, 자기에 대한 체험이 존재한다. 하지만 사하스라라에서는 우리가 그것과 다르지 않다는 것을, 그러므로 대상도 신도 없이 오직 브라만만 있는 것이 결론임을 알게 된다. 그것은 하나이기 때문에 어떠한 체험도 없다. 시간에서 벗어나 있다. 잠재되어 있으며, 그렇지 않기도 하며, 따라서 열반이다. 이것은 완전히 철학적인 개념, 단순히 이전의 전제로부터 나온 논리적 결론일 뿐이다. 그래서 우리에게 아무런 실질적 가치도 없다.[10]

통합심리학의 해석
: 영과의 결합, 신비적 합일

그런가 하면 윌버는 사하스라라가 아직 완전에 이르지 못한 정묘 단계의 차크라이기 때문에 영과의 신비적 합일은 체험하지만, 여전히 근본적 초월은 아니라고 보았다. 사티아난다나 아자야, 그리고 융이 사하스라라를 초월의 최종 단계로 판단하는 것과는 차이가 있는 것이다.

사하스라라에 대한 범위는 윌버의 저작에서 시기별로 조금씩 달라진다. 『에덴을 넘어』에서는 사하스라라를 정묘 영역에 한정했지만 『통합심리학』에서는 상위 정묘 이후의 단계가 펼쳐진다고 설명한다. 상위 정묘·원인·비이원 단계가 그것이다. 심지어 그는 사하스라라 차크라 너머에 7개 혹은 10개의 상위 단계, 또는 사하스라라 차크라의 7개 하부 수준이 있다고 말한다.[11] 이것은 싱(Sant Kirpal Singh)이 이야기하는 나다 요가(Nada Yoga)나 샤브드 요가(Śabd Yoga)의 7단계다.[12] 윌버의 주장대로라면 본격적인 자아초월의 단계가 사하스라라에서 시작된다고 해도 과언이 아니다. 윌버가 세분한 정묘 단계 이후의 차크라 체계를 정리하면 〈표9〉와 같다.

상위 정묘 영역에서는 보다 상위로의 초월과 분화, 통합이 진행되면서 의식은 주관과 객관의 이원론을 초월하게 되고 이원론에 기반한 환영적 세상 대신 존재와 실존의 진정한 모습, 즉 영 그 자체의 현현을 볼 수 있게 된다. 이때 모든 것을 포괄하는 사랑 속에서 신성과 영에 접촉해 이와 하나가 된다. 앞서의 비슷디 단계에서는 신성이나 영과의 접촉을 시작하지만, 정묘 단계에서는 영과의 결합, 신비적 합일을 체험한다. 정묘 단계는 신성의 가장 정묘한 형상을 통찰하는 단계이긴 하지만 무형이나 무색계와 같은 근본적인 초월은 아직 이루어지지 않은 상태다.[13]

표9 | 정묘 단계 이상의 자기(Self)와 차크라[14]

자기감각의 양상	7개의 쿤달리니 차크라와 보다 상위의 7개의 샤브드 차크라
궁극적 자기	모든 차크라의 초월
높은 원인적 자기	
낮은 원인적 자기	더 높은 차크라들의 정점
높은 정묘의 자기	사하스라라 차크라 너머의 더 높은 7개 샤브드 차크라들의 영역
	사하스라라 차크라
낮은 정묘의 자기	아즈나/심령적 차크라의 시작

근본적인 초월은 사하스라라 차크라 이후 원인 단계부터 시작된다. 윌버는 성자와 현자라는 개념으로 근본적인 초월에 대해 설명했다. 정묘 단계에 성자가 존재한다면, 원인 단계와 비이원 단계의 정점에 현자들이 존재한다. 정묘 단계의 성인들이 '신성한 내면의 빛이나 은총, 사랑, 또는 황홀경'을 경험했다면 원인 단계의 현자는 아무것도 경험하지 못한다. 현자는 '완전한 공이라는 순수하게 무형적인 영역, 니르바나, 알 수 없음의 구름, 부정, 무상삼매, 니로다(nirodhah, 억제나 지멸)' 같은 몰입의 원인 수준으로 들어간 존재기 때문이다.

원인 단계에서 보는 자는 근원에 용해되어 자아감이 전혀 없으며 순수한 공의 의식 상태가 된다. 아트만(개인적 참자아)이 브라만

(우주적 참자아)으로 합일되어 주의를 기울일 대상 없이 순수한 의식만 있는 상태가 그것이다. 정묘 단계에서는 영혼과 자아초월적 신성이 서로 미묘하게 다른 존재론적 실재로 여겨지지만, 원인 단계에서는 이런 분리감이 파괴되고 둘이 하나라는 것을 알게 된다. 이것이 바로 '나는 그것이다(I am That)'의 세계관이다.[15]

월버는 비이원 단계를 인간 의식 발달의 최종점으로 보았다. 원인 단계에서 의식은 물질적, 정신적 형상이 모두 해체되어 형태가 없고, 드러남이 없는 근원, 즉 공으로 회귀한 일원론적 상태이다. 그러나 이 단계를 넘어선 비이원 단계에서는 다시 형상의 세계를 포함하고 통합한다. 형태와 형태 없음이 둘로 구분되지 않는 비이원의 의식 상태가 바로 이것이다. 이 상태에서 관찰하는 것은 관찰되는 모든 것이며, 주관과 객관 간에 어떤 분열도 존재하지 않고, 순수 공과 전체 우주 역시 둘이 아닌 상태이다. 이 단계에 이른 사람은 지극히 평범해서 어떤 특별한 것도 찾을 수 없는데 그들은 이만물의 조건과 완전히 하나기 때문이다.[16] 이 단계에 존재하는 현자의 모습은 다음과 같이 설명된다.

따라서 이 단계에 이른 사람은 보통 사람과 다를 바 없고, 특별하지도 않습니다. 이것이 현인의 길, 즉 너무 현명해 그것을 간파할 수 없을 정도로 현명한 사람이 걷는 길입니다. 그들은 자신의 일에 적응하고 그 일을 완수합니다. 선의 십우도는 깨달음에 이르는 길을 그림으로 표현한 것이지요. 그 마지막엔 저잣거리에 있는 아주 평범한 노인의 모습이 그려져 있습니다. 그것이 바로 '맨손으로 저잣거리에 들어간다.'는 것입니다. 그것은 모든 것을 표현하고 있습니다.[17]

| 1부 | 차크라와 의식의 발달

| 1장 | 차크라는 무엇인가

1. 인체 안의 7개 에너지 센터
1　Malin, 2007; Roney-Dougal, 1999.
2　Frawley, 2007; Shang, 2001; Brennan, 2000; Bruyere, 1994; Dale, 1996; Myss, 2001.

2. 차크라와 현대 심리학의 만남
1　Jung, 1996a; Pankhania, 2005; Scotton & Hiatt, 2008.
2　Mumford, 1999.
3　Rama, Ballentine & Ajaya, 1976; Scotton & Hiatt, 2008.

| 2장 | 차크라를 이해하기 위한 열두 가지 이야기

1. 차크라는 시스템이다
1　스가누마 아키라, 2003; 이태영, 2003; Ajaya, 2008.
2　Bhattacharyya, 1982; Feuerstein, 1997.
3　Satyananda, 2008, 34.

2. 인간은 다차원의 존재
1　임근동, 2012, 245.
2　문을식, 1992; 석지현, 2007; 임근동, 2012.
3　Rama, Ballentine & Ajaya, 1976.

3. 물질보다 더 진짜인 정묘체

1 Frawley, 2007.

2 Levitt, 1987.

4. 의식 진화의 사다리

1 Woodroffe, 1974.

2 Feuerstein, 2006, 176.

5. 시바와 샥티의 합일

1 Feuerstein, 2006, 180.

2 Eliade, 1989.

6. 진정한 완성은 하강이다

1 「사트차크라니루파나Ṣaṭcakranirūpaṇa」(53). 1919년 우드로페[Woodroffe, 필명은 아더 아발론(Arthur Avalon)]에 의해 원본과 주석이 처음 서구에 소개된 바 있는 「사트차크라니 루파나」는 16세기에 만들어진 『시리타뜨와친타마니Śrītattvacintāmaṇi』라는 탄트라 의례 에 관한 작품 중에서 6장에 해당된다. 「사트차크라니루파나」는 총 55게송으로 구성되어 있 고, 수슘나 나디와 6개의 차크라, 그리고 쿤달리니에 대해 체계적으로 기술하고 있다.

2 Woodroffe, 1974.

3 국제요가학회와 비하르 요가 학교(Bihar School of Yoga)를 설립해 체계적인 요가 교육과 요가의 과학화에 기여한 요가 스승이자 요가 이론가.

4 Satyananda, 2008, 89.

5 Satyananda, 2008, 87.

7. 우주적이고 심리적인 상키야 철학

1 Feuerstein, 2013.

2 『요가수트라』, 2.18.

3 Feuerstein, 2013.

8. 지상에서 신이 되기를 원하다: 탄트라와 하타 요가

1 심준보, 2011, 2013; Ajaya, 1983.

2 Eliade, 1989; Feuerstein, 2006, 2008; Smith, 2005.

3 이태영, 2003; Feuerstein, 2008; Scott, 2006.

4 Eliade, 1989; Feuerstein, 2006, 2008.

5 White, 2011.

6 이태영, 2003.

7 Feuerstein, 2008, 753.

9. 차크라, 명상의 도구

1 Feuerstein, 2008; Rama, Ballentine & Ajaya, 1976.

2 Levitt, 1987, 100.

3 Bharati, 1965.

4 Wayman, 1988.

10. 차크라에 온 세상 있다

1 Eliade, 1971.

2 Satyananda, 2008.

3 Bhattacharyya, 1982.

4 이 자료는 사티아난다(Satyananda, 2008)와 「사트차크라니루파나」를 중심으로 작성되었다.

5 「사트차크라니루파나」는 이샤(Iśa)로 표기된다.

11. 몸과 마음을 잇는 차크라

1 임근동, 2012.

2 Radhakrishnan, 1968, 501.

3 White, 2003, 2011.

4 Dyczkowski, 1989; Padoux, 2014.

5 Padoux, 2014; Satyananda, 2012.

6 Harris, 2001; Padoux, 2014.

12. 차크라로 들어간 여성

1 Feuerstein, 2008.

2 Feurstein, 2008; White, 2011.

3 Muktananda, 1983; Satyananda, 2008.

4, 5 White, 2003.

| 3장 | 현대 심리학이 해석한 차크라

1. 정신생리학과 차크라의 만남

1　Feuerstein, 2013.

2　Rele, 1927.

3　Roney-Dougal, 1999; Satyananda, 2008.

4　Floor, 1990.

5　Chaudhuri, 1990.

6　Satyananda, 2008.

7　Hoffmann, 2012; MacLean, 1990; Upledger, 2007.

8　Roney-Dougal, 1999.

9　Marlow, 2010.

10　Krishna, 1990; Sannella, 1997.

11　Sannella, 1997.

12　Bentov, 1987, 1997.

13　Bruyere, 1994.

14　미국의 물리요법사인 롤프(Ida Rolf)에 의해 만들어진 수기 요법. 롤핑 요법으로 불린다. 이 요법은 근육 근막을 조절함으로써 신체 구조를 올바르게 만들어 신체가 그 기능을 최대한 발휘할 수 있도록 하는 것이며, 이를 통해 심리적 문제의 완화를 기대할 수 있다.

15　Bruyere, 1994; Hunt, 1994.

16　Reich, 2005, 342.

17　조옥경 등, 2005; Baker & Nelson, 2001; Reich, 2005.

18　조옥경, 김채희, 김명권, 2005.

19　Chaudhuri, 1990.

20　Greyson, 2000.

2. 현대요가심리학과 차크라

1　Feuerstein, 2013.

2　Ajaya, 2008.

3　Ajaya, 1983.

4　Rama, Ballentine & Ajaya, 1976.

5　Ajaya, 1983.

6　Ajaya, 2008, 84-85.

7.8 Ajaya, 1983.

3. 융의 분석심리학이 말하는 차크라

1 Jung, 1996a, 1996b.
2 Jung, 1996a, 61.
3 Jung, 1996a, 67.
4 Jung, 1996a, 86.
5 이부영, 2007b; Von Franz, 1996; Jung, 2001.
6 이부영, 2007b.
7 이유경, 2008; Jung, 2002b.
8 Jung, 2001, 220.
9 이유경, 1996; Jung, 2004a.
10 Jung, 1996a.
11 Jung, 2008.
12 Harris, 2001, 137-138.
13 Jung, 1996a, 68.
14 Jung, 1996a, 62.
15 Jung, 1996a.
16 박미라, 2012; Jung, 1996a.
17 박미라, 2012; Satchidananda, 2006.
18 이유경, 1998.
19 Jung, 1996a, 2004b.
20 Hopkins, 2008.
21 Jung, 1996a.

4. 윌버의 통합심리학에서 본 차크라

1 Wilber, 2008a.
2 넬슨(John E. Nelson)은 서구 의료 체계와 영적 전통의 차크라 체계를 통합해 통합적 진단
   체계를 만들 것을 제안했고, 융의 이론과 윌버의 발달 모델을 참고해 각 차크라별로 발달단
   계적 특성 및 정신 병리를 정리했다. 베스트(Candis K. Best)는 차크라를 생애 발달의 모델
   로 보고, 다양한 심리학과 자아초월심리학의 이론을 차크라에 적용시켜 설명했다. 과정지
   향심리학 창시자 민델(Arnold Mindell)은 자신이 만든 '드림 바디'라는 개념을 차크라에 비
   유해 설명했다. 이외에도 프렌더개스트(John Prendergast), 호버-크레이머(Dorothea

Hover-Kramer)와 셰임스(Karilee H. Shames), 브렌넌, 미스(Caroline Myss), 주디스 등 차크라를 연구한 다수의 전문가들이 있다.

3　Wilber, 2008a, 62

4　Wilber, 2008a, 32

5　Wilber, 2008a, 101

6　Wilber, 2008a, 35.

7　Wilber, 2008a, 33.

8　Wilber, 2000, 2004a, 2008a.

9,10　Wilber, 2006b.

11　Wilber, 2004a, 414.

12　Wilber, 2006b, 2008a.

13,14　Wilber, 2006b.

15　Wilber, 2008a, 116.

16,17,18　Wilber, 2006b.

19　Wilber, 2008a.

| 4장 | 인간의 의식은 어떻게 발달하는가

1. 무엇이 의식의 발달인가

1　Radha, 1990.

2　Jung, 1996a, 50.

3　이부영, 2007b; 이유경, 1998, 2012; Jung, 1996a, 2001.

2. 누가 발달하는가: 의식 발달의 심리적 주체

1　조옥경, 2009, 14.

2　『요가수트라』, 2.2.

3　정태혁, 2006, 125.

4　곽미자, 2007.

5　이부영, 2007b; 이유경, 1998, 2012; Jung, 1996a, 2001.

6　Jung, 2004a.

7　이유경, 2012.

8　Ajaya, 1983.

3. 의식 발달의 원리: 후퇴 없는 전진은 없다

1   김경춘, 2010; Feuerstein, 2008.

2   Wayman, 1988; White, 2011.

3   문을식, 2014.

4   Wilber, 2004a, 2008a.

5   김철수, n.d..

6   Firman & Vargiu, 2006.

7   Werner, 1957: Wilber, 2004b에서 재인용.

8   이부영, 2007a, 2007b; Jung, 2001.

9   이부영, 2007b, 60.

10   Jung, 1996a.

11.12 Satyananda, 2008.

4. 의식 발달에 순서가 있는가

1   Wilber, 2004a, 240.

2.3 Satyananda, 2008.

5. 무엇을 향해 가는가: 전일성

1   Svihus, 1979; Ajaya 2008에서 재인용.

2   이유경, 1996, 60.

3   이부영, 2007b; 이유경, 1996.

4   Jung, 2002a.

5   Birkhäuser-Oeri, 2012.

6   Malin, 2006.

7   Jung, 1996a, 59.

8   Wilber, 2008a, 35.

9   Firman & Vargiu, 2006.

| 2부 | 차크라 백과

1. 물라다라 차크라

1   Feuerstein, 2004. 이 책에 소개된 차크라 도형은 모두 포이에르슈타인의 『요가의 세계』에

서 가져왔다. 차크라가 비교적 상세하게 그려졌기 때문이다. 그러나 여신과 남신에 대한 내용이 경전에서 설명하는 것과 다소 다르다는 점을 알려 드린다.

2 「사트차크라니루파나」, 13; 『고락샤 사타카*Gorakṣa Śataka*』 78.

3 문을식, 2012.

4 Satyananda, 2008.

5 Roney-Dougal, 1999.

6 Satyananda, 2008.

7 Rama, Ballentine & Ajaya, 1976.

8 Ajaya, 2008.

9 Jung, 1996a.

10 Bittlinger, 2010.

11 Wilber, 2004b; 2006c; 2009.

2. 스와디스타나 차크라

1 Johari, 1996; Satyananda, 2008; Woodroffe, 1974.

2 Feuerstein, 2004.

3 「사트차크라니루파나」, 16-17.

4 『시바 상히타』, 5.105-5.106.

5 「사트차크라니루파나」 18.

6 Campbell, 2002; Feuerstein, 2006; Satyananda, 2008.

7 Satyananda, 2008.

8 Roney-Dougal, 1999.

9 Rama, Ballentine & Ajaya, 1976; Ajaya, 2008.

10 Jung, 1996a.

11 Bittlinger, 2010.

12 Vaughan, 2004.

13 Wilber, 1986, 2004b, 2006c, 2008a.

14 정인석, 2003; Schwartz, 1995; Wilber, 1986, 2004b, 2006c, 2008a, 2009.

3. 마니푸라 차크라

1 Feuerstein, 2004.

2 「사트차크라니루파나」, 19-21; Satyananda, 2008.

3 Johari, 1996; Satyananda, 2008; Woodroffe, 1974.

4   「사트차크라니루파나」, 21; 『시바 상히타』, 5.111-5.113.

5   Kumar, 1994; Johari, 1996; Satyananda, 2008.

6   Roney-Dougal, 1999.

7   Rama, Ballentine & Ajaya, 1976.

8,9 Ajaya, 2008.

10 Zeltzer, 2002.

11 Vaughan, 2004.

12 Ajaya, 2008.

13 Jung, 1996a, 30.

14 Jung, 1996a.

15 Zeltzer, 2002.

16 Wilber, 2000, 2006c.

4. 아나하타 차크라

1   Kumar, 1994; Satyananda, 2008.

2   Feuerstein, 2004.

3   「사트차크라니루파나」, 22; Woodroffe, 1974.

4   Johari, 1996; Satyananda, 2008.

5   「사트차크라니루파나」, 22-27; 『시바 상히타』, 5.114-5.121.

6   Satyananda, 2008.

7   Marlow, 2010; Roney-Dougal, 1999.

8   Malin, 2007; Rama, Ballentine & Ajaya, 1976.

9   Campbell, 2002.

10 Rama, Ballentine & Ajaya, 1976.

11,12 Ajaya, 2008.

13 Jung, 1996a.

14 Jung, 1996a, 45-46.

15 Jung, 1996a.

16 Wilber, 2000, 235.

17 Wilber, 2000, 2004b, 2006c, 2008a, 2009.

5. 비슛디 차크라

1   Campbell, 2002; Woodroffe, 1974; Satyananda, 2008.

2 Feuerstein, 2004.

3 「사트차크라니루파나」, 28-31.

4 Feuerstein, 2008; Kumar, 1994; Satyananda, 2008.

5,6 Satyananda, 2008.

7 Roney-Dougal, 1999.

8,9 Ajaya, 2008; Rama, Ballentine & Ajaya, 1976.

10 Jung, 1996a; Vaughan, 2004.

11 Jung, 1996a, 56.

12 Wilber, 2004b, 2008a.

13 문일경, 2004; Schwartz, 1995; Wilber, 2004a, 2006c, 2009.

6. 아즈나 차크라

1 Feuerstein, 2004.

2 「사트차크라니루파나」, 33-35.

3 「사트차크라니루파나」, 32-35.

4 Satyananda, 2008, 134.

5 Satyananda, 2008.

6 Eichler, 1985; Roney-Dougal, 1999에서 재인용.

7 Callaway, 1988; Strassman, 1990: Roney-Dougal, 1999에서 재인용.

8,9 Roney-Dougal, 1999.

10 Ajaya, 2008.

11,12 Jung, 1996a, 57.

13 Wilber, 2004b, 178.

14 Wilber, 2008a, 264.

15 Wilber, 2006c, 288-289.

16 Wilber, 2004b, 2006c, 2008a; 『요가수트라』, 3.17-3.30.

7. 사하스라라 차크라

1 「사트차크라니루파나」, 44.

2 Feuerstein, 2004.

3 「사트차크라니루파나」, 40-48; Woodroffe, 1974.

4 Satyananda, 2008, 183.

5 문을식, 2013; Satyananda, 2008; Vyāsa, 2010.

6. 7 Rama, Ballentine & Ajaya, 1976.

8 Ajaya, 2008.

9 Ajaya, 2008, 173-174.

10 Jung, 1996a, 57.

11 Wilber, 1996.

12 Singh, 2003.

13 Schwartz, 1995; Wilber, 2004b, 2006c, 2008a.

14 Wilber, 1996.

15 Schwartz, 1995; Wilber, 2000, 2006c.

16 조옥경, 2013; Schwartz, 1995; Wilber, 2000, 2006c.

17 Wilber, 2006c, 290-291.

심리학자는 왜 차크라를 공부할까

곽미자 (2007), 「카쉬미르 쉐비즘의 우파야를 토대로 한 의식발달」, 《상담학연구》, 8 (1), 411-424.

김경춘 (2010), 「상키야(sāṃkya) 철학의 自我(puruṣa) 개념에 대한 고찰」, 《요가학연구》, 3, 13-63.

김철수 (n.d.), 『Ken Wilber의 『무경계』, 통합발달모형, 그리고 영성』, 미간행.

문을식 (1992), 「가우다파디야 만두캬카리카GAUDAPĀDĪYA MĀṆḌŪKYA-KĀRIKĀ에서 제4 의식(Turīya)에 대한 고찰」, 《인도철학》, 2, 105-125.

문을식 (2012), 「요가명상에서 심층의식의 기능과 역할」, 『불교와 심리』, 5, 128-168.

문을식 (2013), 『요가 상캬 철학의 이해』, 서울: 여래.

문을식 (2014), 「오장설(五藏說, pañca-kośa-vāda)의 요가 철학적인 이해」, 《제18회 한국요가 학회 학술대회 자료집》, 23-35.

문일경 (2004), 「자아초월 심리학 연구 개관」, 서울불교대학원대학교 석사학위 논문.

박미라 (2012), 「쿤달리니 요가와 분석심리학의 여성성과 남성성 고찰」, 《불교와 심리》, 5, 348-383.

석지현 역주 (2007), 『간추려서 쉽게 옮긴 우파니샤드』, 서울: 일지사.

스가누마 아키라 (2003), 『힌두교』, (문을식 역), 서울: 도서출판 여래.

심준보 (2011), 「재인식론(pratyabhijñā)의 쿤달리니 이론 연구」, 《요가학연구》, 5, 11-29.

심준보 (2013), 「쉬바파 일원론의 의식론 연구」, 《남아시아연구》, 19 (1), 97-118.

이부영 (2007a), 『분석심리학: C. G. Jung의 인간심성론』, 서울: 일조각.

이부영 (2007b), 『자기와 자기실현』, 경기: 한길사.

이유경 (1996), 「서양 연금술의 심리학적 의미」, 《심성연구》, 11 (1&2), 21-66.

이유경 (1998), 「서양 중세 연금술에서의 '안트로포스Anthropos'」, 《심성연구》, 13(1), 1-53.

이유경 (2008), 『원형과 신화』, 서울: 분석심리학연구소

이유경 (2012), 「적극적 명상(Die aktive Imagination)'에 관하여」, 《불교와 심리》, 5, 169-210.

이태영 (2003), 『하타요가』, 서울: 여래.

임근동 (2012), 『우파니샤드』, 서울: 을유문화사.

정인석 (2003), 『트랜스퍼스널 심리학: 동·서의 지혜와 자기초월의 의식』제2판, 서울: 대왕사.

정태혁 (2006), 『요가학개론』, 서울: 동문선.

조옥경 (2009), 「관찰하는 자기(observing self)에 관한 고찰: 심리학, 요가, 의식연구 접점의 모색」, 《요가학연구》, 1, 11-44.

조옥경 (2013), 「선(禪)적 깨달음의 심리학적 의미: 켄 윌버의 의식의 구조를 중심으로」, 《상담학연구》, 14 (2), 877-891.

조옥경, 김채희, 김명권 (2005), 「차크라 체계와 Reich의 근육무장에 관한 고찰」, 《한국동서정신과학회지》, 8 (2), 97-115.

Ajaya, Swami (1983), *Psychotherapy East and West: A Unifying Paradigm*, Pennsylvania: Himalayan International Institute of Yoga Science and Philosophy of the U.S.A.

Ajaya, Swami (2008), *Healing the Whole Person*, Pennsylvania: Himalayan Institute.

Baker, E., & Nelson, A. (2001), "Orgon therapy", In R. Corsini (Ed.), *Handbook of Innovative Therapy*, 462-471, New York: John Wiley & Sons.

Bentov, I. (1987), 『우주심과 정신물리학』(*Stalking the Wild Pendulum*), (류시화, 이상무 역), 서울: 정신세계사.

Bentov, I. (1997), "Micromotion of the Body as a Factor in the Development of the Nervous System", In J. White (Ed.), *Kundalini, Evolution and Enlightenment*, 316-339, Minnesota: Paragon House.

Best, K. C. (2010), "A Chakra System Model of Lifespan Development", *International Journal of Transpersonal Studies*, 29 (2), 11-27.

Bharati, A. (1965). *The Tantric Tradition*. London: Rider. (Feuerstein, 1997에서 재인용).

Bhattacharyya, N. (1982), *History of the Tantric Religion*, New Delhi: Manohar.

Birkhäuser-Oeri, S. (2012), 『민담의 모성상』(*Die Mutter im Märchen*), (이유경 역), 서울: 분석심리학연구소.

Bittlinger, A. (2010), 『칼 융과 차크라』(*Archetypal Chakras: Meditations and Exercises for Opening Your Chakras*), (최여원 역), 경남: 슈리 크리슈나 다스 아쉬람.

Brennan, B. (2000), 『기적의 손 치유』(*Hands of Light*) 상·하, (김경진 역), 서울: 대원출판사.

Bruyere, R. (1994), *Wheels of Light*, New York: Fireside.

Campbell, J. (2002), 『신화의 세계』(*Transformations of Myth through Time*], (과학세대 역), 서울: 까치글방.

Chaudhuri, H. (1990), "The Psychophysiology of Kundalini", In J. White (Ed.), *Kundalini,*

Evolution and Enlightenment, 61-68, Minnesota: Paragon House.

Dale, C. (1996), *The Magical Power of Chakra Healing*, New Dehli: New Age Books.

Dyczkowski, M. S. G. (1989), *The Doctrine of Vibration*, Delhi: Motilal Banarsidass.

Eliade, M. (1971), *The Myth of the Eternal Return or, Cosmos and History*, W. Trask (Trans.), Princeton, NJ: Princeton University.

Eliade, M. (1989), 『요가』(*Yoga: Immortality and Freedom*), (정위교 역), 서울: 고려원.

Feuerstein, G. (1997), *The Shambhala Encyclopedia of Yoga*, Boston, London: Shambhala.

Feuerstein, G. (2004), 『요가의 세계』(*The Shambhala Guide to Yoga*), (이태영 역), 서울: 도서출판 여래.

Feuerstein, G. (2006), 『탄트라』(*Tantra: the Path of Ecstasy*), (이태영 역), 경기: 여래.

Feuerstein, G. (2008), 『요가 전통』(*The Yoga Tradition*), (김형준 역), 서울: 도서출판 무수.

Feuerstein, G. (2013), *The Psychology of Yoga: Integrating Eastern and Western Approaches for Understanding the Mind*, Boston: Shambhala.

Firman, J. & Vargiu, J. G. (2006), 「개아적 성장과 자아초월적 성장: 종합심미요법의 전망」("Personal and Transpersonal Growth: the Perspective of Psychosynthesis", In S. Boorstein (Ed.), 『자아초월 정신치료』(*Transpersonal Psychotherapy*), (정성덕 등 역), 서울: 중앙문화사.

Floor, E. (1990), "The Biological Basis of Kundalini", In J. White (Ed.), *Kundalini, Evolution and Enlightenment*, 291-294. Minnesota: Paragon House.

Frawley, D. (2007), 『요가와 아유르베다』(*Yoga and Ayurveda*), (김병채, 정미숙 역), 창원: 슈리 크리슈나다스 아쉬람.

Greyson, B. (2000), "Some Neuropsychological Correlates of the Physio-Kundalini Syndrome", *The Journal of Transpersonal Psychology*, 32 (2), 123-134.

Harris, J. (2001), *Jung and Yoga: the Psyche-Body Connection*, Toronto: Inner City Books.

Hoffmann, E. (2012), 『이타적 인간의 뇌』(*New Brain, New World*), (장현갑 역), 서울: 불광출판사.

Hopkins, J. (2008), "Jung's Warnings Against Inflation", *Chung-Hwa Buddhist Journal*, 21, 159-174.

Hunt, V. (1994), "The Rolf Study", In R. Bruyere (Ed.), *Wheels of Light*, 219-233, New York: Fireside.

Huxley, A. (2014), 『영원의 철학』(*The Perennial Philosophy*), (조옥경 역), 경기: 김영사.

Johari, H (1996), 『차크라』(*Chakras: Energy Centers of Transformation*), (이의영 역), 서울:

하남출판사.

Judith, A. (1996), *Eastern Body Western Mind*, New York: Random House.

Jung, C. G. (1996a), *The Psychology of Kundalini Yoga*, S. Shamdasani (ed.), Princeton: Princeton University.

Jung, C. G. (1996b), 「무의식에의 접근」, 『인간과 상징』(*Man and His Symbols*), 19–103, (이윤기 역), 경기: 열린책들.

Jung, C. G. (2001), 『정신 요법의 기본 문제』(*Grundfragen zur Praxis*), (한국융연구원·C. G. 융저작번역위원회 역), 서울: 솔출판사.

Jung, C. G. (2002a), 『꿈에 나타난 개성화 과정의 상징』(*Traumsymbole des individuation sprozesses*), (한국융연구원·C. G. 융저작번역위원회 역), 서울: 솔출판사.

Jung, C. G. (2002b), 「어린이 원형의 심리학에 대하여」, 『원형과 무의식』(*Grundfragen zur Praxis*), (한국융연구원·C. G. 융저작번역위원회 역), 서울: 솔출판사.

Jung, C. G. (2004a), 『연금술에서 본 구원의 관념』(*Erlösungsvorstellungen in der Alchemie*), (한국융연구원·C. G. 융저작번역위원회 역), 서울: 솔출판사.

Jung, C. G. (2004b), 『융心理學과 동양종교』(*Zur Psychologie Westlicher und Östlicher Religion*), (김성관 역), 서울: 일조각.

Jung, C. G. (2008), 『기억 꿈 사상』(*Erinnerungen, Träume, Gedanken*), A. Jaffe (Ed.), (조성기 역), 경기: 김영사.

Krishna, G. (1990), "The Sudden Awakening of Kundalini", In J. White (Ed.), *Kundalini, Evolution and Enlightenment*, 198–209, Minnesota: Paragon House.

Krishna, G. (1994), *Kundalini: the Secret of Yoga*, New Delhi: UBSPD.

Kumar, R. (1994), "Personality Transformation with Chakras: an Autobiographical Integration of Exceptional Human Experiences", *The Journal of Religion and Psychical Research*, 17 (4), 203–212.

Levitt, S. H. (1987), "Cakras–Hindu and Buddhist", *Haryana Sahitya Akademi Journal of Indological Studies*, 2, 99–106.

MacLean. P. (1990), *A Triune Brain in Evolution: Role in Paleocerebral Functions*, New York: Plenum.

Malin, D. (2006), "The Twelve Chakra System", *Positive Health*, 128, 18–23.

Malin, D. (2007), "Chakra Perspectives: Virtues of the Heart", *Positive Health*, 135, 14–15.

Marlow, L. (2010), "The Endocrine System and the Chakras", *The Homeopathy*, 29 (1), 23–26.

Mindell, A. (1982). *Dreambody: the Body's Role in Revealing the Self*. USA: Deep Democracy Exchange.

Motoyama, H. (2003), *Theories of the Chakras: Bridge to Higher Consciousness*, Delhi: New Age Books.

Muktananda, Swami (1983), *Nawa Yogini Tantra: Yoga for Women*, Bihar: Bihar School of Yoga.

Mumford, J. (1999), *Chakra and Kundalini*, India: Pustak Mahal.

Myss, C. (2001), 『영혼의 해부』(*Anatomy of the Spirit*), (정현숙 역), 서울: 한문화.

Padoux, A. (2014), 「차크라」, 『힌두 탄트라 입문』(*The Hindu Tantric World: an Overview*), (윤기봉, 김재천 편역), 서울: 도서출판 여래.

Pankhania, J. (2005), "Yoga and Its Practice in Psychological Healing", In R. Moodley, & W. West (Eds.), *Integrating Traditional Healing Practices into Counseling and Psychotherapy*, 246-256, London: Sage Publications.

Prendergast, J. (2000), "The Cakras in Transpersonal Psychotherapy", *International Journal of Yoga Therapy*, 10, 45-64.

Radhakrishnan, S. (1968), *The Principal Upanisads*, London: George Allen & Unwin Ltd.

Radha, S. Swami (1990), "Kundalini: an Overview", In J. White (Ed.), *Kundalini, Evolution and Enlightenment*, 48-60, Minnesota: Paragon House.

Rama, Swami, Ballentine, R., & Ajaya, Swami (1976), *Yoga and Psychotherapy: the Evolution of Consciousness*, Pensylvania: The Himalayan Institute.

Reich, W. (2005), 『오르가즘의 기능』(*Die Entdeckung des Orgons, Erster Teil: die Funktion des Orgasmus*), (윤수종 역), 서울: 그린비

Rele, V. G. (1927). *The Mysterious Kundalini: the Physical Basis of the "Kundalini (Hatha) Yoga" according to Our Present Knowledge of Western Anatomy and Physiology*. Bombay: D. B. Taraporevala. (Feuerstein, 2013에서 재인용).

Roney-Dougal, S. M. (1999), "On a Possible Psychophysiology of the Yogic Chakra System", *Journal of Indian Psychology*, 17 (2), 18-40.

Sannella, L. (1997), 『신비의 쿤달리니』(*The Kundalini Experience: Psychosis or Transcendence*), (방건웅, 박휘순 역), 경기: 하남출판사.

Satchidananda, S. Swami (2006), 『빠딴잘리의 요가쑤뜨라』(*The Yoga Sutras of Patanjali*), (김순금 역), 서울: 동문선.

Satyananda, S. Swami (2008), 『꾼달리니 딴뜨라』(*Kundalini Tantra*), (한국 싸띠아난다 요가 아쉬람 출판위원 역), 전남: 한국 싸띠아난다 요가 아쉬람.

Satyananda, S. Swami (2012), 『딴뜨라 명상』(*Meditations from the Tantras*), (한국 싸띠아 난다 요가 아쉬람 출판위원 역), 전남: 한국 싸띠아난다 요가 아쉬람.

Schwartz, T. (1995), *What Really Matters*, U.S.A., Canada: Bantam Books.

Scott, M. (2006), *The Kundalini Concept: Its Origin and Value*, Calif.: Jain Publishing Company.

Scotton, B. W. (2008), 「자아초월 정신의학의 소개와 정의」, 『자아초월 심리학과 정신의학』 (*Textbook of Transpersonal Psychiatry and Psychology*), 25-30, (김명권 외 역), 서울: 학지사.

Scotton, B. W., Hiatt, J. F. (2008), 「자아초월 정신의학에 대한 힌두교와 요가의 공헌」, 『자아초월 심리학과 정신의학』(*Textbook of Transpersonal Psychiatry and Psychology*), 151-162, (김명권 외 역), 서울: 학지사.

Shang, C. (2001), "Emerging Paradigms in Mind-Body Medicine", *The Journal of Alternative and Complementary Medicine*, 7 (1), 83-91.

Singh, K. (2003), 『수랏 샤브드 요가』(*Surat Shabd Yoga*), (한국KTS명상회 역), 서울: 한국 에디션 나암.

Smith, B. K. (2005), "Tantrism: Hindu Tantrism", In L. Jones (Ed.), *The Encyclopedia of Religion*, (2nd ed.), 8987-8994. Detroit: Macmillan Reference.

Upledger, J. E. (2007), 『뇌의 탄생』(*A Brain is Born: Exploring the Birth and Development of the Central Nervous System*), (김선애 역), 서울: 지문사.

Vaughan, F. (2004), "Cakra Symbolism: A Psychological Commentary", *International Journal of Yoga Therapy*, 14, 79-85.

Vivekananda, Rishi (2005), *Practical Yoga Psychology*, Munger, Bihar, India: Yoga Publications Trust.

Von Franz, M. L. (1996), 「개성화 과정」, 『인간과 상징』(*Man and His Symbols*), 159-229, (이윤기 역), 경기: 열린책들.

Vyāsa (2010), 『요가수트라 주석』(*Yogasūtra Bhāṣya*), (정승석 역), 서울: 소명출판.

Wayman, A. (1988), "The Age of the Cakras", *Haryana Sahitya Akademi Journal of Indological Studies*, 3, 99-102.

White, D. G. (2003), *Kiss of the Yogini*, Chicago: University of Chicago Press.

White, D. G. (2011), *Yoga in Practice*, Princeton: Princeton University.

Wilber, K. (1986), "The Spectrum of Development", In K. Wilber, J. Engler, & D. P. Brown (Eds.), *Transformations of Consciousness*, 65-105. Boston, London: New Science Library Shambhala.

Wilber, K. (1990), "Are the Chakras Real?", In J. White (Ed.), *Kundalini, Evolution and Enlightenment*, 120-131, Minnesota: Paragon House.

Wilber, K. (1996), *The Atman Project: a Transpersonal View of Human Development*, (2nd ed.), Illinois, India: Theosophical Publishing House.

Wilber, K. (2000), *Sex, Ecology, Spirituality*, Boston, London: Shambhala.

Wilber, K. (2004a), 『모든 것의 역사』(*A Brief History of Everything*), (2nd ed.), (조효남 역), 서울: 대원출판사.

Wilber, K. (2004b), 『아이 투 아이』(*Eye to Eye*), (김철수 역), 서울: 대원출판사.

Wilber, K. (2006a), 『의식의 스펙트럼』(*The Spectrum of Consciousness*), (박정숙 역), 경기: 범양사.

Wilber, K. (2006b), "Toward A Comprehensive Theory of Subtle Energies", Retrieved October 9, 2013, from http://www.kenwilber.com/writings.

Wilber, K. (2006c), 『세상에서 가장 아름다운 용기』(*Grace & Grit*), (김재성, 조옥경 역), 서울: 한언.

Wilber, K. (2008a), 『켄 윌버의 통합심리학』(*Integral Psychology*), (조옥경 역), 서울: 학지사.

Wilber, K. (2008b), 『켄 윌버의 통합 비전』(*The Integral Vision*), (정창영 역), 서울: 물병자리.

Wilber, K. (2009), 『에덴을 넘어』(*Up from Eden*), (조옥경, 윤상일 역), 서울: 한언.

Woodroffe, J. (1974), *The Serpent Power: the Secrets of Tantric & Shaktic Yoga*, New York: Dover Publication.

Zeltzer, C. (2002), "The Role of the Third Chakra in the Psychology of Terrorism", *Psychological Perspectives: a Quarterly Journal of Jungian Thought*, 44 (1), 34-45.

피나키(Pināki)　66, 273

핑갈라(pingalā)　30~32, 40, 61, 80~82, 109, 295, 298

ㅎ

하강　20, 32, 43~46, 48~49, 81, 92, 97, 122~123, 128, 131, 135, 140, 152, 154, 160, 172~177, 190~91, 198, 212~217, 230, 232, 262, 268, 276, 279, 281

하리(Hari, 비슈누(Viṣṇu))　66, 248, 305

하리-하라(Hari-Hara)　305

하키니(Hākinī)　66, 294

하타 요가(Haṭha Yoga)　57~61, 73, 107, 210

함사(Haṃsa, 내적 자아 또는 아트만)　284

해탈(mokṣa)　54

현상적 자기　186~197, 202, 208, 226

심리학자는 왜
차크라를 공부할까

초판 1쇄 발행 2020년 8월 27일
초판 4쇄 발행 2025년 1월 2일

지은이 | 박미라
펴낸이 | 이수미
북디자인 | 석운디자인
마케팅 | 김영란

종이 | 세종페이퍼
인쇄 | 두성피앤엘
유통 | 신영북스

펴낸곳 | 나무를 심는 사람들
출판신고 | 2013년 1월 7일 제2013-000004호
주소 | 서울시 용산구 서빙고로 35, 103동 804호
전화 | 02-3141-2233 팩스 | 02-3141-2257
이메일 | nasimsabooks@naver.com
블로그 | blog.naver.com/nasimsabooks

ⓒ 박미라 2020

ISBN 979-11-90275-20-0 (03180)